普通高等教育"十三五"规划教材

大学生安全教育

（修订版）

主　编　赖春麟　熊大冶

副主编　邹非老　章年卿　刘剑松　廖江红

北京邮电大学出版社
www.buptpress.com

内 容 简 介

本书针对高等职业院校大学生的特点,在分析大学生安全教育现状的基础上,从大学生常见的安全事故人手,通过分析原因、寻找法律依据,提出应对措施,通过典型案例和相关资料选读,关注社会热点,增强大学生的法治观念,提高安全防范意识,提高大学生防灾抗变的能力。为满足高等职业院校教学的需要。本书在编排上力求内容精练,选材丰富,重点突出,简单实用,覆盖了高等职业院校大学生安全教育的方方面面。

图书在版编目(CIP)数据

大学生安全教育/赖春麟,熊大冶主编. -- 修订版. -- 北京:北京邮电大学出版社,2016.8(2022.9重印)

ISBN 978-7-5635-4865-1

Ⅰ.①大… Ⅱ.①赖…②熊… Ⅲ.①大学生-安全教育 Ⅳ.①G645.5

中国版本图书馆 CIP 数据核字(2016)第 178322 号

书　　　名：	大学生安全教育版(修订版)
著作责任者：	赖春麟　熊大冶　主编
责 任 编 辑：	满志文　穆晓寒
出 版 发 行：	北京邮电大学出版社
社　　　址：	北京市海淀区西土城路 10 号(邮编:100876)
发　行　部：	电话:010-62282185　传真:010-62283578
E-mail：	publish@bupt.edu.cn
经　　　销：	各地新华书店
印　　　刷：	唐山玺诚印务有限公司
开　　　本：	787 mm×1 092 mm　1/16
印　　　张：	13.25
字　　　数：	325 千字
版　　　次：	2016 年 8 月第 1 版　2022 年 9 月第 8 次印刷

ISBN 978-7-5635-4865-1　　　　　　　　　　　　　　　　　　　定　价：42.00 元

· 如有印装质量问题,请与北京邮电大学出版社发行部联系 ·

编委会

主　编　赖春麟　熊大冶

副主编　邹非老　章年卿　刘剑松　廖江红

编　委　吴桂花　吴九香　谢卫金　杜凡喜
　　　　　卢　巧　方　霞　王国杨　余永梅
　　　　　刘　辉　胡硕利

前　言

高等学校是培养德、智、体、美、劳全面发展的中国特色社会主义的合格建设者和可靠接班人的地方,也是社会的重要组成部分。近年来,随着社会主义市场经济的不断发展,我国高等教育实现了历史跨越式发展,在招生规模、办学主体、后勤保障、育人环境等方面发生了深刻的变化,总体呈现出平安稳定的良好局面。但是,当前我国正处于经济快速发展的转型时期,也是人民内部矛盾凸显、刑事治安案件高发的时期。大学校园必然受其影响,致使大学校园治安出现许多新情况,校园社会化现象日趋明显,一些治安案件、危及大学生人身财产案件,诱发大学生违法犯罪案件等在高校大学生中也时有发生,使高校安全稳定工作面临新的严峻挑战。营造安全稳定和谐的校园环境是大学生健康成长的必要条件。大学生是学校安全工作的客体,也是学校安全工作的主体。做好新形势下高校的安全稳定工作,是当代大学生义不容辞的社会责任。

当代大学生正处于人生成长的关键时期,面临学习、生活、恋爱、升学、就业等一系列的人生重大课题。但他们社会阅历简单,处事没经验,防范能力差,容易发生安全问题,因此,必须增强大学生的安全意识,提高安全防范和应急处置能力,使之能够安全圆满地完成学业,成为国家有用之才。提高安全意识的最有效的办法就是推进安全教育进课堂,让大学生接受系统的安全教育和培训,从而使安全管理能力成为大学生的必备素质和能力。近年来,针对大学生安全教育问题,教育部制定了一系列政策措施。不少地方和高校围绕大学生安全教育进课堂问题,进行了积极的探索和实践,取得了明显成效和宝贵经验。这对于全面加强大学生安全教育、提高大学生综合素质、维护高校安全稳定、促进社会和谐发展将起到重要的作用。

本书以国家法律和政策为依据,以高校安全工作实践为基础,全面系统地介绍了安全工作的理论知识和必要的技能,内容涉及人身、财产、消防、食品、交通、心理健康、社交、网络安全、求职、国家安全、预防犯罪、应急自救12个方面的知识。

为了使教学者和学习者教学相长,都能从中得到有益的启发,我们摘选了许多典型的案例。本书内容全面、体系完整、阐述清楚,适合于教学用教材,也适合于自学者自学。

本教材是由南昌理工学院思想政治理论课教学部长期从事高校安全教育教学和研究的教师编写。主编由赖春麟、熊大冶担任;副主编由邹非老、章年卿、刘剑松和廖江红担任。本教材编写分工如下:

章年卿编写第一章(绪论);

刘剑松编写第二章(人身安全);

吴桂花编写第三章(财产安全);

吴九香编写第四章(消防安全);

谢卫金编写第五章(食品卫生安全);

杜凡喜编写第六章(交通安全)

卢巧编写第七章(心理健康安全);

方霞编写第八章(社交安全);

王国杨编写第九章(网络安全)

余永梅编写第十章(求职安全)

邹非老编写第十一章(国家安全)

刘辉编写第十二章(预防犯罪)

胡硕利编写第十三章(应急自救)

本书由赖春麟、熊大冶建构框架,邹非老拟定大纲、审定全书,章年卿整合统稿,刘剑松综合协调。

在本书的编写过程中,编者参考了大量的专著、教材、报刊等研究成果,可能还有一些文献没有列出,在此向所有文献的编著者表示衷心的感谢。由于时间仓促和水平有限,书中难免有疏漏之处,敬请大家批评指正。

编 者

目 录

第一章　绪论	1
第一节　安全概述	1
第二节　大学生安全教育	6
第二章　人身安全	10
第一节　打架斗殴	10
第二节　抢劫抢夺	14
第三节　绑架	17
第四节　女大学生人身安全	19
第三章　财产安全	26
第一节　防盗窃	26
第二节　防诈骗	33
第三节　防敲诈勒索	42
第四章　消防安全	46
第一节　消防与火灾	46
第二节　高校火灾及其防控	49
第三节　火灾扑救	52
第四节　火灾的逃生与自救、互救	55
第五章　食品卫生安全	61
第一节　食品安全问题分析	61
第二节　大学生饮食安全	63
第三节　食物中毒与防治	64
第四节　大学生群体易发传染病与防治	69
第五节　毒品及防治	72
第六章　交通安全	75
第一节　交通安全概述	75

第二节	大学生交通事故的类型及原因	79
第三节	大学生交通事故的预防及处理	84
第四节	旅游安全注意事项	86

第七章　心理健康安全 … 90

第一节	心理健康概述	90
第二节	大学生常见心理问题及调适	93
第三节	学会自我调节	103

第八章　社交安全 … 112

第一节	交友安全	112
第二节	社团安全	118
第三节	聚会安全	122
第四节	公共活动安全	125

第九章　网络安全 … 128

第一节	计算机与网络病毒	128
第二节	网络交往安全	131
第三节	"网瘾"	138

第十章　求职安全 … 144

第一节	防范求职陷阱	144
第二节	防止误入传销组织	154

第十一章　国家安全 … 161

第一节	国家安全的概念及内容	161
第二节	牢固树立国家安全意识	163

第十二章　预防犯罪 … 168

第一节	大学生犯罪的现状	168
第二节	大学生犯罪的原因	173
第三节	大学生犯罪的预防	179

第十三章　应急自救 … 183

第一节	公共突发事件	183
第二节	常见突发事件的应对	187
第三节	正当防卫与紧急避险	192
第四节	艾滋病的预防	197

参考文献 … 201

第一章 绪论

第一节 安全概述

一、安全的含义

"安全"是目前使用频率非常高的词汇,比如"食品安全",几乎成了大家每天要担心的问题,还有"交通安全"的问题也经常发生,也是时常不断冲击着大众的神经。但对"安全"含义尚无权威的认定。在古代汉语中,"安"和"全"是两个词,但"安"字却在许多场合下表达着现代汉语中"安全"的意义,表达了人们通常理解的"安全"这一概念。例如,"是故君子安而不忘危,存而不忘亡,治而不忘乱,是以身安而国家,可保也。"(《易·系辞下》)。"居安思危"(春秋·左丘明《左传·襄公十一年》),这里的"安"是与"危"相对的,并且如同"危"表达了现代汉语的"危险"一样,"安"所表达的就是"安全"的概念。在现代汉语中,安全的意思通常为:没有危险;不受威胁;不出事故。[①] 而在具体的方面,其意义却不尽相同。如"食品安全"是指食品无毒、无害,符合应当有的营养要求,对人体健康不造成任何急性、亚急性或者慢性危害。[②] "交通安全",则是指人们在道路上进行活动、玩耍中,按照交通法规的规定,安全地行车、走路、避免发生人身伤亡或财物损失。[③] 这两个概念对"安全"的解释有三个共同点:第一,合法的行为,如"符合……要求";"按照……规定"。第二,否定性谓语,如"无毒、无害";"不造成危害";"避免发生"。第三,指向的是人身或财产的损害的客观状态,如"人体……危害"、"人身……伤亡"、"财物损失"。由此,我们可以导出"安全"的基本含义:安全是指在合法的范围内人身或财产不受威胁,没有危险、危害、损失的人与自然、人与社会和谐相处的良好状态。

二、安全基本属性

(一)安全是人的基本需要

安全首先是人类保证自身生存和生命延续的基本要求。美国心理学家马斯洛把人需求

---

① 现代汉语词典(修订本)[M].北京:商务印书馆,1996:7.
② 百度百科.食品安全[EB/OL][2012-06-5]. http://baike.baidu.com/view/468403.htm.
③ 百度百科.交通安全[EB/OL][2012-06-5]. http://baike.baidu.com/view/309306.htm.

分为五个层次,依次是生理、安全、社交、尊重、自我实现。其实生理需求也是人身安全的必要保障,比如一个国家的粮食安全,最主要的功能就是要在遭受天灾人祸的时候为人民提供维持基本生存需求的食物。因此,马斯洛指出,安全乃是人类的第一需要。虽然说安全可以从很多方面进行分类,但无论何种安全,最终都落实到人身或财产的安全。比如现在经常出现的信息安全方面的泄露个人信息的事件,往往涉及公民个人财产安全的问题。

【案例1-1】

落入购车退税陷阱　被骗走近10万元[①]
——车主疑购买保险泄露个人信息

2012年5月,陈女士花16万元买辆车,一个"退税电话"找上门,青山的陈女士被骗98743元,几乎可以再买一辆车了。

5月30日下午5时许,陈女士接到一个陌生号码,对方自称"财政局"的工作人员,最近车辆购置税从10%降至3%,建议陈女士尽快办理。

由于最近并未看到类似报道,陈女士有些不太相信,不料,这名"财政局"的工作人员,却报出了陈女士的身份证号、车牌号等个人信息,陈女士就放松了警惕。"财政局"的工作人员说,请速去财政局或在附近银行办理。见临近下午下班时间,陈女士赶到了青山127街一个ATM取款机前,再次与"财政局"的工作人员取得联系。

这时,一名操着广东口音的男子,在电话中对陈女士的操作进行指导,先是让陈女士在ATM机上输入个人账号和密码,然后让陈女士输入数字"49800",以"核实账户",对方称要想退税要先激活"验证码"。

于是,陈女士按照男子的提示,再次输入"验证码"。陈女士操作完毕后,发现ATM机屏幕上并无任何显示,对方称"退税操作未成功",让陈女士换一张银行卡再试一次。

陈女士不解地说,买车时间这么短,只是最近在购买车辆保险时,提供了自己的身份证号和车牌号,并怀疑骗子通过该渠道获取了她的个人信息。

(二)危害安全的事件具有因果性

任何危害安全的事件的发生都是有原因的,比如某人坐公交车失窃,原因是该车上事先有行窃的小偷;一群人在某食堂就餐后食物中毒,是因为这些人共同吃的某种食物已经有毒;夜间突发疾病是身体早已患病等。但原因与结果的关联是多种多样的:有一因一果的,如食物中毒。有一因多果的,如某车在高速路上突然熄火停车,引起后面车发生连续追尾。有多因一果的,如案例1-1中导致陈女士被骗财物的原因至少有三个:诈骗分子、信息泄露、放松了警惕。有多因多果的,如下述案例1-3,事件的原因主要有两项:凶残的犯罪分子、偏僻的地理环境,事件的结果则是连续作案。

---

① 饶纯武,张衡.落入购车退税陷阱,被骗走近10万元[N].楚天金报,2012-06-01,第11版。

危害安全事件的因果关系说明大部分的安全事件是可以预防的,即使是自然意外事件,如果未雨绸缪,也能大幅度降低危害的程度,如在震区,建造住房,增加防震的功能;居民进行经常性的防震教育和演习,一旦发生地震,就能把危害降到最低程度。

(三) 排除要在合法的范围内

排除安全危险的做法通常有事先防范和即时应对两种情况,不管是哪种情况,都应在合法的范围内进行,否则,超出了合法的界限,就会成为不法行为,可能成为他人安全的危害了。例如有的人为了保护自己的财产安全,私拉电网,致人畜伤亡,就成为危害公共安全的刑事案件了。还有如用刀具将正在扒窃的小偷砍成重伤,很明显是"防卫过当"。

安全排除合法性的要求反映依法办事的原则,体现了现代社会中自身安全与他人安全和社会安全的目标一致的属性。

【案例 1-2】

拉电网电死人掩埋荒地[①]

黄某是裕安区城南镇的农民。2015 年 8 月玉米成熟之际,为了防止猪獾偷吃玉米,黄某在自家玉米地里拉上了电网。8 月 26 日凌晨五点多钟,黄某发现玉米地排水沟里躺着一个死人,脚绊在自己拉的电网铁丝上。黄某惶恐不已,将尸体移至附近一块荒地掩埋。经裕安区人民检察院审查,私拉电网的黄某因涉嫌以危险方法危害公共安全罪被批准逮捕。

三、大学生安全的特点

由于大学校园的特殊环境和大学生的群体性质,大学生安全有其特殊之处。

(一) 校区环境对大学生安全的影响

现在大多数高校的新校区建在城市的郊区,周围安静、建筑美观、环境优雅,有利于开展学习活动。同时由于校园内的人员素质高于社会一般水平,因此安全状况也较好。但是,郊区处于城乡结合地带,周边地形复杂、流动人口多,往往有许多闲散人员和不法分子混杂期间,在一些校区旁边的偏僻地方,很容易发生针对大学生的恶性侵害案件。例如 2009 年 4 月 8 日晚 10 点,一对大学生情侣辛某、王某在北京昌平区华北电力大学校园外的树林内被歹徒残忍杀害并辱尸。还有些校园里面的面积也很大,在地形复杂的隐秘地段,也容易发生人身财产侵害的案件。2011 年 3 月 3 日晚上 7 时许,北京理工大学珠海学院一对情侣带着两台电脑在一偏僻的荔枝园谈恋爱,遭三名歹徒抢劫。男生叫女生拿着电脑快逃,然后留下来和歹徒进行激烈搏斗,被歹徒捅伤腹部,经抢救无效死亡。

---

① 欧阳袁中锋. 拉电网电死人掩埋荒地 [N]. 安徽法制报,2015-11-02,A3 版.

【案例 1-3】

太原科技大学附近发生数起抢劫学生案 3 嫌犯落网

人民网北京 2014 年 10 月 15 日电 据山西省公安厅官方微博消息,太原科技大学附近发生数起针对步行学生的抢劫案件。太原市公安局万柏林分局于近期成功打掉一恶势力犯罪团伙,将团伙成员徐某某、段某某、刘某某抓获。截至目前已破获该团伙实施的抢劫案 3 起、故意伤害案 1 起、寻衅滋事案 1 起。

(二) 大学生群体心理特点对大学生安全的影响

我国大学生多数处于青年中期(18~24 岁)这一年龄阶段。在这个阶段,个体的生理发展已接近完成,已具备了成年人的体格及各种生理功能,但其心理尚未成熟。在安全方面的问题,主要反映在三个方面:

1. 独立生活能力差,财物疏于管理

据有关统计,近年来,高校发生的案件,最多的是盗窃案,失窃的地点多是学生宿舍,而在失窃物品中,比较多的是笔记本电脑或高档手机等贵重物品。这说明学生宿舍的管理亟待加强,同时也反映了一部分大学生对贵重财物疏于管理。我国现在的大学生绝大多数是从中学校门直接走进大学的校门,缺少独立生活的经验,防盗意识较差,经常在宿舍无人或休息时不锁门关窗,贵重物品保管不严,随意乱丢乱放,往往抱着侥幸的心理,使盗贼有空子可钻。

【案例 1-4】

6 间大学宿舍被盗[①]

凌晨,洪山区李纸路武汉工业职业技术学院多间学生宿舍失窃,共有 13 台电脑与 6 部手机被盗,价值近 10 万元。学生们发现,小偷是从一个窗户爬进二楼的,在窗台上发现了痕迹。目前,洪山警方已介入调查。

2. 思想单纯,自我保护意识不强

大学生由于思想比较单纯,缺少社会阅历,自我保护意识薄弱,对社会上的人和事的辨识力能力不强,对可能的危险认识不足,容易招致人身和财产遭受不法侵害。特别是一些女大学生,思想比较单纯,缺乏安全防范意识,如果单独出门在外,极易成为犯罪分子的作案目标。2014 年以来,各地频频出现女大学生失联死亡的事件。比较典型的是"打黑车"事件。

---

① 张万军. 6 间大学宿舍被盗女大学生宿舍被盗[N]. 楚天都市报,2015-06-12,第 9 版.

2014年8月,3名女大学生打黑车连遭不幸:8月28日凌晨,江苏吴江19岁女大学生高秋曦失联半个月后被确认遭劫杀;8月21日,22岁的女大学生小金在济南被黑车司机绑架、囚禁4天,并惨遭殴打、性虐;8月9日,20岁的女大学生高渝在重庆"搭错车",因与黑车司机发生争执而不幸遇害。其实,女大学生打黑车遭受不法侵害的事件时有发生,这次因为集中发生,才引起社会的广泛关注。

【案例1-5】

超五成女大学生打过黑车 女生出外要加强自我保护①

全国各地接连发生了多起女大学生搭乘黑车遭遇不幸的事件,引起了社会的高度关注。其实,这样的悲剧此前已在厦门发生过数次:去年4月22日晚,女孩小蔡在同安和同学聚餐后搭上黑车,突然离奇失踪,后经警方查明,途中小蔡与司机于某发生口角纠纷,被残忍杀害;今年7月16日晚,小美(化名)在高林社路口上了一辆黑车,被司机劝到副驾驶座上,遭司机又摸又搂;而日前湖里区法院受理的一起女乘客遭强奸的案件,也是因20多岁女生小雅(化名)夜间误搭黑车,并毫不设防透露个人信息给对方,被载到五缘湾附近海边实施强奸。

超五成女大学生打过黑车。类似不幸事件不断在发生,可尽管如此,厦门的黑车也并未失去市场,包括女大学生的捧场。

昨天,导报记者随机询问了40名女生,其中包括厦门大学、集美大学、厦门理工学院、华侨大学、厦门工学院等校的学生,其中,超过八成(33人)女生表示自己碰到过黑车拉客。超过五成(17人)的女生表示自己曾搭乘过黑车,而岛外高校女生搭黑车的概率要比岛内高校大得多。

在33名遇过黑车的女生中,只有12人坚决拒绝了黑车,还不到总数的四成。

3. 安全意识淡薄,不计后果

很多大学生安全意识不强,不愿意认真遵守相关的安全规定,往往会因小失大,造成严重的后果。例如所有的大学都明文规定:学生宿舍禁用大功率电器,以免不慎引起灾害事故。然而就是屡禁不绝,因违规使用"热得快"等大功率电器引起的火灾事故时有发生。2008年11月14日,上海商学院女生六楼宿舍使用热得快,导致火灾,4名女生跳楼身亡。2009年2月9日,兰州大学医学院校区2号女生公寓4楼409宿舍使用电热棒,引起火灾,消防人员及时扑灭,没有造成人员伤亡。2015年4月14日中午,江西农业大学南区23栋女生寝室,"热得快"使用不当,导致火灾发生。所幸消防人员及时赶到,避免了火势增大造成的损失。还有,每年春夏之际,大学生溺水的事件也不断发生。本来这种事情完全可以避免,往往是一时冲动,不计后果造成的悲剧。2014年6月1日,河北工程大学5名男生和3名女生在邯郸市光明南桥一烧烤摊就餐。其中一男生不知何因落入水中,其他4名男

---

① 梁静. 超五成女大学生打过黑车 女生出外要加强自我保护[EB/OL]. [2016-02-18]http://news.163.com/14/0902/10/A54ND4DP00014AEE.html.

生相继跳水施救。随后 2 名男生爬上来,而跳水施救的另外两名男生和被救者没有爬上来。待救护人员赶到,3 名男生已经死亡。

【案例 1-6】

安徽发生群体性溺水事件 7 名大学生中 5 人死亡①

2012 年 5 月 6 日 10 时 50 分左右,铜陵市铜陵县老洲乡太阳岛附近长江水域发生一起高校学生群体性溺水事件,目前已造成 5 人死亡。

据铜陵市应急办相关负责人介绍,10 时 50 分左右,有 10 名当地高校学生在老洲乡太阳岛附近的长江水域玩耍,其中 7 人下水发生溺水事故,经铜陵海事处和公安部门赶到现场全力救援,2 人获救,其余 5 人不幸溺亡。目前仍有一名幸存者在铜陵县人民医院救治。

据了解,遇难的 5 人中有 2 名男生、3 名女生;最小的一名遇难者仅有 18 岁,其余 4 人刚满 21 岁。4 名遇难者是铜陵职业技术学院的在校大学生,另一名就读于安徽工业职业技术学院。

第二节 大学生安全教育

一、大学生安全教育的重要性

大学生安全教育,是指学校为了正常管理、维护教学秩序,使大学生增强安全防范意识,提高自我保护和心理调节能力,确保人身、财产安全和身心健康不受侵害,依照国家有关法律法规,制定各种安全教育与管理规章制度,并对大学生进行国家法律法规、学校安全规章和纪律、安全知识与防范技能的教育与管理、演练与培训活动的总称。

随着社会的发展,校园社会化日益明显,各种商业性质的商店、饭店、网吧等遍布校园及周边地区,校园逐渐成为一个开放的教育园区。大学生的安全环境也在发生变化:一方面,校园日益暴露在社会环境之中,一些不健康因素流入校园,校园环境中的不安全因素日益增多,学生与社会接触频繁,增加了不安全事故发生的概率。另一方面,许多安全事件也是由于大学生安全知识缺乏,自我保护意识不足造成的。如前所述,所有的安全事件都有一个前因后果的过程,除了没有预兆的突发的天灾我们难以防范,大部分的事件是可以预防的,有些突发事件即使避免不了,但如果事先有准备,应对得当,也可以有效降低危害程度。构建和谐校园是构建和谐社会的重要组成部分。加强大学生安全教育是学校教学和其他工作顺利进行的有力保证,是确保学校和师生人身、财产安全的重要因素,更是创建平安和谐校园的重中之重。

---
① 鲍晓菁,朱青. 安徽发生群体性溺水事件[N]. 甘肃日报,2012-05-07,第 6 版.

二、大学生安全教育的主要内容

安全教育涉及的内容非常广泛,应与高校的一切教育活动相联系,应与学校的思想政治教育、道德教育、民主法制教育、校纪校规教育、心理健康教育等相结合,但安全教育又有其自身特色和特定内容,从安全防范角度讲,大学安全教育主要包括以下几个方面的内容。

从当前实际来看,大学生安全教育的主要内容有如下几个方面。

(一) 人身安全

人身安全是指人的生命、健康、自由、尊严依法不受侵害、不临危险的状态。在现实生活中,不法侵害、自然灾害、自伤自残等事件都会伤害身体甚至剥夺生命。生命对人只有一次,在任何情况下,大学生都要把人身安全作为安全的最高原则。因此,大学生应掌握防抢劫、防抢夺、防绑架、防性侵害、防被殴打等方面的知识和学习必要的自卫技能。

(二) 财产安全

近几年来,由于受社会多种因素的影响,侵财案件成为大学校园内发案最多的类型。这类案件不仅使学生遭受物质损失,而且直接影响到学生正常的学习和生活。因此,必须加强大学生财产安全教育,提高防范意识,减少侵财案的发生。要求学习反盗窃、反诈骗、反敲诈勒索等方面的内容。

(三) 消防安全

随着我国高等教育事业的迅速发展,招生数量的不断扩大,校园内人员密度相应增大,消防重点部位不断增多,消防安全形势日益严峻。当前大学生消防安全意识淡薄,缺乏必要的消防常识和自救逃生技能,往往小火酿成大灾。大学生要学习消防安全知识,自觉遵守学校消防安全管理规定,增强灭火技能和火灾发生时逃生、自救、互救本领。

(四) 食品安全

食品安全是关系到人民群众的身体健康和社会发展稳定的重大问题。但是,目前食品安全事件频发,现状不容乐观。在大学的周边,有许多食品摊点,由于缺乏有效的管理和监督,成为大学生食品安全的隐患。在大学校园内,许多大学生缺乏食品安全的知识,如果食用了一些有问题的食物,也会发生食物安全的事件。因此,大学生必须学习必要的食品安全的知识,以保护自己的身体健康。

(五) 交通安全

随着我国经济社会的发展,交通工具大量增加,大学生遭遇的交通安全事故呈增长趋势。其原因一是大量机动车辆驶进校园,二是大学生出行的机会较多,三是大学生普遍缺乏交通安全知识、交通安全意识淡薄。要防范大学生交通事故的发生,确保交通安全,必须加强交通法规的宣传教育,大力宣传《中华人民共和国道路交通管理条例》等法律法规,从而使广大学生牢固树立起"安全第一、预防为主"的交通意识。

(六) 心理安全

现阶段我国高校的大学生以 90 后为主,他们多数处于青年中期(18~24 岁)这一年龄阶段。在这个阶段,个体的生理发展已接近完成,已具备了成年人的体格及生理功能,但其心理尚未成熟。家长的过度保护、学校的应试教育使这些学生心理比较脆弱,环境适应能力比较差,缺乏相应的耐挫力。进入大学后,在学习、生活、交友等方面遇到一些小小的挫折就可能使他们中的一些人难以承受,以致出现心理疾病,严重的甚至会出现离校出走、自杀等行为。要特别重视学生的心理安全教育,要使学生了解常见心理问题及调适的知识,学会一两种自我调节的方法等。通过心理健康教育培养学生健康的心态,健康的心态在很大程度上能杜绝心理安全事故的发生。

(七) 社交安全

大学生人际交往是指大学生之间及大学生与其他人沟通信息、交流思想、表达情感、协调行为的互动过程。现在的大学的对外开放性和交互性的程度超过了以前任何一个时代。大学生正处于社会化过程的心理发展阶段,有迫切的社交要求。但是,由于一些同学缺乏社会经验和明辨是非的能力,思想比较单纯,轻易地相信别人,轻率地结交朋友;还有的同学在交往中往往是用感情代替理智,这些都很容易发生人身和财物不安全问题。所以,大学生要学习一下交友聚会、社团活动和公共活动的有关社交安全的知识,提高自我保护的能力。

(八) 网络安全

近年来,随着网络的迅速发展,上网的人越来越多,由于网络有强大的开放性和交互性,使之已经成为大学生生活中不可或缺的一部分。但互联网的固有特性带来的诸多隐患也不容忽视。网络为学生的学习和生活带来巨大便利的同时,也产生了许多不良的信息和不法行为。由于很多大学生对维护网络安全的法律、法规、条例却知之甚少,网络安全防范意识比较淡薄,容易被不良信息侵蚀思想精神和遭受人身财产的损害。对大学生进行网络安全教育,引导大学生正确使用网络,是当前高等院校非常急迫的任务。重点是抵制网络病毒和不良信息的入侵、网络交友安全和预防网络成瘾等方面的知识。

(九) 求职安全

近年来,随着高校连年扩招,毕业生人数也连年增长,就业竞争异常激烈,给大学毕业生带了不小的压力。许多大学生就业心切,希望一蹴而就,找到合适的工作。而刚走出校门或还没走出校门的大学生,缺乏社会经验,他们在求职中往往处于弱势地位。一些别有用心的人很容易利用大学生求职心切的心理,设置陷阱诱使大学生求职上当,导致求职受骗现象屡屡发生,严重的还危及生命安全。学校应加强毕业生的求职安全教育。主要的是让大学生了解各种求职陷阱的伎俩及防范,还要避免误入传销,增强求职的自我安全防范意识,实现顺利就业。

(十) 国家安全

国家安全是指一个国家处于没有外部的威胁和侵害,也没有内部的混乱和疾患的客观状态。国家安全问题事关国家安危和民族存亡,事关每个公民的切身利益。一方面,国家安全是个人安全的前提。没有国家安全,就不可能有个人安全。另一方面,国家安全有赖于每位公民的自觉维护。在国家安全问题越来越复杂的今天,大学生必须增强国家安全意识,学习国家安全法律知识,切实履行维护国家安全的法律义务。

(十一) 预防犯罪

随着近年来学校规模扩大,人员增多,校园开放,大学生违法违规现象呈上升态势,大学校园的安全形势面临严峻的挑战。这种情况的出现,有家庭和社会的原因,但主要还是自身的原因。极少数学生认为进了大学以后,前途有了保障,放松了对自己的严格要求,逐渐滋生了好逸恶劳、学习松弛、自私自利、害怕艰苦、贪图享乐、爱慕虚荣等不良习性,加之法治意识淡薄,一旦面对犯罪的诱因,在不能正确明辨是非的情况下,就以身试法。为了有效地预防犯罪,必须对大学生进行有关法律法规教育,让大学生了解大学生犯罪的原因和主要类型,以及防范的措施,以增强大学生的法律意识以及遵纪守法的道德观念和自觉性。

(十二) 应急自救

大学生在实际学习和生活中,往往容易受到来自自然的、社会的和内部的各种各样的侵害,而当面临侵害威胁时,又不能有效地保护自己,以至于造成人身财产的重大损失。其实,在很多情况下,大部分突发危害都是可以避免或降低危害等级的。但往往是大学生本人的无知、无能、无所作为造成的。因此,必须加强大学生应急自救的知教育和必要技能的培养,以提高大学生应对突发事件的能力,保护大学生在特殊状态下的安全。主要内容包括常见突发事件的应对措施、正当防卫紧急避险的知识、正当防卫的技能等。

思考与讨论

(1) 为什么要把生命安全作为安全的最高原则?
(2) 谈谈哪些安全内容与自己有关。

第二章 人身安全

第一节 打架斗殴

大学校园内,学生交往频繁,由于性格不合、利益冲突、见解不一和情感冲突等原因,必然会引发各种各样的矛盾和纠纷,从而导致打架斗殴现象发生。打架斗殴是校园内的一大公害,成为在校大学生违法违纪行为的主要表现之一。《普通高等学校学生管理规定》第42条规定:学生不得有酗酒、打架斗殴、赌博、吸毒,传播、复制、贩卖非法书刊和音像制品等违反治安管理规定的行为;不得参与非法传销和进行邪教、封建迷信活动;不得从事或者参与有损大学生形象、有损社会公德的活动。

一、打架斗殴的含义

打架斗殴,是指对立双方或多方,在矛盾发展到极点时,以主观上故意对他人产生身体伤害为目的的一种具有暴力倾向的行为。它是一种不理智、不文明的行为,严重者会触犯刑律,这种行为一般发生在青少年身上。目前,我们在校大学生的年龄大都在18~23岁,血气方刚,在处理同学之间的矛盾时,有时候会不理智,或遇突发性纠纷时容易冲动,无视他人危险,对他人造成人身安全伤害。

二、打架斗殴的特征和危害

(一)大学生打架斗殴的特征

(1)起因较简单,一般因小事而起。大学生活是以集体生活为主的一种生活模式,主要的生活环境是公共生活,在长期的学习、生活中,同学之间难免会发生一些纠纷和矛盾。现在,独生子女已经成为高校学生的主体,这些学生往往具有很强的"以自我为中心"的意识,在与同学相处中,很少站在别人的角度去想问题、做事情,同学间遇到问题时往往各执己见,谁都不让谁。例如男生在球场上打球,同学间一个小小的摩擦,可能演变成一场打架斗殴事件。

【案例 2-1】

皖西某学院大学生夜间斗殴[①]

2015年5月17日夜11点20分左右,新区男生宿舍220栋发生学生斗殴事件,因事态严重,有学生就大喊"杀人啦打架啦,校警门卫快来啊!"斗殴事件持续近五分钟,在学生报警之后,鼓楼公安局到场之后,将受害人带到校园保卫处。

后经调查事情原委如下:受害者周一满课,所以11点钟全寝就睡觉了,不想楼上寝室即肇事者却大吵大闹,一直不停,后受害者上楼制止肇事者,希望他们能顾及别的同学,不要再吵闹,但是肇事者疑似醉酒,非但不听劝,反而大声叫喊要喊人打他,受害同学不想与他纠缠,便回宿舍了,可是不多一会儿,肇事者便带着几个叼着烟、长头发的人踹开寝室门(因当晚该寝室多人回家未返校未能阻拦),强行将受害者拖出了寝室,在一楼拐角处对其进行围攻、殴打。

(2)一般无规律可循,事发突然。公共生活模式,相对狭小的环境,陌生同学接触的机会很多,偶然的接触和矛盾,会导致打架斗殴事件突然发生。例如有些学生平时生活不拘小节,不注重自身修养,往往是因一些小事与别人发生纠纷,不但不以理服人,反而强词夺理,明明是一些可以马上平息的小口角,却常常破口大骂,甚至大打出手,这样极易遭到对方报复。一般从与对方发生矛盾纠纷到被打、被利器伤害,前后不过几分钟,有时候根本没有任何征兆,令人防不胜防。

(3)学生对解决冲突的方法有错误的认识。大学生由于涉世未深,容易感情用事,很多的时候往往是经不住现场气氛的煽动,或经不住其他人的鼓动做出错误的举动,导致严重的后果。例如在一些高校的"老乡会"组织中,正常的老乡和朋友关系演变成"有福同享、有难同当"的哥们义气,当某个或某几个老乡或朋友遇到麻烦时,就会以团体方式组织起来,用暴力方式维护老乡的利益。此外,有些校园打架斗殴事件的发生是出于维护某种小团体的"集体利益",例如两个学院的学生正在进行篮球比赛,场上比赛激烈,场下啦啦队互相叫阵,由此引发纠纷或冲突,最后发展到维护各自学院或班级所谓荣誉而大打出手。另外,在现在大学中,多名男生追求同一名女生的时候,认为要获得胜利、制服竞争对手,就要用暴力的方式解决,或遭到对方报复导致打架斗殴。在大学生中,对待矛盾纠纷的一个错误认识就是用暴力解决问题。

(4)可能造成严重的后果。大学生年轻冲动,在气氛的煽动下打架斗殴,可能导致严重的后果。首先是身体上的伤害,轻则是皮肉之苦,重则危及生命。其次是断送自己的美好前程,打架斗殴会给别人留下不好的印象,还有可能受到学校处分,影响到今后的就业,重则直接断送学业。最后是触犯法律,受到相关的法律制裁,牺牲个人的人身自由。

(二)大学生打架斗殴的危害

(1)严重损害大学生的美好形象

大学既是科学技术知识的高地,也是道德文明的殿堂。大学生应该成为社会文明礼貌

[①] 六安人网,http://bbs.luanren.com/thread-5139840-1-1.html。

的楷模。如果大学生因为发生纠纷就诉诸暴力,互相斗殴而违法犯罪,不仅损害了自己的人格和尊严,而且也玷污了大学生这一称号,影响和损害的是整个大学生群体的美好形象。

(2)破坏社会稳定,影响安定团结,损害高校形象

高校的稳定,关系到整个社会的稳定,校园治安秩序的好坏,直接影响到社会的秩序。如果高校经常发生打架斗殴、伤害等影响校园稳定、危害师生生命财产安全的违法犯罪活动,不仅破坏社会安定的局面和校园治安秩序,影响同学之间的团结,还会损害高校形象,严重的还会造成涉外影响,损害学校和国家在国际上的形象与声誉。

(3)造成治安、刑事案件,害人害己

打架斗殴,后果不堪设想。轻则伤人肌肤,要受到治安处罚;重则伤人筋骨甚至要人性命,要依法追究刑事责任。如因打架斗殴,从"天之骄子"沦为"阶下囚",则自毁前程,害人害己,很是不值。

【案例 2-2】

南昌两个大学生为争女友涉嫌聚众斗殴被逮捕[①]

大学生本应趁着青春年少多学点知识,南昌却有两大学生为争风吃醋,聚众斗殴。2013年3月20日,记者从南昌高新区检察院了解到,南昌两"高富帅"大学生就为此摊上了大事,因涉嫌聚众斗殴而被捕。

媚媚(化名),南昌某大学大四学生。她可谓是系里的系花,曾引来不少男生的追求,最后还被另一所大学的"高富帅"小峰(化名)博得芳心。四年间媚媚和小峰幸福有加,出双入对,俨如一对小夫妻。

"情侣好似同林鸟,毕业之后各自飞。"面临毕业的媚媚,因小峰已找到南方某城市的工作,便移情别恋了,2012年年底,她找到同为校友的"高富帅"小勇(化名)。此前,小勇曾追求媚媚多年。媚媚的主动表白,令小勇感动不已。

然而,媚媚的移情别恋,没过多久就让小峰知道了,小峰为此大发雷霆。2012年12月30日21时,小峰与小勇各叫上一帮"兄弟",各带凶器"摆场子",将对方砍得头破血流。谈起两人斗殴一事,媚媚为此后悔不已,她对检察官说,真没想到会引发这样的血案。

打完架后,小勇向警方报案。经法医鉴定,小勇及其几个兄弟分别受了轻微伤、轻伤甲级、轻伤乙级。公安机关后经审讯,认为这涉嫌故意聚众斗殴,便把小勇及小峰一起"请进"公安局。

2013年2月28日,小勇、小峰及其4个兄弟全被依法刑拘。3月20日,南昌高新区检察院以涉嫌聚众斗殴罪批捕6名涉案人员。

三、打架斗殴的防范

(1)正确认识,不用暴力。正确解决问题纠纷的办法是和谈协商,而不能以暴力来解决

[①] 中国日报网,http://www.chinadaily.com.cn/hqgj/jryw/2013-03-22/content_8563496.html.

问题,暴力只能逞一时之快,不能根本解决问题,还有可能触犯法律,害人害己。

(2)冷静克制,切莫莽撞。无论争执由哪一方面引起,都要持冷静态度,决不可情绪冲动,这就要求我们大度、虚怀若谷。只有"大着肚皮容物",才能"立定脚跟做人"。对于那些可能发生摩擦的小事,要宽容,妥善处理。刘少奇同志在谈到共产党员的修养时指出:"我们应注意自己不用言语去伤害别的同志,但是当别人用言语来伤害自己的时候,也应该受得起",如果能够做到这一点,就能"猝然临之而不惊,无故加之而不怒",一切纠纷,都会化为乌有。

(3)诚实谦虚。在与同学以及其他人相处中,诚实、谦虚是加强团结、增进友谊的基础,也是消除纠纷的灵丹妙药。伟大的革命家、教育家徐特立说过"任何人都应该有自尊心、自信心、独立性,不然就是奴才,但自尊不是轻人,自信不是自满,独立不是孤立"。有了诚实、谦虚的精神,在发生纠纷的时候,就能认真听取他人的意见,进行认真的自我批评,宽容他人的过失,处理好相互间的争执。要知道,在与他人的交往中,特别在发生争执的时候,诚实、谦虚并不是懦弱、妥协,恰恰相反,它是人强大和品德高尚的表现。培根说过:"经得起各种诱惑和烦恼的考验,才算达到了最完美的心灵健康",而高尔基也说"每一次的克制自己,就意味着比以前更加强大"。

(4)注意语言美。实践证明,大学生中的纠纷多数由口角引起,而口角的发生都是恶语伤人的必然结果。俗话说:"良言一句三冬暖",深刻揭示了语言美的魅力。语言美是社会主义精神文明的重要内容,"好句如花好,话好脱口香"。当我们的一句话伤到了别人,当我们不小心撞到别人时,我们讲一句"很抱歉"、"对不起"、"请原谅",我们并不会失去什么,反而得到了别人的原谅。当别人撞了我们,话伤了你,向我们道歉时,我们回敬一句"别客气"、"没关系",紧张气氛就会烟消云散,收到化干戈为玉帛的奇效。和气、文雅、谦逊,是语言美的基本要求和主要标准。和气是指能平等待人,说话态度和蔼,语气温和,使人感到温暖亲切。文雅是指说话措辞文雅,应对得体,落落大方,切忌流里流气,油腔滑调。谦逊是指充分尊重对方,不自以为是,不狂妄自大,态度诚恳,语言朴实,虚心谦恭,不强词夺理,不盛气凌人,不浮夸粉饰,不哗众取宠。

四、打架斗殴事件的应对

如果我们遇上别人打架斗殴,请别火上加油,应阻止事态扩大,并做到:

(1)不围观,不起哄,不介入任何一方。遇见亲友、同学与别人打架,如果是真心关心帮助他们,就只能劝架,绝不能讲哥们义气,不问青红皂白,是非曲直,帮忙打架或"事后算账"。否则,造成伤亡等不良后果必将受到校纪处分或法律制裁。

(2)应尽力劝解。先问明情况,站在公正的立场上做双方的工作。若劝解无效,应迅速向院系辅导员、领导或保卫部门报告,以防扩大事态。

(3)打架的一方如果是我们的朋友、同学或熟人,在劝解时要主持公道,不可偏袒。在采取隔离措施时,应当首先拉自己的同学或朋友,以免被对方误解为强解劝,或者将我们当作对方的"同伙"而受到无故伤害。

(4)当学校有关部门调查打架情况时,现场目击人要勇于出来提供线索和证据,以保护受害人的合法权益,使肇事者受到应有的惩处。

第二节 抢劫抢夺

抢劫和抢夺是较为突出的一种暴力犯罪,近年来在大学周边和大学校园内也有蔓延的趋势。随着生活水平的提高,有些大学生随身携带的财物也越来越多,加上防范意识薄弱,容易成为犯罪分子抢劫和抢夺的目标。

抢劫和抢夺这两类犯罪行为都危害到了大学生的财产安全与人身安全,而且容易转化为凶杀、伤害、强奸等恶性案件,造成大学生生命、健康和精神上的危害。抢劫抢夺案一旦发生,会对大学生和校园带来恶劣的影响,积极预防和合理应对是非常重要的。

一、抢劫抢夺的定义

抢劫是指行为人对公私财物的所有人、保管人、看护人或者持有人当场使用暴力、胁迫或者其他方法,迫使其立即交出财物或者立即将财物抢走的行为。抢劫犯罪行为主观方面为故意,并且以非法占有为目的,当场使用暴力、胁迫或其他方法,强行劫取公私财物。暴力是指行为人对被害人的身体实行打击或者强制,如殴打、捆绑和伤害等。胁迫是指行为人以对被害人当场实施暴力相威胁,使被害人恐惧、不敢反抗,被迫当场交出财物,或者当场夺走财物,如持刀、持枪相威胁。胁迫既可以用语言,也可以用动作;既可针对被害人,也可以针对在场的被害人亲属。其他方法,是指暴力、胁迫以外的其他使被害人处于不能反抗的状态,当场劫走财物的方法,如以药物麻醉致人昏迷等方法,使被害人处于不能抗拒的状态下劫取财物。鉴于抢劫案件中的作案人行为恶劣,危害程度大,因此司法机关在对抢劫案件认定时,没有规定抢劫财物的最低数额,只要实施了抢劫行为就构成此罪。

抢夺是指犯罪分子以突然取得财物为目的而故意实施的个案,是希望通过趁被害人不备或者来不及反抗而取得财物,但没有使用暴力、胁迫或者其他手段,如骑摩托车抢夺他人项链、手机等。抢夺案件表现为趁人不备公然夺取数额较大的财物。未使用暴力、胁迫或者其他手段是抢夺罪区别于抢劫罪的标志。

二、大学抢劫抢夺案件的特点

(1) 时间上的规律性。高校抢劫抢夺案一般发生在行人稀少、夜深人静及学校开学特别是新生入学时,具有一定的规律性。因为在行人稀少夜深人静时,同学们往往孤立无援,而犯罪分子却人多势众,易于得手;学校开学时,同学们一般带有一定数量的现金,特别新生入学时,有的新生及家长还带有较大数额的现金,有更大的成为抢劫抢夺对象的可能性。

(2) 地点上的隐蔽性。抢劫抢夺犯罪分子作案,一般选择校园内较为偏僻、校园周边地形复杂、人少及夜间无路灯的地段。因为这些地方犯罪分子比较容易隐藏,不易被人发现,得手后也容易逃脱。

(3) 目标上的选择性。犯罪分子抢劫抢夺的主要目标是穿着时髦、携带贵重财物、单身行走及在无人地带谈恋爱的大学生情侣等。

(4) 人员上的团伙性。为了抢劫抢夺财物这一共同目的,一些犯罪分子往往臭味相投,三五成群,结成团伙,共同实施抢劫抢夺。有的有明确的分工,有的充当诱饵专门物色抢劫对象,有的专门充当打手,有的在抢劫前还进行了周密的预谋,有的负责抢夺,有的负责协助逃跑。

(5) 手段上的多样性。犯罪分子实施抢劫抢夺手段通常有:抓住部分同学胆小怕事的心理,对被侵害对象进行暴力威胁或言语恫吓,实施胁迫型抢劫;利用部分同学的单纯幼稚,设计诱骗大学生上当,实施诱骗型抢劫;犯罪分子采用殴打、捆绑等行为实施暴力型抢劫;利用大学生热情好客等特点,冒充老乡或朋友,骗得同学的信任,继而寻找机会用药物将同学麻醉,实施麻醉型抢劫等。

【案例 2-3】

铜陵女大学生在校遭抢劫轮奸 两名 90 后嫌犯被抓①

2014 年 9 月 3 日,铜陵某高校一名女大学生回宿舍路上,被两名男子抢劫轮奸,其中一名嫌犯两天后再次作案,对象是一名 KTV 女性服务人员。记者昨日从当地警方获悉,目前两名 90 后嫌犯已被成功抓获。

据了解,两嫌犯都是河南信阳人,在铜陵以开挖掘机为生,月收入 5000 元左右。然而两人喜欢玩网游,收入大都用来买游戏装备。中秋假期之前,两人打算回家过节,可是又怕带不回钱被父母责骂,于是就动起了抢劫念头。

落网后,嫌疑人交代称,他们考虑到高校刚开学,大学生应该有钱,于是在 9 月 3 日当天趁着酒劲到学校里寻找目标。此时一名女大学生打着电话快要到宿舍了,被两人从背后袭击,拖至偏僻处抢劫轮奸,"当时下雨,附近没什么人,我们本来只想抢钱,后来见色起意。"作案后,其中一名嫌疑人返回老家,另一名嫌疑人于 9 月 5 日凌晨在市区某公园内,再次对一名下班回家的 KTV 女性服务人员进行了抢劫强奸。当地警方接警后,通过调查,很快锁定了嫌犯身份,并于 9 月 11 日将从河南返回铜陵的两名嫌犯抓获。

三、遭遇抢劫抢夺案件的应对措施

(一) 遭遇抢劫时的应对

(1) 有制服犯罪分子的可能性的话,应大胆采取反击措施。因为抢劫犯的目的是为了获取钱财,必然要对受害人实施搜身搜包,与受害人进行直接、正面接触,加上这时罪犯求财心切,又想尽量缩短作案时间,往往只顾搜查,而忽视或不能顾及受害人的防范。这时对受害人来说,则是不可多得的机会,应不失时机地制服罪犯。反击的要领是:①充分利用一切可利用的手段,如倒地后抓沙朝歹徒脸上撒去,用身边可利用的一切器材如木棍、水瓶、石头击打犯罪分子等;②以最大的力量攻击犯罪分子要害部位如眼睛、太阳穴、鼻、裆部等;③打击时应做到"稳、准、狠",不反击则已,一反击则要达到使对方暂时无力攻击的目的。

(2) 快速撤离不犹豫。俗话说"三十六计走为上",同学们如遇到抢劫时,对比双方力量,感到无法抗衡时,可看准时机向有灯光或人员集中的地方快速奔跑,犯罪分子由于心虚,

---

① 人民网安徽频道,http://ah.people.com.cn/BIG5/n/2014/0915/c338655-22315602.html。

一般不会穷追不舍,从而可有效避免抢劫案的发生。

(3) 有可能的话,可大声呼救、高声呵斥或故意与犯罪分子说话,从心理上战胜犯罪分子。犯罪分子虽然凶残,但心理上也有脆弱的一面,我们可利用这一点进行"语言反抗",在心理上战胜对手。

(4) 确实无能力或没办法时,应"舍财不舍命",切不可打无把握之仗,拿自己的生命作赌注,按犯罪分子的要求交出部分财物,要保持镇定,但当遇到穷凶极恶的歹徒时,必须"破财挡灾",千万不能硬碰硬。

(5) 记住犯罪分子的特征,留下印记。同学们一旦遭遇抢劫,要注意观察作案人,尽量准确地记下其特征,如身高、年龄、发型、体态、衣着、胡须、特殊疤痕、语言及行为等,还可趁其不注意在作案人身上留下暗记,如在其衣服上擦墨水等,便于为公安机关侦破案件提供线索。

(6) 犯罪嫌疑人逃跑时,应大声呼叫,并奋力追赶犯罪嫌疑人,但要注意与犯罪嫌疑人保持一定的距离。同时充分发动周围的群众、师生进行堵截、追捕,迫使犯罪嫌疑人放弃所抢的物品。

(7) 在最短的时间内向公安机关、学校保卫部门报案。报案时应迅速准确地说清案发地点、犯罪嫌疑人的特征及有关情况,为公安保卫部门提供线索,以便公安保卫部门能马上组织力量追捕犯罪嫌疑人。

【案例2-4】

大学生夜遇抢劫,谎称借钱伺机报警[①]

大学生在回寝室的路上,遇两名陌生人抢劫。在言语威胁下,他机智应对,谎称去网吧找同学借钱,伺机拨打了110报警,得以脱身的同时,协助警方抓获了嫌疑人。2014年12月9日,陈某等两人依法被刑事拘留。

2014年12月8日晚11时许,三峡大学学生小李只身一人走在学校对面马路上,准备回寝室。附近两名陌生男子见他体型瘦小、衣着时尚,手上握着手机,于是拦住其去路,用言语威胁小李交出随身财物。无奈之下,小李只好交出手机。可两人并不满足,继续威逼需要更多现金。小李灵机一动,故作老实可怜状,"大哥,我实在没钱了,但可以去网吧找同学借。"

小李的"软弱"蒙蔽住两男子,得到允许后,3人一同走到附近一网吧。小李借口进网吧借钱,借同学手机报了警。两男子在门口等待,却等来了窑湾派出所警察。

经审讯,实施抢劫的陈某等两人分别为17岁、19岁,无固定工作。当晚,两人相约弄点钱花,起初在万达广场附近物色目标,因人流量大未下手。随后,两人商议抢劫大学生,于是赶到三峡大学。

---

① 荆楚网,http://sxwb.cnhubei.com/html/sxwb/20141210/sxwb2493439.html.

(二) 遭遇抢夺时的应对

(1) 保持镇定。只有保持镇定,才能作出正确的反应,切忌手忙脚乱。

(2) 大声呼叫,并追赶犯罪嫌疑人,迫使犯罪嫌疑人放弃所抢物品。若无能力制服犯罪嫌疑人,可保持距离紧追不舍并大声呼叫,引起路人注意,并向周边学生、老师和其他路人求助。

(3) 若追赶不及,应看清犯罪嫌疑人的衣着、身高、体态等特征和逃跑方向,并及时向公安机关、学校保卫部门报案。

第三节 绑 架

高校绑架案虽然发生不多,但近年来有呈上升的趋势,由于社会矛盾比较多,有些人员由于偏见或经济矛盾不能顺利解决,挟持学生提出要求,引起重视。当然也有纯粹为了经济利益的绑架,目前在校大学生多为"90后",在家是父母的"掌上明珠",这也是不法分子将作案目标锁定在高校学生身上的原因。同时,高校学生自身的一些特点,如社会经验不足、喜欢出外或独自行动、容易轻信他人等,也是高校绑架案发生的重要因素。所以,从思想上提高防范绑架意识,对于大学生来说是非常必要的。

一、绑架的定义

绑架也称绑票,是使用暴力、胁迫或麻醉等方法劫持人质,然后向其家属或相关机构提出金钱或政治目的等要求勒索的行为。其侵害的对象主要是社会上的弱势群体,其中包括大学生。

二、大学生遭绑架案件的特点

首先,绑架具很强的预谋性。其实施前期往往有一个准备和预谋过程,即对侵害对象有一个选择过程,然后对侵害对象的生活规律、学习环境有一个跟踪过程,在熟悉绑架对象学习生活规律后,实施绑架。当然也存在突发性绑架事件,譬如以做家教诱骗并绑架大学生,侵害对象一般是作案人根据情况临时选定的。

其次,绑架对象的群体性。在针对大学生的绑架案中,有一部分出于政治或其他非经济的原因,采取对多个大学生甚至一个班的大学生的绑架方式,以达到扩大影响,引起舆论,以达到自己的政治或其他目的。

最后,绑架具有很大的危害性。歹徒在自己的目的不能得到满足或罪行败露时,往往会采取杀害人质的极端做法,俗称"撕票"。因此,绑架行为是一种具有巨大人身安全隐患的危险犯罪。

【案例2-5】

黑车司机囚禁女大学生4天，女子被绑架发短信求救[①]

2014年8月25日，山东济南警方破获一起女大学生被绑架性虐案。一名52岁的黑车司机代某，在济南火车站主动搭讪，以骑电动车送金某去西客站为名将其骗至住处，对其实施捆绑、堵嘴、殴打、恐吓、强奸，并利用性药品和性工具对金某实施多次性虐待。

报警人孙先生今年41岁，被绑架后的金某是趁嫌疑人不备，使用嫌疑人手机给孙某发了一个短信。短信称，她"被一个男的绑架到了一个叫'龙庄'的地方。"接警后，七贤派出所民警根据掌握的线索，迅速对辖区村庄进行大面积清查。当民警清查到双龙庄一处出租屋的时候，民警看见二楼一个房间的门刚刚从里面关上，民警随即上前敲门，屋子内没有声音也一直不开门。民警继续敲门，一名大约50岁的男子开门。当民警对该男子进行盘查，该男子却拒绝民警进屋。发现可疑后，民警进屋看见一年轻女子蜷缩在墙角的沙发上，身上裹着床单，脸上有伤。民警询问该女子姓名，女子自称金某，并给民警出示了个人身份证，民警确认该女子就是给孙先生发短信报警的人。

随后，民警迅速将屋内嫌疑人控制。经讯问，该男子代某今年52岁，辽宁省抚顺人。民警将该男子带回派出所讯问，将受害人金某送医院进行相关检查。经询问受害人得知，金某趁暑假期间于8月21日到青岛参加体检。体检后于当天下午独自一人乘火车从青岛到济南转车去泰安。8月21日18时许，金某到达济南火车站后准备到济南西客站转车去泰安，嫌疑人代某在济南火车站遇见了金某，随即与金某搭讪，称要骑电动车送金某去西客站，嫌疑人代某用电动车将金某带到了其住处，对金某实施了捆绑、堵嘴、殴打、恐吓、强奸，并利用性药品和性工具对金某实施多次性虐待。

三、遭遇绑架的应对措施

（一）自己被绑架后的自救措施

（1）应尽量保持冷静，并清除自己所处的位置。应与绑匪"配合"强迫自己多进食、饮水，注意保存体力，尽可能延长自己生存的时间，避免在警方解救之前被杀害或伤残。

（2）牢牢记住绑匪的体貌特征、年龄、口音等，如果有条件，应尽量观察地址、行车路线等相关情况，一旦获救，可以为公安机关提供破案信息。

（3）如果绑匪要求自己打电话回家，尽量争取和拖延与亲人的通话时间，将信息巧妙地透露给亲人，同时有利于破案人员通过电话发现自己所处的位置。

（4）如果歹徒要捆绑自己，一定要保持肌肉绷紧，这样只要匪徒离开，就有更大的打开绳结的可能性，及时逃生。

（5）在稳妥谨慎的前提下，积极寻找生存和自救的机会。在人质移动、看守过程中都有逃脱机会，但逃跑是十分危险的自救行为，因此，在没有充分把握的情况下，不可以贸然

[①] 新华网，http://news.xinhuanet.com/politics/2014-08/27/c_126922777.htm.

行动。

（6）在逃跑成功获得自由以后，为防止再度伤害，应立即与警方取得联系，以便公安机关尽快捕获绑匪，消除再度案发的隐患。

（二）同学被绑架后的救助措施

（1）要及时报警。万一同学被绑架，应采取隐蔽方式尽早向公安机关报案，不应与绑匪私下解决，以免贻误公安机关解救人质的战机。

（2）听从公安机关指挥，不要自作主张。要在警方的指导下与绑匪进行谈判，并及时反馈信息，积极为警方布控争取较多的时间。

【案例2-6】

女大学生校门口遭绑架 后成功获救①

2014年9月9日晚上11时许，聊城市110接警指挥中心接到一起报警：报警人李某系一名大学生，称其同学王某在学校门口被几个不明身份的男子强行拽入一辆白色轿车，下落不明。接到指令，东昌府特巡警大队民警迅速赶赴现场。

民警通过向报警人李某了解情况得知，其同学遭到四名陌生男子强行拽入轿车后便失去了联系，李某多次拨打同学王某电话都未能接通，随后李某老师接到信息也赶了过来，民警一边告诉李某继续拨打电话，一边向指挥中心请求警力支援，巡查可疑车辆。

终于，电话接通了，被绑学生王某电话里称其被锁在车内无法出去，车上四名男子下车吃饭去了，自己并不知道身处何地。民警告诉王某打开微信，利用微信的手机定位功能，民警初步确定了王某当时的地理位置约在湖南路光岳路路口附近。民警还告知王某通过汽车挡风玻璃右上角的年检标志获取车牌号码。

民警一边安抚王某保持冷静不要慌张，一边根据掌握的车辆信息赶往嫌疑车辆所在的地理位置，可是，民警在湖南路光岳路口并没有发现该嫌疑车辆，随后，刑警队的民警也赶来支援，民警们扩大了搜索范围，终于，在聊大东校东门附近发现了正由南向北行驶的嫌疑车辆并对其进行跟踪，以寻求合适的抓捕时机。最终，在一十字路口趁嫌疑车辆等红灯时，民警迅速下车上前将四名嫌疑人抓获，成功将王某解救。

第四节　女大学生人身安全

一、女大学生人身安全

作为女大学生，自身力量弱、性格胆小，对外来侵害难以防范。由于人身安全的特殊性，

---

① 新华网山东频道，http://www.sd.xinhuanet.com/sd/lc/lc/2014-09/10/c_1112428296.htm。

女大学生人身安全常见的为容易受到性侵犯。对于女大学生的性侵害不仅使受害人身体受到伤害,而且会使受害人的人格尊严受到侮辱,从而导致精神崩溃,甚至导致自残、自杀等严重后果。

二、女大学性受侵害的形式和特点

(一)女大学生受性侵害的形式

(1)暴力式侵害。主要是指采取暴力手段,有的还携带凶器,进行威胁,对女同学进行性侵害的行为。暴力侵害的主体比较复杂,有社会上的犯罪分子混入校园进行强奸犯罪,也有些是内部人员所为。方式有的是以强奸为目的,混入女生宿舍或校园内偏僻处伺机作案;也有的是本以抢劫、盗窃为目的,见有机可乘或因受害人处置不当而发展为强奸犯罪;还有的是因恋爱破裂或单相思,走向极端,发展为暴力强奸。

(2)流氓滋扰式侵害。主要是指社会上的流氓结伙闯入校园,寻衅滋事,或是校内某些品行不端正人员在变态心理的驱使下,对女同学进行的各种骚扰活动。这些人对女同学的侵害方式,多为用下流语言调戏,推拉撞摸占便宜,往身上扔烟头,做下流动作等。如在夜间、女同学孤立无援或处置不当等情况下,也有可能发展为暴力强奸或轮奸。

(3)胁迫式侵害。侵害主体或是利用自己的权势、地位和职务,或是利用受害人有求于己的处境,或是抓住受害人的个人隐私、某些错误等把柄,对其进行精神控制,迫使被害人就范。

(4)社交性侵害。这种犯罪行为的主体多是受害人的相识者。因同事、同学、老乡、邻居等关系与受害者本有社会交往,却利用机会或创造机会把正常的社交引向性犯罪。受害人身心受到伤害后,往往还出于各种顾虑不敢揭发。

【案例2-7】

女大学生存钱数月见网友 被其在出租屋内强奸[①]

如今,流行电脑与电脑"诉衷肠",键盘与键盘"谈恋爱",有多少"痴情男女"沉浸其中。近日,一名在校女大学生不远千里来温州见网友,原本希望网络上惺惺相惜的男网友能给自己快乐和安慰,结果她的希望却破灭了。

2014年8月17日中午12时许,瓯海公安分局经济开发区派出所民警接到一女子的报警电话,她称自己在一出租房内被人强奸了。

原来,报警的女子叫小美(化名),是四川人,还是在校大学生。平时酷爱上网的她,在网上结交了不少朋友。一天,一网名叫"强仔"的男子进入小美的视线,对方让她找到了安慰和寄托,很快两人便在网上谈起了恋爱。

经过近一年的网恋,小美越来越离不开强仔,终于在2014年8月14日,为了见男朋友,她把存了好几个月的零用钱拿出来买了到温州的机票。

---

① 云南网,http://society.yunnan.cn/html/2014-08/20/content_3335557.htm.

一到温州,小美就住进了强仔的宿舍,刚开始男方并没有对她做出过分的举动,小美打心底里认为男友是一个值得托付的好男人。之后,强仔带着小美逛街买了一身衣服和鞋子,如此体贴又大方让她对男友更加迷恋了。

2014年8月17日中午,还"亲密无间"的两人因去哪儿玩发生了争执,按捺多日的强仔终于向女友提出要发生关系的要求,被小美当场严词拒绝了。见对方态度如此坚决,强仔就"霸王硬上弓"强行与其发生了关系。

(二)大学性侵害犯罪的主要特征

1. 作案目标的选择性

虽然女性都可能成为性侵害的目标,但犯罪分子从犯罪意念产生、犯罪得逞的风险以及作案后逃避打击等方面考虑,他们通常选择以下人员为侵害的目标:

(1)长相漂亮、打扮前卫者。犯罪心理学表明,一个犯罪分子在实施犯罪之前都具有一个犯罪意念,即一个人产生非法需求欲望的动力。根据弗洛伊德的性心理学说,在性犯罪当中,感官刺激是性犯罪的主要犯罪意念。娇美白皙的面容、曲线优美的身材、前卫暴露的衣着等往往都会给人很大的感官刺激,加速了犯罪欲望动力的产生。因此,在性侵害中,长相漂亮、打扮前卫的女生要比相貌平平、穿着朴素的女生比例高。(2)单纯幼稚、缺乏经验者。大学生往往在社会交往经验方面相当缺乏,只看到了社会美好的一面,忽视了社会阴暗的一面,信守人本为善的信条而对人性丑恶的一面知之甚少。于是在与有着丰富社会阅历的人打交道时就显露出许多单纯幼稚的言行,这恰好成为让那些心怀叵测的人攻击的弱点,容易成为他们的猎物。(3)作风轻浮、关系复杂者。现代高校与社会的接触已越来越紧密,社会上的各种诱惑也时时冲击着在校的大学生。面对各类高薪"陪侍"兼职的诱人广告,一些思想过分开放的女大学生开始蠢蠢欲动,她们频频出入那些歌厅、舞厅等高档娱乐场所,结识那些所谓的成功人士,最后却成为被侵害的对象。此外,文静懦弱、胆小怕事者;身处险境、孤立无援者;贪图钱财、追求享受者;精神空虚、无视法纪者,也容易成为性侵害的对象。

2. 作案时间地点的规律性

(1)夏天是女大学生容易遭受性侵害的季节。夏天天气炎热,女生夜生活时间延长,外出机会增多。夏天校园内绿树成荫,罪犯作案后容易藏身或逃脱。同时,由于夏季气温比较高,女生衣着单薄,裸露部分较多,因而对异性的刺激增多。(2)夜晚是女大学生容易遭受性侵害的时间。这是因为夜间光线暗,犯罪分子作案时不容易被人发现。所以,夜间女大学生应尽量减少外出。(3)公共场所和僻静处所是女生容易遭受性侵害的地方。这是因为,公共场所如教室、礼堂、舞池、溜冰场、游泳池、车站、码头、影院、宿舍、实验室等场所人多拥挤时,不法分子乘机袭击女生;僻静之处如公园假山、树林深处、狭道小巷、楼顶晒台、没有路灯的街道楼边、尚未交付使用的新建筑内、电梯内、无人居住的小屋、陋室、茅棚等,若女生进入这些地方,由于人员稀少,极易遭受性侵害。

3. 作案手法的多样性

前面我们已经在性侵害的表现形式中谈到了性侵害的各类作案手法,如暴力、胁迫的手段以及通过家教、网恋、求职等方法去侵害女大学生,以下两种手法也是性侵害中经常出现的:(1)谈恋爱。这种手法具有一定的隐蔽性,一般不容易为被害人所防备。女大学生在选择恋爱对象时,不考察对方的人品、修养及内涵,而过多地注重相貌、身材等外在因素,在遇到那些以玩弄女性为目的的恋爱高手时,往往是哑巴吃黄连有苦说不出。(2)饮酒。这种手法常常发生在熟识的同学、朋友、老乡聚会以及有些女大学生有求于人的场合,犯罪分子通过与女学生交往一段时间,取得她们的信任后,然后在吃饭的场合提出让女学生喝酒,由于酒精能刺激麻痹人的神经系统,使人的思维过程受到干扰而变得神志不清,自制力下降,从而使犯罪分子轻易得手。

4. 报案时间的滞后性

由于性侵害案件客体的特殊性,涉及被侵害对象人格、名誉的损害,加上中国传统世俗的偏见,所以许多女性在遭到性侵害后都采取延迟报案或不报案的态度,致使犯罪嫌疑人更加肆无忌惮地对其他女性实施加害行为。

三、大学女生性侵害的防范

(1) 在思想上树立防范性侵害意识。在社会中,女性作为性侵害的特殊客体容易遭受侵害。因此女大学生在校内校外的各种活动场合,要随时注意遭受性侵害的可能性,提高自我保护的警觉性,只有树立防范意识,才能对一些预警性的性侵害信息及时采取防卫措施,有效地保护自己。如在社会交往中对朋友、对同伴那些肮脏下流的笑话、淫秽暧昧的语言、挑逗暗示的动作采取强烈的排斥态度,就能及时打消他们的侵害念头,从而防止被害。

(2) 在生活上注意仪表言行得体。前面已经谈到,女性性感的时装、大面积的身体暴露会给那些本无意实施强奸的犯罪嫌疑人感官上以极大的刺激,加速他们的犯罪欲望。因此女大学生在校期间的穿着打扮要符合自己的身份,大方得体,以朴实无华为好,不要盲目追赶潮流,使自己浓妆艳抹、前卫妖娆。在言行举止方面,女大学生要懂得自尊自爱,不要与男性过分随便、亲昵甚至暧昧,在喝酒、跳舞中不要有轻佻、挑逗性动作,使加害人误解,从而将自己置于一种潜在的危险环境中。

(3) 在防范上关注所处周围环境。性侵害犯罪作为一种特殊的犯罪行为,犯罪嫌疑人往往注重作案环境的选择,以求作案的"成功率",减少作案风险,所以女大学生对自己的生活、居住环境要加倍关注。晚上尽量不要外出,有事外出也要尽早回来,夜晚外出或在校内行走最好结伴而行,行走时要选择行人较多、路灯较亮的明亮道路行走,经过树林、建筑工地、废旧房屋、桥梁涵洞等处时要特别小心。在学校公寓或校外租房处就寝时,要避免独处,特别是节假日期间,晚上睡觉时要关好门窗,拉上窗帘。

(4) 在观察中谨慎结交新朋友。根据调查表明,有63%的性侵害是发生在相互认识的熟人中间。因此,女大学生在与同学、老乡及朋友(网友)的交往过程中要注意对方交往的目的,留意对方日常言行中表现出来的人品、道德修养。如发现对方时常有过分亲昵、挑逗等预兆性言行时,要及时果断地终止来往。在与朋友交往中时刻应注意观察和提醒自己,不要轻信好话,不要单独跟新朋友去陌生的地方;控制感情,不要在交往中表现轻浮;控制约会环境,不要到偏僻人少的地方;不要过量饮酒,不接受超过一般的馈赠;对过分的言行持反对态度等。

(5) 有选择地适当参加社会活动。女大学生应慎重参加如家教类的活动,即使要参加也要通过学校及有关部门去联系,切忌自己通过小广告或者自行推荐去选择服务对象。在参加之前,要将家教对象的基本情况有个大致的了解,不要只图报酬高,嫌手续烦琐而贸然前往。

四、发生性侵害时的防卫措施

(1) 头脑清醒,控制情绪。女大学生在遭受性侵害之际,保持头脑清醒、情绪稳定是最重要的,只有设法使自己沉着、冷静,才能明白性侵害者的意图,与其周旋,从而找出摆脱困境的方法。如果被害人处于危险时惊慌失措,大喊大叫,进行本能的反抗或逃避,相反会助长犯罪嫌疑人的攻击性,导致性侵害的发生。

(2) 明确意愿,态度坚决。有时性侵害行为是性侵害者错误地理解了被害人的意思后发生的。因此,女大学生遇到别人要对自己进行性侵害时,应当恰当而且坚定地表明自己的态度,阻止性侵害行为的发生。明确表示,能够有效防止熟人之间的性侵害行为发生,也能够使一些陌生的性侵害者丧失信心,放弃性侵害的企图。

(3) 沉着理智,机智反抗。在遭到性侵害时,被害人要注意了解性侵害者的弱点和周围环境,以及一切可以利用的积极因素,采取恰当的措施进行反抗,尽可能地结合自己平时生活中积累的经验和知识,予以防范。如尽量用赞扬的话语将其优点给挖掘出来,唤起侵害人人性中善良的一面,使其行为向好的方面转化,避免性侵害行为的发生。

【案例2-8】

女大学生遇歹徒劫财劫色 提议去宾馆"开房"自救①

2015年7月21日,在贵阳某高校上大学的小林(化名)到驾校练车结束后,准备走树林里的小道抄近路回住处,没想到却在树林里遭遇了惊魂一幕。

据云关派出所办案民警介绍,2015年7月21日晚上9时许,该所值班室接到一名女生打来电话哭着报警称,她在云关坡小树林被一男子持刀抢劫,身上的几百元现金和手机被抢走,她正在龙洞堡马跑井一宾馆门口,借宾馆老板的电话报警。

接警后值班民警立即赶到现场。经民警了解,受害人是贵阳某高校一名在校大学生,名叫小林。小林告诉民警,当天下午将近5点钟,她在龙洞堡附近一驾校练完车后,从驾校附近的小树林抄近路准备回学校附近的住处,突然小树林里窜出一名大概二十七八岁的男子。该男子用一把尖刀从身后抵住她,让她把身上的财物都交出来。她吓得不敢说话,随后男子抢过她的包,并威胁她不要吭声,否则对她不客气。男子将她包里的手机和400多元现金搜走后,她原本以为男子会放走她,没想到男子却要求她与他在小树林里坐下,期间男子多次使用言语威胁,想她和发生性关系。

---

① 新浪网,http://gz.sina.com.cn/news/sh/2015-07-31/detail-ifxfpcyp5052041.shtml。

不论男子怎么威胁小林都不答应,男子又和小林说起了自己的往事,说他很可怜。在这过程中,小林灵机一动,假装顺着男子的话与他聊天,然后找机会逃跑。

与对方磨了3个多小时后,男子不耐烦了,准备对小林硬来。这时,小林谎称做这种事应该有张床,建议让男子到附近的宾馆开房,可以用她的钱付账,男子答应了。于是小林和男子来到马跑井一宾馆门口。正在男子犹豫要不要进宾馆时,小林拔腿往宾馆跑去,一边跑一边大喊救命,宾馆老板刘先生听见呼救声赶紧从店里出来呵斥,男子撒腿就跑了。

小林随后立即报警,云关派出所立即加大警力,对辖区加大巡逻盘查,查找嫌疑人的踪迹。根据受害人提供的信息,民警获知嫌疑男子是黑色长发,身高在1.63米左右,穿一件暗红色短袖T恤,其脖子上有一块非常明显的烫伤,特征明显。

随后,办案民警决定带着受害人,根据犯罪嫌疑人走过的路,争取查找到更多相关有效的证据。当晚22时许,当民警与受害人来到云关坡云关冷链门口时,民警看到一名男子见到警车就将头埋下,并且拉扯着T恤遮住脖子。见此情况,民警随即叫坐在警车内的受害人辨认该男子是否是抢劫她的嫌疑男子。由于天色昏暗,受害人并不能完全确定,只是说身形很像,于是民警立即上前将男子拦下。正当民警准备对男子进行盘查时,跟在民警身后的受害人大声指正就是他。男子想跑,但被民警牢牢控制住。随后民警当场从男子身上搜出一把弹簧折叠刀,经检查男子脖子上确实有一块明显的伤疤。

经审讯,犯罪嫌疑人李某对持刀抢劫小林的犯罪事实供认不讳。目前,警方已为受害人追回损失财物,嫌疑人已被警方依法刑拘。

(4)采用暴力,正当防卫。以下几种"正当防卫"方法,可供女生在遭遇歹徒时临时使用。

① 变:若遭跟踪,不要害怕,见机变换行走路线,一般都可将其甩掉。如果发现前面越走越偏僻,就要转弯走向人多的地方,或越走越慢,等碰见别的行人的时候掉头和他一起走。

② 喊:有道是"做贼心虚"。犯罪嫌疑人在实施犯罪行为时,心虚得多。别小看喊声带来的风吹草动,它就有可能阻止犯罪嫌疑人的主观恶性继续加深。假如正处于犯罪初始阶段,女性应当大声呼救,以求旁人报警救助。

③ 撒:若只身行路遭遇犯罪分子,呼喊无人,跑躲不开,犯罪嫌疑人仍然紧追不舍。女性可以干脆就地取材,抓一把泥沙撒向犯罪人面部(城市女性为防侵害,可以在衣袋、书包内常备些食盐),这样做可以抢出时间,容易跑脱。

④ 撕:如果撒的办法不起作用,仍被犯罪分子死死缠住,打斗不过。女性可以在反抗中撕烂犯罪分子的衣裤,令其丑态百出。然后将他的烂衣裤(碎片、衣扣、断带)作为证据带到公安机关报案。

⑤ 抓:使劲撕仍不能制止加害行为的,可以向犯罪嫌疑人的面部、要害处抓去。抓时只有抓得狠、抓得死,将其抓破,才能达到制服犯罪嫌疑人、收集证据的目的。将留在指甲里的血肉送公安机关,即可作为不法侵害的证据。

⑥ 踢:面对一时难以制服的犯罪嫌疑人,可以拼命踢向他的致命器官,这样可以削弱地继续加害的能力。这一手不少女性在自卫中使用过,极见成效。还应大声正告犯罪嫌疑人,再猖狂将受法律制裁。

⑦ 咬：犯罪嫌疑人施暴时常常先将女性的双臂缚住，此时在不得已中应抓住时机咬住其肉不松口，迫使其就范。有位女性在被害过程中，遭罪犯强行接吻，情急中她"稳、准、狠"地咬住了犯罪嫌疑人的舌头，致使其疼痛休克，被捉送公安机关。

⑧ 刺：如果遇上色狼手中有凶器，女性仍要沉着，胆大心细，不要慌乱。当犯罪嫌疑人自脱衣裤时，可借机行事。让犯罪嫌疑人先行脱衣，当其高兴地动手脱衣时，女生快速夺过刀向要害处刺去。

⑨ 套：如果几经反抗不力，强奸即遂，此时也不可轻易放过（有些受害女性到此时就彻底放弃反抗了），可以采取"套"的办法将其制服。如一位姑娘被害后哭着说："这样一来——我连对象都没法找了——你要是没有对象咱就——"。次日晚，当罪犯再次去姑娘要"谈情说爱"时，被早已等在那里的公安人员抓获。

(5) 抓紧时机，迅速脱身。犯罪心理学表明，性犯罪的主体在实施犯罪过程中，心理变化有一个从冲动到后悔再到恐惧的过程，一旦侵害行为得逞，激情消退，侵害人会产生后悔、自责心理。所以女大学生在这时要抓住一切有利时机，为自己脱身创造条件。

思考与讨论

(1) 你认为大学生人身安全主要的隐患是什么？为什么？

(2) 当人身安全与财产安全都遭到威胁时，哪个更重要？

第三章 财产安全

第一节 防盗窃

一、盗窃的含义和类型

盗窃是指以非法占有为目的,窃取他人数额较大的公私财物或者多次窃取公私财物的行为。它是通过不合法手段秘密取得财物。大学盗窃案件是指以大学生的财物为侵害目标,采取秘密的手段进行窃取并实施占有行为的案件。盗窃公私财物数额较小、次数较少的是一般违法行为,盗窃公私财物数额较大或者次数较多的可以构成盗窃罪。盗窃严重影响和危害人民的财产安全,是一种最常见,并为人们所深恶痛绝的违法犯罪行为。

高校盗窃案件一直是大学校园发案率最高的案件类型,而且近年来呈上升趋势。在校园内发生的盗窃行为,势必严重影响学生的财产安全和学校的教学秩序。高校学生被盗的物品主要包括:一是现金、存折、银行卡;二是手机、电脑、黄金珠宝等贵重物品;三是自行车等交通工具;四是衣服箱包等一些生活用品。学生宿舍、教室、图书馆、实验室、食堂、体育场等公共场所,是财产被盗的重点场所。大学生每天都要在公共场所活动,因而应该加强对自身财物的保管,不给犯罪分子以可乘之机,从而减少盗窃的发生,避免财产损失。

从作案主体进行分类,高校盗窃案主要包括三种类型:一是内盗,它是指盗窃作案分子为学生及学校内部管理服务人员实施的盗窃行为。根据相关资料统计,在高校发生的盗窃案件中,内盗案件就占一半以上。作案分子往往利用自己的有利条件,寻找作案的最佳时机,因而易于得手。这类案件具有隐蔽性和伪装性;二是外盗(相对于内盗而言的),它是指盗窃作案分子为校外社会人员在学校实施的盗窃行为。他们利用学校管理上的漏洞,冒充学校管理人员或以找人为名进入校园内,盗取学校或师生财物;三是内外勾结盗窃,是指学校内部人员与校外社会人员相互勾结,在学校内实施的盗窃行为。这类案件的内部主体社会交往关系比较复杂,与外部人员都有一定的利害关系,往往结成团伙,形成盗、运、销一条龙。

二、高校盗窃案的基本特征

一般盗窃案件都有以下共同点:一是实施盗窃前有预谋准备的窥测过程;二是盗窃现场通常遗留痕迹、指纹、脚印、物证等;三是盗窃手段和方法常带有习惯性;四是有被盗窃的赃款、赃物可查。由于客观场所和作案主体的特殊性,高校盗窃案还有不同于一般盗窃案的特点。

(一) 作案时间的规律性

高校一般都有自己独特的学习、活动和生活规律,这些因素直接影响和制约着行为人某种行为的具体实施。作案人为了减少违法犯罪风险,在作案时间上往往进行了充分的考虑,因而其作案时间大多在作案地点无人的空隙实施盗窃。比如:

(1) 上课时间。学生基本上每天都有紧凑的课程安排,没课的学生大部分上图书馆学习或者参加社会活动,一般很少待在寝室。因此在上课期间,特别是上午第一节课、第二节课,学生宿舍里一般无人。盗窃分子一般都摸清了此规律,并且抓紧在这段时间进行作案,因此这一时段是外盗作案的高峰期。

(2) 课间时间。课间休息仅 10 分钟,学生在下课后一般都会走出教室放松自己,但是很少有同学回寝室。作案分子特别是内盗作案人员会利用此时机,在盗窃得手后继续回教室上课,给人以没有作案时间的假象。

(3) 夜间熟睡后。经过一天的学习、活动,学生都比较疲惫,而且学校一般都有规定的熄灯时间,所以上床后很快便入睡。盗窃分子趁夜深人静,室内人员熟睡之际行窃。特别是夏天,由于天气炎热,很多学生睡觉时不关寝室门窗,这更是给小偷创造了便利条件。

(4) 新生入校时。新生刚入校时,由于彼此之间还不太熟悉,再加上防范意识较差,经常有陌生人以各种名义进入寝室,新生以为是同学的老乡或熟人,不加盘问,这就给作案分子以可乘之机。

(5) 军训、大型活动、节假日等期间。在这段时间,学生宿舍留守人员少。特别是节假日,多数同学都要离校,学校管理人员又相对减少,小偷此时便乘虚而入,伺机作案。这段时间的作案率非常高。

(二) 作案目标的准确性

高校盗窃案件特别是在内盗案件中,作案人的盗窃目标比较准确。财务室、计算机室的具体位置,作案人员会摸得一清二楚。由于大家每天都生活和学习在同一个空间,加上同学之间不存在戒备心理,东西随便放置,贵重物品放在柜子里也不上锁,使得盗窃分子作案时极易得手。

(三) 作案技术的智能性

在高校盗窃案件中,作案主体具有特殊性。高智商的人较多,有的本身就是大学生甚至研究生。在实施盗窃过程中对技术运用的程度较高,自制作案工具效果独特先进,其盗窃技能明显高于一般盗窃作案人员。现在科学技术越来越发达,小偷的开锁技术也越来越高,有的时候甚至不用钥匙(如锡箔纸)就可以开锁。这也给案件的侦破工作带来一定的难度。

(四) 作案手段的多样性

在大学校园内,盗窃分子往往采取多种手段进行行窃。他们往往针对不同环境和地点,选择对自己较为有利的作案手段,以获取最多的财物。

(1) 顺手牵羊——是指作案分子趁人不备将放在桌椅、床铺等处的钱物信手拈来而占为己有。犯罪分子常常以找熟人为借口,在宿舍周围徘徊,如果发现寝室门开着又没有人,就会迅速进入室内,将学生放在桌上、床上、抽屉里或包里的贵重物品偷走。此类案件主要发生在学生宿舍、篮球场等场所。

(2) 溜门入室——是指作案分子趁门未关,室内无人之机盗窃作案。此类案件多发生在学生宿舍、办公室等场所。此类偷窃目标主要是现金、手机、平板电脑、笔记本电脑等贵重物品,现场往往翻动较大,如果盗窃时被人发现,常以找人等借口脱身逃走。这类案件盗窃分子一般不带作案工具,作案时间短,作案后迅速逃离现场,如果不能在现场人赃俱获,破案难度很大。

(3) 窗外钓鱼——是指作案分子用竹竿、铁丝等工具,在窗外或阳台处将室内衣物、皮包钩出,有的甚至利用钩到的钥匙开门入室行窃。

(4) 翻窗入室——是指作案分子利用房屋水管、窗户、气窗等设施条件入室行窃。作案人窃得财物后往往是堂而皇之从大门离去,因而窃贼很不容易被发现。此类案件多发生在办公楼、职工宿舍、学生宿舍。

(5) 撬门扭锁——是指作案分子利用专用工具将门上的锁具撬开或强行扭开入室行窃,入室后作案人又用同样的方法撬开抽屉、箱柜等。这是外盗分子惯用的主要手段,他们下手毒辣,毫不留情,只要是值钱的东西都不放过。

(6) 巧取钥匙——是指作案分子用学生乱丢的钥匙,趁学生不在寝室实施的入室盗窃。有些学生把钥匙随便乱放,丢了也毫无戒备,更有甚者,为方便进出,干脆将钥匙插在门上而不拔下。犯罪分子则利用学生的这些弱点拿到钥匙或者事先配好多把钥匙,寻机开门入室行窃。

(7) 盗取密码——是指作案人有意获取他人存折、银行卡、信用卡、支付宝密码,并伺机到银行盗取现金或者网上转账。这类手法常见于内盗案件,并且以关系较好的同室或"朋友"作案较多。

【案例 3-1】

男子扮成大学生 跨苏皖两省专偷高校宿舍[①]

大学校园里,有着学生模样的人可不一定是在校大学生。有人打扮成学生模样,专门入校盗窃学生宿舍。2016 年 3 月 10 日,徐州警方破获横跨苏皖两省的系列校园盗窃案,抓获涉嫌盗窃的犯罪嫌疑人吕某,以及涉嫌收赃的犯罪嫌疑人陈某两人,缴获来历不明的手机 50 余部,涉案赃款 1 万余元。

经过审讯,嫌疑人交代了自己的犯罪事实。吕某交代,自 2015 年 9 月份以来,他曾多次潜入苏皖两省多市的多所高校进行盗窃。吕某称,他一般都选择在早上 7 点钟左右,学生出操或上课时,他就打扮成学生模样,潜入高校校园实施盗窃。

据民警的侦察发现,嫌疑人之所以屡屡得手,除了打扮成学生外,还有一个重要原因,就是学生随便将手机等值钱物品放在桌子上或床头,甚至有时连宿舍门也不锁。

① 江苏网络广播电视台.在现场.社会[EB/OL].[2016-03-11].http://荔枝网.jstv.com/.

三、高校盗窃案发生的原因

大学校园是师生进行教学、科研、生活和娱乐的重要场所。由于校园周边以及内部环境的日趋复杂,人员流动很大,学生警惕性不高,再加上学校管理有时又比较松懈,致使校园盗窃案时有发生。只有了解案件发生的原因,才能有针对性地进行防范,保证大学生的财产安全。

(一) 学生社会经验不足,安全防范意识差

据相关统计资料显示,高校盗窃案约有80%是由于学生没有做好安全防范工作造成的。很多师生员工的防范意识淡薄,缺乏应有的警惕性,还认为大学校园是单纯的,不会发生偷抢拐骗的事情,这就为窃贼打开了方便之门。比如,自行车随处停放不上锁;平时上课外出不锁门;晚上睡觉不关门;贵重物品随处乱放;门锁坏了不及时修理;门窗不牢;钥匙保管不当;对外来人员不闻不问,这些都给犯罪分子提供了可乘之机。

(二) 有的学生法制意识淡薄,导致内部盗窃案增加

由于学校招生规模不断扩大,学生的人数逐年增多,但是这些学生的素质差距比较大,层次复杂,大学校园成为了一个复杂的社会体。有的学生法制意识淡薄,而且很容易受到社会上物欲和爱慕虚荣的影响,追求奢侈的生活,但又不好意思向父母伸手要钱,慢慢地发展到小偷小摸。这类案件不容易被发现,而且发生的频率又很高。

(三) 校园内部及周边环境的变化

随着高校改革的力度加大,校园内部和周边环境正变得日趋复杂。后勤体制改革后,服务向社会化发展,经商服务网点不断增多,使得进入校园务工的临时人员增多,这些人员来源复杂,一些犯罪嫌疑人混杂其中。同时,校园周边人口密集,人员复杂,商店饭店林立,娱乐场所多,光顾这些场所的人员复杂。学校的围墙形同虚设,周边治安环境差,防范力量薄弱。日趋复杂的环境给犯罪嫌疑人提供了十分便利的条件,却给校园治安管理加大了难度。

(四) 高校治安防范工作存在漏洞

第一,学校的整体防治意识差。有些师生员工认为学校治安防治工作与自己无关,在这种思想的支配下,即使听到喊捉贼也不会伸手帮忙;第二,门岗管理制度不严格。随着高校规模的逐年扩大,校园内的人流、车流、物流急剧增加,各类车辆以及社会闲杂人员随意进出学校,保安无法进行及时辨认,小偷很容易就混进校园伺机作案;第三,学校保安队员素质不高,多数队员存在临时观念,很难在短时间内发挥作用;第四,技术防范措施不够,学校虽然有防盗报警系统,但技术性能差,反应不够灵敏,起不到防范作用。

四、高校盗窃案的防范

了解了大学校园盗窃案的特征,又分析了盗窃案发生的原因后,我们就可以有针对性地进行防范。

(一)加强对学生安全防范意识的教育,妥善保管财产

一般防盗的基本方法是人防、物防和技防。其中"人防"是预防和制止盗窃犯罪唯一可靠有效的方法。对大学生而言,提高防范意识,做好防盗工作,这不仅是个人的事,也是全校师生共同关心的大事。只有人人参与其中,群防群治,才能真正有效控制和防范盗窃案的发生。事实上,发生在大学校园内的盗窃案件大部分是由于大学生自身的防范意识淡薄而引起的。在日常生活中,大学生应从以下环节加强财产安全意识,提高防盗能力。

1. 学生宿舍的防盗

(1) 养成随手关窗、随手锁门的良好习惯。

(2) 妥善保管好自己的钥匙,不要随意乱丢乱放,不给盗窃分子以可乘之机。

(3) 不要留宿外来人员。如果违反学校规定,随便留宿外人,很可能就是引狼入室,后患无穷。

(4) 妥善保管好现金、存折、银行卡以及其他贵重物品。

(5) 多加留意形迹可疑的人,并及时报告学校保卫部门。

2. 公共场所的防盗

(1) 不要把贵重物品以及学生证、身份证放在教室、图书馆、实验室、食堂、运动场等公共场所。如果要暂时离开一会儿,一定要委托其他同学代为看管。

(2) 在校内超市或商店购物时,一定要把现金、手机等物品放在安全的地方。

3. 易盗物品的防盗

(1) 数额较大的现金要及时存入银行,并加设密码。同时做到"钱不露白"。

(2) 存折和银行卡要妥善保管,密码(特别是网上银行和支付宝密码)一定要牢记在心,切勿告诉别人。同时,存折和银行卡不要与学生证、身份证放在一起,以防被盗窃分子一起盗走后冒领。在银行取钱的时候,切勿泄露密码。

(3) 对于手机、电脑、金银珠宝等贵重物品,如果长时间不用,应该带回家或者委托可靠的人代为保管,不可长期留在寝室。如果暂时不用,也要锁起来。

(4) 对于一些高档的衣物不要随意悬挂在阳台上,也可以做一些特殊的标记,即使将来被盗,找回来的可能性也大一些。

(5) 购买自行车的时候一定要手续齐全。停放在有人看管的地方,而且一定要上锁,妥善保管好车钥匙。

(二)加强学生思想道德和法制教育,提高自控能力

人的思想道德面貌是在长期的行为活动中逐渐形成的,并通过具体的行为得以体现。部分学生道德品质低下,法律意识淡薄,单靠打击和防范是不够的,要从育人治本上下功夫。

(1) 加强学生的道德教育。帮助学生树立正确的世界观、人生观、价值观、道德观,使每个学生都具有良好的道德风尚,从根本上预防或减少盗窃案件的发生。

(2) 加强学生的思想教育。通过规范学生的日常行为,从而养成良好的生活习惯。根据有关调查研究表明,很多盗窃欲望的产生在许多情况下一般是受到盗窃目标的诱惑与刺

激,加上我们日常生活中的不良习惯给盗窃分子提供了机会。如大额现金有意无意在人面前显现,价值贵重的手机任意摆放等,这都是盗窃案件易于产生的原因,所以加强自身财物保管是减少被盗的有效途径。

(3)加强学生的法制教育,增强法制观念。通过各种校园载体宣传法制,使学生学法、知法、懂法,提高学生的法律素质,预防学生犯罪,同时提高学生的自我防范能力。

(三)学校要加强整治校内和校园周边的环境

一个稳定安全的校园环境,是保证正常教学和生活的必要条件。首先,学校要加大对校园内部环境的整治。加大对学校超市、商店等公共场所的管理,在学校主干道可以适当安装一些监控器,并有专人负责监控;其次,加强对学校后勤临时人员的管理;最后,配合公安部门进行学校周边环境的整治。

(四)加强校园内部的治安防范和管理

由于校内人员数量急剧膨胀,人员结构复杂,治安问题日益突出,特别是盗窃案件逐渐增多。在这种情况下,只有加强校园治安防范管理,把防范落到实处,才是减少校园盗窃案发生的良策。

(1)针对人员密集和繁杂的特点,积极开展综合治理,充分发挥群防群治的作用。首先,建立学生治安小组,以学生为主体进行自我管理;其次,建立应急值班小组,由保卫干部组成;再次,在节假日组织部分留校学生参加校园值班工作;最后,校卫队负责校园重点部位的值班巡逻,做到定点巡逻。全校师生都行动起来共同维护校园的财产安全。

(2)建立严格的门岗管理制度。配合学校门岗监控系统,所有人员凭证件出入校园。同时,对校外的机动车要严格管理。

(3)加大治安防范的资金投入。加强学校保卫队伍建设,提高保卫人员素质;引进一套先进的防盗报警系统,结合技术手段,强化对校内的治安管理。

【案例3-2】

芜湖破获高校盗窃案 近百部手机返还学生[①]

2015年11月26日,芜湖市城东新区派出所陆续接到辖区内安徽工程大学学生的17起报案,称在学校内食堂、礼堂和校园等处随身携带的手机被盗。与此同时,警方同时接到安徽师范大学、皖南医学院等高校学生十余起同样的报案。

鸠江分局城东新区派出所和刑警支队专司反扒的五大队警力进驻安工大根据视频追踪、信息研判,结合调查走访、蹲点守候,成功抓获5名犯罪嫌疑人,并当场在房间内缴获手机四十余部。

经审查,韦某方、韦某杰、雷某等五名犯罪嫌疑人,于2015年11月中旬先后流窜至合肥市,先在合肥市高校和商业区等地扒窃作案,先后偷窃了女大学生70余部手机。

---

① 安徽网.新闻中心.直播安徽[EB/OL][2015-12-19].http://www.ahwang.cn/.

五、高校盗窃案的应对

盗窃犯罪是高校中常见的一种犯罪行为。在宿舍、教室或者其他公共场所,如果发现财物被盗,我们应该冷静而沉着地应对。

(一) 保护现场,及时报案

(1) 一旦发生被盗案件以后,不要惊慌失措,不要急于入内查找自己丢失的物品。不要破坏盗窃痕迹,迅速组织在场人员保护好现场,任何人都不能随便进入现场。

(2) 立即向学校保卫部门报告,并配合他们做好物品清点工作。不得先翻动、查看自己掉了什么东西,否则将现场有关的痕迹物证破坏了,不利于调查取证。

(二) 发现可疑,及时控制

(1) 如果自己发现可疑人员,一定要沉着冷静,应主动上前询问,一旦发现其回答有疑问,要仔细核实身份。

(2) 如果来人身边可能携带有赃物、作案工具等物品,设法将其稳住,并及时报告给学校保卫部门。但是不能随意进行搜身,这是违法的。

(3) 如果发现盗贼身上有凶器,要防止他狗急跳墙,伤及无辜。在当场无法抓获盗贼的情况下,应记住盗贼的特征,包括年龄、性别、身高、胖瘦、相貌、衣着、口音、动作习惯、佩带首饰等,以便向公安部门提供破案线索。

(4) 如果夜间遭遇入室盗贼,应该沉着应对。如果个人能力许可,可将作案人制服。通常情况下应该报警求救,千万不能一时冲动,造成不必要的人身伤害。

(三) 及时报失,配合调查

(1) 如果发现存折、银行卡被盗,应当尽快到银行挂失。

(2) 如果发现丢失的是贵重物品,应该马上向学校保卫部门和公安机关报告,讲明丢失的情况和有关物品的特征,方便公安机关破案。

(3) 积极配合公安、保卫部门的调查取证工作,如实地回答前来勘验和调查的公安人员提出的有关问题。

(4) 积极向负责侦破案件的民警提供情况,反映线索,协助破案。

(5) 案件侦破以后,协助保卫部门进行物品认领工作。

高校盗窃案件的频繁发生固然有其社会因素,但自身疏忽大意、安全防范意识差、防范能力弱、安全措施落实不到位等,这些都给不法分子作案提供便利条件。俗话说"隐患险于明火,防范胜于救灾,责任重于泰山",高校治安保卫工作责任重大,只有在学校党委领导下,在公安部门的大力支持下,在全体师生员工的共同努力下,深入开展法制教育和安全防范教育,积极落实安全管理的各项措施,才能有效防止盗窃案件的发生,确保高校良好的治安秩序和生活秩序,保障师生员工的财产安全,保证高校教学科研工作得以顺利进行。

第二节 防 诈 骗

近年来,一些不法分子频频利用大学生社会经验不足和防范意识较差的特点,通过各种形式对高校学生进行诈骗,造成学生财产损失。为了进一步提高广大学生对各类诈骗方式的鉴别能力和自我防范意识,我们简单地分析目前高校诈骗案的特征、手段、防范和应对措施。

一、诈骗的含义及危害

诈骗是指以非法占有为目的,用虚构事实或者隐瞒真相的方法,骗取款额较大的公私财物的行为。诈骗的特点是编造谎言,制造假象,骗取受害人的信任,在受害人同意的情况下,将受害人的财物非法据为己有。由于这种行为完全不使用暴力,而是在一派平静甚至是在"友好"和"愉快"的气氛下进行的,加之受害人一般防范意识薄弱,容易上当受骗。

高校诈骗案是指以大学生为作案目标,以非法占有为目的,用虚构事实或隐瞒真相的方法骗取数额较大财物行为的案件。大学的生活环境相对简单,很多学生局限于自己所学的专业,思想比较单纯,社会经验较少,对诈骗行为的复杂性、危害性以及犯罪现象了解很少。不法分子正是利用这一点,把大学生作为行骗的重点目标,通过各种花言巧语和迷惑手段,扰乱被骗人的正常思维,从而达到他们行骗的目的。

随着互联网进入校园,很多不法分子把魔爪伸向了大学生。一些大学生通过上网结交朋友,由于缺乏识别能力,有的上当受骗,尤其个别女生交友不慎,不仅被骗钱财,还为此遭到性侵犯,甚至惨遭杀害。一旦诈骗案件发生后,学生的合法权益受到侵害,身心受到沉重打击,轻者令学生烦恼或陷入经济困境,影响其正常的学习和生活,无法顺利完成学业;重者则会使有些受害学生自杀轻生或导致连环的治安及刑事案件发生,其危害性极大。提防和惩治诈骗分子,除需要依靠社会的力量和法律的手段以外,更主要的还要靠大学生自身的谨慎防范和努力,认清诈骗分子的惯用伎俩,以防上当受骗。

二、高校诈骗案的特征和手段

高校诈骗案由于发生在大学校园里,它与一般的诈骗案还是有很大的不同,具有它自己的特点。高校诈骗案居高不下的原因,在于它的类型和手段五花八门,有的时候令受骗人防不慎防。

(一)高校诈骗案的特征

(1)手段上的智能性。诈骗分子在高校行骗时,一般都是利用丰富的知识和技能经验,经过精心的策划,设置诱饵,使受骗者落入圈套。常常使用科技性高、迷惑性强的手法提高诱骗效果。

① 科技性高——最具有代表性的是利用互联网进行诈骗,一些远程匿名公司及个人通过互联网购物交易渠道向学生提供计算机设备、信用卡账号等信息,让学生直接汇款或复制信用卡账号进行款项划拨,达到骗取钱财的目的。

② 迷惑性强——诈骗分子在高校行骗,大都能摸准学生的个人心理,他们有着多次作案的经验,且能分清情势,随机应变,达到以假乱真的程度。

（2）目标上的选择性。诈骗分子在高校中行骗,一般与受骗人都有过较长时间的直接或间接接触,既可能有面对面的交谈,也可能有电话交往,还有可能是通过网络来认识的。只有与作案人有过比较多的接触才会将其作为诈骗目标,伺机作案。作案人常选择求人帮忙,轻率行事的；疏于防范,感情用事的；贪图便宜,财迷心窍的；思想单纯,防范较差的；贪图虚荣,遇事不够理智的；贪小便宜,急功近利的。犯罪分子选择这样一些人作为诈骗对象成功的概率要大得多。

（3）方式上的多样性。高校诈骗案件的方式是多种多样的。作案人会根据不同的情况使用不同的方式进行诈骗。

① 借熟人关系进行诈骗。此类骗子往往是冒名顶替或以老乡、朋友的身份进行诈骗的。而受害人往往碍于面子或出于"哥们义气",也只好"束手就擒",更有甚者,把有人寻访看作一种荣耀,而"宁可信其有不可信其无",继而"慷慨解囊"。

② 借中介为名进行诈骗。当前,此类诈骗案件有上升的趋势。大学生出去做兼职,很可能会遇上这种情况。而此类骗子就是利用同学急于找到一份好兼职的心理,以招工点、兼职介绍所等名义进行诈骗或利用同学们作为其兼职劳动力,从中大捞一把。

③ 以特殊身份进行诈骗。此类骗子多以社会上的"能人"或"名流"的名义进行诈骗,如谎称自己是导演、公安人员、商人、气功大师等,抬高自己身价,对找工作等难办的事表示"完全有能力"解决。这类诈骗手段较为单一,较易识破。

④ 以小利取信,进行诈骗为实。此类骗子极为狡猾,采取"欲擒故纵"的方法,先兑现以前承诺的利益,让大学生感到此人办事可靠,待取得大学生的信任后,就狠狠地敲大学生一把,让大学生在绝对信任和不知不觉中蒙受重大的损失。此类诈骗计划周密,不易发现,危害性较大。

（二）高校诈骗案的手段

诈骗分子在高校作案行骗时,他们利用丰富的知识、经验、技能,经过精心的策划,设置诱饵,使受骗学生落入圈套。他们的作案手段主要有以下几种：

1. 投其所好,引诱上钩

这类诈骗分子往往利用被害人急于就业或者出国等心理,投其所好、应其所急施展诡计而骗取财物。

2. 招聘为名,设置骗局

为了减轻家庭负担,勤工俭学已成为大学生谋生求学的重要手段。诈骗分子就是利用这个机会设置骗局,用招聘的名义对一些"无知"学生设置骗局,骗取介绍费、押金、报名费等。许多非法中介机构利用学生缺少社会经验,同时又挣钱心切的心理,收取高额的中介费却又不介绍工作。更有甚者打一枪换一个地方,收钱后却找不到人。

第三章 财产安全

【案例 3-3】

大学生郑州求职被骗 一分钱没挣先交了980元[①]

小赵是万方科技学院的大二学生,想趁着放暑假,打工赚钱。于是在网上搜索招聘信息,看到南阳路一家娱乐会所正在招人。"我感觉能去会所的都是有钱人,也算是成功人士,我就是想找个比较高端的工作,也能扩大自己的朋友圈子。"

小赵于2015年7月11日接到会所的面试通知,当时有50多人来会所应聘,面试结束后,自称是会所领班的小金要求他们每人缴纳400元押金,并表示干满30天退还,还交代他们第二天晚上9点来会所培训。

7月13日晚,领班小金告诉小赵等人,为提升自身形象,所有应聘者必须购买会所指定服装,以此要求每人缴纳500元服装费和80元工牌费。前后3天时间,小赵等学生共给会所缴了980元钱。7月13日当晚,会所依然没有给大家安排工作,小赵等人一直等到7月14日凌晨。有应聘者感觉事情不对劲,凌晨3点左右,向派出所打电话报警。警方赶到后,会所老板却表示并不知道有招聘一事。

3. 遥控指挥,短信诈骗

短信诈骗是指利用手机发布虚假信息,通过银行转账骗取财物的行为。它是由境外传入我国的一种高科技金融犯罪形式,具有成本低、收益高、打击难度大等特点。这是一种高智商犯罪,作案人善于揣摩受害人的心理,他们常抓住受害人思想单纯、贪图小利的心理特点,大肆发送中奖、办证、出售走私轿车、假票据等虚假信息,设下圈套。一旦受害人与其联系,骗子就以转账、缴费等名义,诱使受害人对其指定账户汇款,骗取钱财。

4. 设置陷阱,网络诈骗

网络诈骗是指以非法占有为目的,在网络上通过虚构事实或者隐瞒真相的手段,骗取他人财物的行为。随着这一犯罪手段的日渐猖獗,许多骗子纷纷把目光转向涉世未深的学生群体。这种诈骗手段一般是团伙作案,而且分工明确。由于诈骗手法具有较强的隐蔽性,所以一般很难破获。再加上诈骗对象不确定,受害群体庞大,危害面广。主要包括以下几种类型:

(1) 利用QQ盗号进行诈骗

骗子使用黑客程序破解用户密码,然后张冠李戴冒名顶替向事主的QQ好友或亲戚借钱,如果对方没有识破,很容易上当。更有甚者通过盗取图像的方式用"视频"与当事人聊天,更能使当事人受骗上当,此类诈骗骗取数额往往巨大,少则几千元,多则上万元。

(2) 利用网络购物进行诈骗

这是指事主在互联网上因购买商品时而发生的诈骗案件。其表现形式有以下几种:

第一,多次汇款。骗子以未收到货款或提出要汇款到一定数目方能将以前款项退还等

---

① 河南网.资讯.访谈[EB/OL].[2015-07-16].http://www.He-nan.com.

各种理由迫使事主多次汇款。

第二，假链接、假网页。骗子为事主提供虚假链接或网页，交易往往显示不成功，让事主多次往里汇钱。

第三，拒绝安全支付法。骗子以各种理由拒绝使用网站的第三方安全支付工具，比如谎称"我自己的账户最近出现故障，不能用安全支付收款"或"不使用支付宝，因为要收手续费，可以再给你算便宜一些"等。

第四，收取订金骗钱法。骗子要求事主先付一定数额的订金或保证金，然后才发货。然后就会利用事主急于拿到货物的迫切心理以各种看似合理的理由，诱使事主追加订金。

第五，以次充好。用假冒、劣质、低廉的山寨产品冒充名牌商品，事主收货后连呼上当，叫苦不堪。

(3) 利用"网络钓鱼"进行诈骗

"网络钓鱼"是指利用欺骗性的电子邮件和伪造的互联网网站进行诈骗活动，获得受骗者财务信息进而窃取现金。作案手法有以下三种：

第一，发送电子邮件，以虚假信息引诱用户中圈套。不法分子大量发送欺诈性电子邮件，邮件多以中奖、顾问、对账等内容引诱用户在邮件中填入金融账号和密码。

第二，不法分子通过设立假冒银行网站，当用户输入错误网址后，就会被引入这个假冒网站。一旦用户输入账号、密码，这些信息就有可能被犯罪分子窃取，账户里的存款可能被冒领。

第三，诈骗分子在网上以极低的价格公布某商品信息，当有人购买时，便称第一次购买只能给极少的一定数量的商品，一次购买成功后才能成为商家的 VIP 客户，这样以后才能大量购买，一些学生第一次买商品转手卖出后，确实赚了一点钱，第二次便要求大量购买，此时商家就谎称这样大宗的买卖需要先交付一定的押金，押金收到后，又讲需要缴税……如此反复，就是不发货，当学生发觉上当时，已经损失惨重。

【案例 3-4】

高校电信诈骗案频发　大学生应聘"刷单"被骗 1.2 万[①]

前些天，某高校大学生小陈报警。原来，有人在某 QQ 群里发布了招聘淘宝信誉刷单的兼职信息，小陈决定试一试。一开始，他购买了 100 元话费充值订单，对方很快就把钱退给他了，小陈很放心，于是又购买了 9000 元钱的商品，这时，对方称网络故障，说要过几天再退 9000 元。过了几天，小陈再联系对方，对方称需要再刷一笔 3000 元才能激活退款，小陈照做。可之后，对方把小陈的 QQ 删了，小陈这才反应过来，自己的 12000 元钱被骗了。

还有一名大学生小张在网上买衣服后，有人告诉她那件衣服被"卡单"了，要她点击一个链接。点进去后，小张按要求输入了自己的姓名、身份证号、支付宝密码，并将收到的验证码也发给了对方，结果支付宝中的 2800 元钱被转出。

---

① 中国新闻网.产经中心.IT 频道[EB/OL].[2016-03-07]. http://www.chinanews.com.

（4）利用网络订购机票、火车票进行诈骗

校园里，随处可见寒假、暑假网络火车票、机票预订等小广告。面对寒假、暑假期间"一票难求"的现状，许多同学倾向于通过网络订购车票、机票。但是许多同学轻信网站要求先付款后送票的交易请求，把钱汇出或转账后却往往收不到票，有的收到票也为假票居多，此时方知上当受骗。

（5）利用网上求职进行诈骗

由于网络经济的发展与成熟，越来越多的毕业生选择了在网上投递简历，大部分企业单位也更愿意先从网上进行初期的人才筛选工作，一些网络骗子正是看准了这个机会，对求职心切、社会经验不足的大学毕业生进行诈骗。他们多半冒充某国际或国内著名企业，自称是某助理或某主管，给大学生们打电话时，先进行一番摸底后，要求电话面试，然后以各种理由，让应聘者交纳手续费、押金，等等；或是套取求职者信息，向其亲属实施诈骗。

（6）利用微信进行诈骗

微信诈骗是不法分子通过网络，利用微信功能进行的欺诈。微信的普及给人们带来方便的同时也带来了越来越多的诈骗陷阱。诈骗方式也是千奇百怪：散布虚假信息、传播淫秽色情、设置购物陷阱等。微信诈骗常见方式包括以下几种：

第一，山寨微信红包诈骗。微信红包诈骗是最常见的微信诈骗方式之一，同时也是受骗用户最多的。邀请好友分享就可以得到大红包（"恭喜你，邀请好友一起抢，你的红包金额可变大，活动时间内达到100元，即可提现"），类似的红包千万不要抢。

第二，"点赞"、"拉票"诈骗。这种诈骗方法最多。一种诈骗由头是"集满多少个赞就可获礼品或优惠"，等集满"赞"去兑换时，发现拿到手的奖励"缩水"了。另一种是拉票的，有许许多多的评比、排行。

第三，二维码诈骗。诈骗者以商品为诱饵，称给消费者返利或者便宜，发送的二维码实则木马病毒。一旦安装，木马就会盗取应用账号、密码等个人信息。

第四，假公众账号诈骗。诈骗者喜好在微信平台上编造类似于"交通违章查询"这样的公众账号名称，让人误以为这是官方的微信发布账号，然后再进行诈骗。对于各类公众账号要提高警惕，可与该账号官方联系求证，不要随意进行交易。

第五，冒充好友诈骗。这个是防范心最小的，大家要注意。诈骗分子伪装成好友，包括昵称和头像，然后发送诈骗信息。比如发送"同学聚会照"等链接，受害人点击后手机自动下载了木马，而骗子则轻易盗取受害人手机里的信息，包括手机绑定的银行卡信息。

【案例 3-5】

过于相信微信安全　黄石一女大学生被骗 1500 元[①]

微信号大多是用手机号申请，与手机绑定，黄石一女大学生李某认为微信相对安全。2015年11月21日，因为朋友微信号被盗后向其"求助"，该女生过于自信而被骗走1500元。

---

① 荆楚网.新闻频道.黄石新闻[EB/OL].[2015-11-22]. http://www.cnhubei.com.

当日中午，李某收到一个微信朋友的信息，因为和对方比较熟，所以李某也没多想，聊了几句后，对方说自己现在在外地，暂时用的是外地手机号码，现在有急事需要打电话，而自己所处的地方没有话费充值点，所以请朋友李某帮助充值，充值之后她会用把钱打到其微信上。

李某于是利用手机向对方提供的一个号码充了1500元话费，充值之后打那个电话号码，始终无人接听，微信上发信息告知对方，对方也没回答，李某这才有些担心，于是拨打这个朋友的电话，朋友听完之后很诧异，自己并没有在微信上要李某帮忙充值，经过查询，发现自己的微信无法登录，很显然是被盗了。

5. 骗取信任，寻机作案

诈骗分子常常利用一切机会与大学生拉关系、套近乎，或表现出相见恨晚而故作热情，或表现得十分感慨以朋友相称，骗取信任后再寻机作案。

三、大学生上当受骗的原因

这是一个开放的时代，生活在"象牙塔"里的大学生也少不了人际交往。然而值得注意的是，很多大学生书生气十足，只记得"世界充满爱"，忘却了世界的多样性和复杂性，因而不加选择地轻率交友，尽管动机是美好的，却落得不幸的结局，这正是诈骗分子屡屡得手的原因之所在。

虽然诈骗行为的形式是多种多样的，但是只要具备足够的辨别能力并加以防范，是可以避免使自己误入陷阱的。更何况很多骗子的手段并不是很高明，受骗的主要原因还是出于受害人本身。

（一）涉世不深，辨别能力差

大学生从小学、中学到大学期间，与社会接触较少，生活经验少，思想单纯，很容易相信别人。往往对有些人或事缺乏应有的分辨能力，更没有刨根问底的习惯。很多大学生对于一些人和事只看到表面现象，有的时候懒得去分析，这就给诈骗分子提供有利的行骗机会。

【案例3-6】

大学生为赚大钱误入骗局想贷款炒股反被骗67万元①

2015年6月7日，大二学生小余在新浪博客上发现了一家叫大众小额贷款的财务公司，该公司称可以无抵押极速贷款，博客网页里介绍，只需本人身份证即可办理贷款，月利息低至0.6‰，最快1天可放款，最高可贷200万元，联系方式是一个QQ号：861786295。

---

① 网易.新闻中心.滚动新闻[EB/OL].[2015-06-11].http://www.163.com.

小余通过QQ联系了该公司的客服，打算贷款250万元。而一位自称张女士的客服提出通过传真的方式要跟小余签订合同，这样就能马上放款。但签订合同后，客服声称因贷款金额数目巨大，要为小余购买6万元的贷款保险，贷款心急的小余马上将钱打到客服提供的账户上。过了几分钟，张女士又说要验证小余的账户金额，验证金是30万元。此时，小余先汇去了10万元，随后他向母亲再拿了20万元。

6月8日早上8点多，客服张女士称小余因未开通过信用卡，信用额度不够，贷不出250万元，需要小余再汇18万元，刷信用额度。还必须要用小余的账户向其汇入120627元的钱款，作为激活码，就能立即收到贷款。小余把钱汇过去后，对方声称放款时间需与银行时间一致，可此时银行已经快下班了。小余被告知第二天早上银行一上班，便一定能收到250万元的贷款。但第二天早上，钱没有到账，对方电话却再也打不通了。

（二）感情用事，防范意识差

乐于助人，尤其是帮助有困难的人，这是中华民族的传统美德，需要我们继承和发扬。对那些见死不救的现象，我们都很厌恶。但是如果我们不假思索地去"帮"一个素不相识或刚认识不久的人，这是很危险的。往往我们付出了爱心，换来的却是财物的损失。令人遗憾的是，有不少大学生就是凭着这种同情和怜悯之心，一遇上那些自称走投无路急需帮忙的"落难者"，往往就会被他们的花言巧语所蒙蔽，然后"慷慨解囊"，还兴奋地以为自己做了一件好事，殊不知自己已经落入骗子的圈套。

（三）有求于人，粗心大意

"人在屋檐下，不得不低头。"每个人都难免有事情要求人帮忙，但关键是在求人之前首先要了解对方的身份和人品。如果此时理智被鲁莽取代，不辨青红皂白地去求人帮忙，就很有可能落入对方的陷阱。有些大学生在有求于人而又有人愿意"帮忙"时，往往是急不可待，不假思索，完全放松了警惕。对于对方提出的要求，常常是唯命是从，很"积极自觉"地满足对方的要求，结果酿成大错。

（四）贪图便宜，急功近利

贪心是受害者最大的心理缺点。很多诈骗分子之所以屡屡得手，很大程度上正是利用了人们这种心理，受害者往往是被诈骗分子列出的"好处"、"利益"所吸引，自以为可以用最小的代价，获得最大的利益和好处，对诈骗分子的所作所为不加任何思考分析，不做任何调查研究，结果却落得个"鸡飞蛋打"的结局。

四、高校诈骗案的防范

诈骗分子基本上都是利用了人们心理上的某种弱点，或以利相诱，或危言耸听，最终目的就是骗取财物。虽然各种骗术层出不穷，花招屡屡翻新，但是只要大家增强防骗意识，做到"五不要"（不要因贪小利而受到违法短信的诱惑、不要轻信虚假信息、不要拨打短信中的陌生电话、不要泄露个人信息、不要将现金转入陌生人的账户），再"精明"的骗子也无法得逞。

(一) 保持健康的心理,树立防骗意识

大学生在日常生活中要多掌握一些预防受骗的基本知识及技能,善于辨别真假,要洁身自好,不要轻信他人。

1. 切勿贪小便宜

大学生要树立正确的人生观和价值观,培养良好的思想道德素质,自觉抵制金钱、名利等诱惑。对飞来的"横财"和"好处",特别是不认识或不熟悉的人所承诺的利益,一定要深思和调查。对突然而来的"好处"切勿欣喜若狂,而是三思而后行。

2. 具备反诈骗意识

俗话说:"害人之心不可有,防人之心不可无。"当然,"防人"并不是要弄得人心惶惶,关键是要有这种意识,尤其是跟陌生人交往,不可随意轻信和盲目随从,遇人遇事,应有清醒的认识。

【案例 3-7】

一个老套的诈骗让大学生团团转
骗子叫他砸 ATM 机袭胸 他竟然都乖乖照做①

小王 19 岁,杭州城北某大学在校生。3 月 21 日下午,小王突然接到一个 9995 9995 000 的网络电话。电话里是个女的,她说:"你涉及一宗诈骗集团的案子,欠了 148 万元,已被通缉了。"

接着小王的电话就直接被"转接"了,电话那头出现了一个自称是民警的男人声音。"男民警"告诉小王,现在他很危险,诈骗集团的人要去找他,并告诉小王他的银行卡已经被冻结,他母亲的一张银行卡正在被调查。

在骗子的忽悠下,小王被骗走了 8900 元卡里的现金,他先后砸了三台 ATM 机。更荒唐的是骗子要求小王"去找个女的袭胸"小王竟然没有怀疑!他找了关系要好的女同学,要求她配合一下。女同学当然拒绝了,叫他报警。

(二) 交友要谨慎,避免以感情代替理智

大学生在与陌生人的交往中,要了解对方的来历,保持清醒的头脑,理智处事。如果只凭感情用事,一味"跟着感觉走",往往容易上当受骗。

1. 切勿感情用事

诈骗分子的最终目的是骗取钱财,并且是在尽可能短的时间内骗走。因此,对于表面上

---

① 陈锴凯,李文. 这本是一个老套的电话诈骗,后面的剧情却荒唐得令人无语[N]. 钱江晚报,2016-03-30,A09 版.

讲"感情"、"哥们义气"的诈骗分子,如果对我们提出钱财方面的要求,切不可被感情的表象所蒙蔽,要懂得用理智去分析问题。

2. 切勿凭主观感觉以貌取人

在各种交往活动中,大学生必须牢牢把握交往的原则和尺度,克服一些主观上的心理感觉,避免以貌取人。不能单凭对方的言谈举止、仪表风度、衣着打扮等第一印象就妄下判断,轻信他人,千万不要被表面现象所蒙蔽。

(三) 服从校园管理,自觉遵守校纪校规

为了加强校园管理,学校制定了一系列规章制度。制度总是用来约束人们行为的,在执行过程中可能会给同学们带来一些不便,但是制度却是必不可少的。况且,绝大多数校园管理制度都是为控制闲杂人员和犯罪分子混入校园作案,以维护学生正当权益和校园秩序而制定的。因此,同学们一定要认真执行有关规定,自觉遵守校纪校规,积极支持有关部门履行管理职能,并努力发挥自己应有的作用。

(四) 防范网络诈骗

网络的日益发展,给人类带来快捷、便利的生活,同时,也不乏伴随着一些阴暗的东西,网络诈骗就包含在其中。随着这一犯罪手段的日渐猖獗,诈骗分子纷纷把目光转向涉世不深的大学生。所以,大学生必须具备一些防范网络诈骗的基本知识,提高防范网络诈骗的基本能力,遇到实际问题,忌盲目,多思考,千万不要被某些假象所迷惑。

(1) 要牢固树立网络安全观。网络虽好,但安全问题丛生,网络陷阱密布,同学们要时刻提高警惕。

(2) 要守网法,讲网德。我们要做聪明的"网虫"和聊天客,不要轻易给别人留下自己的电子身份资料和个人信用卡资料。

(3) 注意确认自己要去的网站网址。注意输入的字母和标点符号的绝对正确,防止误入网上歧途,落入网骗陷阱。

(4) 一旦遇到麻烦,应立即向老师、学校保卫部门或公安机关反映情况,并提供相关线索协助调查。

五、高校诈骗案的应对及其处置

诈骗犯罪分子总是心虚的,因此,大学生在交往过程中一旦发现对方有疑点,就应当果断采取应对的措施,发现可疑人员要及时报告,上当受骗后更要及时报案、大胆揭发,使犯罪分子受到应有的法律制裁,切不可轻率从事,以防出现更大的财产损失,甚至是人身安全损失。

(一) 发现诈骗疑点时的应对措施

犯罪分子为了达到自己的目的,会使用各种迷惑手段,甚至常常变化手法,我们要善于观察对方的语言和行为,从而引起警惕,找出疑点,识破诈骗分子的真实面目。

1. 观察判断，有效识别

在发现对方疑点时，要保持清醒的头脑，认真仔细地观察对方的神态表情、举止动作的变化，看对方的言谈、所持的证件以及有关材料与其身份是否吻合，以此识别真假。必要时可以找同学或相关人员商量，听取他人的意见和忠告，或者通过对方提供的电话、资料予以查证核实。

2. 巧妙周旋，有效制止

在发现疑点无法确定真假而又不愿意轻易拒绝时，要做到有礼有节，千万不可鲁莽行事。采取一定的谈话和交往策略，注意在交锋中发现破绽，通过与其周旋印证自己的猜测。必要时，还可以采取一些吓唬的言辞，使对方心存顾忌，不敢贸然行事。

(二) 大学生受骗后的处置方法

应对诈骗危机，主要从以下两方面着手：

1. 平静心态，及时报案

受害人无论是否因为自己的过错而受骗，都要保持积极的心态，从受骗的噩梦中回到现实，吸取教训，及时向有关部门报告，切勿"哑巴吃黄连，有苦肚里咽"。如果不报案，诈骗分子很有可能就会抓住我们的弱点继续向我们诈骗，或者继续向他人行骗危害社会。

2. 提供线索，配合调查

发现自己上当受骗后，如果已经向有关部门报告的，要注意对作案人员遗留下来的文字资料、身份证件、电话号码等相关证据予以保留，并积极向学校保卫处和公安机关提供线索，最大限度地挽回或减少经济损失。

多一份警惕，少一份损失。只要我们树立正确的人生观和价值观，自觉抵制各种诱惑，提高安全防范意识，服从校园管理，自觉遵纪守法，不给诈骗分子任何可乘之机，就可以防止上当受骗，确保我们的财产安全。

第三节 防敲诈勒索

在校园里，大学生的财物还可能遭到敲诈勒索的侵害。很多不法分子，利用学生胆小怕事不敢声张的心理，把手伸向了大学生，而且犯罪图谋屡屡得逞，这就给高校的正常教学和生活带来严重的影响。

一、敲诈勒索的含义及危害

敲诈勒索是以非法占有为目的，行为人对被害人使用威胁或要挟的方法，对其强行索取财物或其他利益的行为。索取财物数额较大的构成敲诈勒索罪,索取采取数额较小的构成一般违法行为。《中华人民共和国刑法》第二百七十四条规定:敲诈勒索公私财物,数额较大的,处三年以下有期徒刑、拘役或者管制;数额巨大或者有其他严重情节的,处三年以上十年以下有期徒刑。

敲诈勒索行为主要侵犯受害人的财产所有权,同时也侵犯受害人的人身权利或其他权益。高校学生敲诈勒索的行为,主要通过口头威胁、电话威胁、带条子威胁、第三人传话威胁等方式进行。

【案例3-8】

女大学生交友不慎 男友以裸照敲诈勒索[①]

23岁的在校女大学生鲁某通过QQ认识了男子任某,双方很快发展成为男女朋友。分隔两地的鲁某在任某的要求下,还将自己的私密照片发给对方,没想到这却成为任某要挟自己的借口。

2015年6月,鲁某觉得两人性格不合,遂向任某提出分手,没想到这一举动惹怒了任某。任某觉得自己在鲁某身上花费了很多精力和财力,一定要从鲁某处讨回自己的这些付出,遂要求鲁某返还人民币8000元。遭到拒绝后,任某威胁,如果鲁某不给钱就要鲁某家破人亡,并把鲁某的私密照片发到网上。

无奈之下,鲁某只得听从任某的要求,将8000元现金转账到任某的账户中,收到钱的任某不久后再次向鲁某提出要2000元,鲁某向警方报警。

二、高校敲诈勒索案的防范

敲诈勒索包括预谋性的敲诈勒索和突发性的敲诈勒索两种。预谋性的敲诈勒索比较常见。预谋性敲诈勒索是指利用受害人的某些过错或隐私进行敲诈勒索以及制造假象进行敲诈勒索等。其实,对一些预谋性的敲诈勒索,我们是完全可以避免的。但现在有些大学生有攀比心理,花钱又大手大脚的,很容易被不法分子盯上,成为不法分子预谋敲诈勒索的对象。为了能有效地防止敲诈勒索,我们应注意以下几点:

(一) 避免授人以柄

不贪不义之财,不做违法乱纪的事,不授人以柄。俗话说:"身正不怕影子斜。"自己行为端正,这在很大程度上消除了预谋性敲诈勒索产生的条件。而敲诈勒索行为之所以能够得逞,主要是敲诈者抓住了个别同学的某些把柄或者某些弱点,以此进行威胁,从而达到敲诈勒索钱财的目的。大学生要避免授人以柄,必须做到遵纪守法,洁身自爱。

---

① 搜狐新闻.最新要闻.世态万象[EB/OL].[2015-10-05].http://www.sohu.com.

（二）提高自我防范意识

大学生要提高自身的安全防范意识。比如，不要向外炫耀财物；不要佩戴过于昂贵的饰品；不要一个人独自外出，尤其是晚上；不要和不知底细的人员来往；不把自己的个人信息留给陌生人；不贪图不义之财；不接受小恩小惠；不做非分之想；不搞非分之举，注意认清和识破敲诈勒索者所设下的圈套。

三、高校敲诈勒索案的应对

一旦遇到敲诈勒索，我们一定要沉着冷静，不要惊慌害怕、一味地求饶，否则犯罪分子会更加猖狂。同时，也不能跟他们硬碰硬，这样很容易激怒犯罪分子，应该巧妙地与之进行周旋，一有机会马上逃离现场。

（一）要沉着冷静，随机应变

遭遇敲诈时要沉着冷静，并想方设法与之周旋，使自己能够看清楚对方的相貌特征和周围的环境情况，以便自己能从容不迫地寻找脱离险境的有利时机。如果附近有人，可以边大声呼救，边向人多的地方跑，一般来说对方会闻声而逃。如果四周无人，呼喊或逃跑都无济于事，这时要先答应其要求或交出部分钱物，然后及时向学校或公安机关报案。

（二）不要轻易答应对方要求

如果遇到犯罪分子敲诈勒索钱物时，暂时无法脱身，不要轻易答应对方的要求，可以借口身上没钱，约定时间地点再"交"，然后立即报告学校保卫部门或者公安机关。如果屈服于对方，使敲诈者轻易得手，他们会永远盯上自己这只"肥羊"。不论遇到哪种形式的敲诈勒索或威胁恐吓，都不要害怕，更不要按照敲诈者的要求去做。要敢于把受到敲诈勒索的事情，告诉家里或学校，将敲诈者的有关证据交到学校有关部门或老师处理，并在老师的陪同下到公安机关报案，由公安机关依法进行处理。

（三）及时报警配合调查

一旦遇上敲诈勒索，切不可"私了"。当我们面对犯罪分子的要挟和恐吓时，要保持清醒和冷静，应严厉斥责，大胆反抗，同时向学校保卫部门或公安机关报案，切不可"私了"。大量的事实证明："私了"只会使犯罪分子更加得寸进尺。不要想象犯罪分子还有什么诚信可言。即使我们有过一点过错，也不要害怕犯罪分子的要挟和恐吓。要知道，犯罪分子就是利用我们的这种心理进行敲诈勒索的，我们越害怕暴露，犯罪分子就越嚣张。

同时，积极提供线索，配合公安机关、学校保卫部门的侦破工作。报案后，要大胆详尽地回答侦查人员的问题，不能因顾及面子而隐瞒情况，同时要与公安机关、学校保卫部门保持密切联系，对于犯罪分子提出的新要求、出现的新情况，应及时向公安机关、学校保卫部门报告，切不可单独行事。只有这样，才能坚决地打击违法犯罪行为，才能更好地保护我们的合法权益。

敲诈勒索虽然不是威胁高校财产安全的最主要的隐患，但是它对大学生的伤害却有可能是最大的。它带来的可能不仅仅是财产的损失,一旦处理不当,人身安全也会受到威胁。敲诈勒索虽然可怕,但是无须害怕,只要我们提高防范意识,积极应对危机,就可以避免或减少我们的财产损失。

思考与讨论

(1) 大学生应该如何防盗?

(2) 大学生应如何防范网络诈骗?

(3) 大学生应该如何应对敲诈勒索?

第四章
消防安全

第一节 消防与火灾

一、消防工作的概述

消防工作直接关系民众的安全和社会的稳定,是国民经济和社会发展的重要组成部分,也是构建和谐社会、发展市场经济不可缺少的保障条件。江泽民"隐患险于明火,防患胜于救灾,责任重于泰山"的论断,科学地阐述了消防工作的重要意义,深刻地揭示了消防工作的内在规律,具有十分重要的现实意义。

消防工作是预防和扑灭火灾工作的总称。防火与灭火是一个问题的两个方面,"防"与"消"是相辅相成,缺一不可的。"防"为"消"创造条件,"消"为"防"提供补充。"防"可以减少火灾的发生,避免火灾的危害,"消"可以减少已发生火灾造成的伤亡和损失,"重消轻防"和"重防轻消"都是片面的。"防"与"消"是同一目标下的两种手段,只有全面、正确地理解了它们之间的辩证关系,并且在实践中认真地贯彻落实,才能达到有效地同火灾做斗争的目的。

《中华人民共和国消防法》规定:我国消防工作的方针是"预防为主,防消结合。""预防为主"就是在消防工作的指导思想上,要把预防火灾放在首位。"预防为主,防消结合"的方针,科学地说明了防火与灭火的辩证关系,反映了人们同火灾做斗争的客观规律。正确理解和认真执行这一方针,就要把预防火灾和扑救火灾结合起来,在消防工作中,要把火灾预防放在首位,积极贯彻落实各项防火措施,力求防止火灾的发生,无数事实证明,只要人们具有较强的消防安全意识,自觉遵守,执行消防法律、法规以及国家消防技术标准,遵守安全操作规程,大多数火灾是可以预防的。与此同时,我们必须切实做好扑救火灾的各项准备工作,一旦发生火灾,能够及时发现,有效扑救,最大限度地减少人员伤亡和财产损失。

"预防为主,防消结合"的方针,是我国消防工作历史经验的总结,作为消防工作的指导原则,我们任何人、任何单位都必须正确理解、认真执行。这一方针不仅适用于火灾的预防和扑灭,同时对于预防各类近似事故的发生也具有积极的指导意义。

二、火灾的概述

火灾——是指在时间和物体上失去控制的燃烧造成的灾害。
燃烧——是可燃物与氧化剂发生的一种氧化放热反应,通常伴有光、烟或火焰。

燃烧的三要素：可燃物、氧化剂及温度。对于有焰燃烧一定存在自由基的链式反应这一要素。

灭火的主要措施就是：控制可燃物、减少氧气、降低温度、化学抑制（针对链式反应）。

1. 火灾分类

火灾根据可燃物的类型和燃烧特性，分为 A、B、C、D、E、F 六类。

A 类火灾：是指固体物质火灾。这种物质通常具有有机物质性质，一般在燃烧时能产生灼热的余烬。如木材、煤、棉、毛、麻、纸张等火灾。

B 类火灾：是指液体或可熔化的固体物质火灾。如煤油、柴油、原油、甲醇、乙醇、沥青、石蜡等火灾。

C 类火灾：是指气体火灾。如煤气、天然气、甲烷、乙烷、丙烷、氢气等火灾。

D 类火灾：是指金属火灾。如钾、钠、镁、铝镁合金等火灾。

E 类火灾：带电火灾。物体带电燃烧的火灾。

F 类火灾：烹饪器具内的烹饪物（如动植物油脂）火灾。

2. 火灾等级

根据 2007 年 6 月 26 日公安部下发的《关于调整火灾等级标准的通知》，新的火灾等级标准由原来的特大火灾、重大火灾、一般火灾三个等级调整为特别重大火灾、重大火灾、较大火灾和一般火灾四个等级。

① 特别重大火灾，是指造成 30 人以上死亡，或者 100 人以上重伤，或者 1 亿元以上直接财产损失的火灾。

② 重大火灾，是指造成 10 人以上 30 人以下死亡，或者 50 人以上 100 人以下重伤，或者 5000 万元以上 1 亿元以下直接财产损失的火灾。

③ 较大火灾，是指造成 3 人以上 10 人以下死亡，或者 10 人以上 50 人以下重伤，或者 1000 万元以上 5000 万元以下直接财产损失的火灾。

④ 一般火灾，是指造成 3 人以下死亡，或者 10 人以下重伤，或者 1000 万元以下直接财产损失的火灾（注："以上"包括本数，"以下"不包括本数）。

3. 火灾的燃烧条件

火灾燃烧是可燃物与氧化剂发生的一种氧化放热反应，通常伴有光、烟或火焰。不管是有意的"放火"，还是无意的"失火"，都必须具备以下三个基本条件：

(1) 可燃物。不管是固体、液体，还是气体，只要能够与空气中氧或其他氧化剂起剧烈反应的物质，一般都是可燃物质，比如木材、纸张、汽油、酒精、煤气等。

(2) 助燃物。凡是能够帮助和支持燃烧的物质都称为助燃物。一般是指氧和氧化剂，主要是指空气中的氧，这种氧称为空气氧，它在空气中约占 21%。可燃物质如果没有氧参加化合是不会燃烧的。比如，要燃烧 1 kg 石油的话就需要 10～12 m³ 的空气；要燃烧 1 kg 木材大概需要 4～5 m³ 的空气。如果空气供应不足，燃烧就会逐渐减弱，直至熄灭。如果空气的合氧量低于 14%～18% 时，就不会发生燃烧的情况。

(3) 火源。凡是能够引起可燃物质燃烧的能源都称为火源，比如明火、摩擦、冲击、电火花等。

以上三个条件,必须同时具备,并相互结合、相互作用,物质才可能燃烧。例如生火炉,要使火炉点燃,就必须具备木材(可燃物)、空气(助燃物)、火柴(火源)三个条件,缺少其中任何一个条件,就不能发生燃烧。有时在一定的范围内,虽然具备了三个条件,但如果它们没有相互结合、相互作用,也不会出现燃烧的现象。

只要了解了火灾燃烧的条件,我们就可以有针对性地采取措施,有效地制止火灾的发生和减少火灾的损失。我们采取的一切防火措施,都是为了防止燃烧的三个条件同时具备,并且不让它们相互结合、相互作用;我们采取的一切灭火措施,都是为了破坏已经产生的燃烧条件。不论采用何种灭火方法,只要能消除其中一个燃烧条件,燃烧的火就会熄灭。

4. 火源的类型

引起火灾的火源有很多,一般来说,可分为直接火源和间接火源两大类。

(1) 直接火源

直接火源主要有三种:

第一种是明火。比如火柴、打火机的火焰,生产、生活用的炉火、灯火、焊接火,烟囱火星,香烟头火,烧红的电热丝、铁块,撞击、摩擦产生的火星,还有近几年发展起来的各种家用电热器、燃气、取暖器等。

第二种是电火花。比如电动机、电器开关、变压器、电钟等电气设备产生的电火花,静电火花等,这些火花能够引起易燃气体和质地疏松、纤细的可燃物质起火。

第三种是雷电火。雷电瞬时间的高压放电,可以引起任何可燃物质的燃烧。

(2) 间接火源

第一种是加热自燃起火。这种情况主要是由于外部热源的作用,把可燃物质加热到起火的温度而起火。通常加热自燃起火的情况比较复杂,比较常见的有:可燃物质接触被加热的物体表面,如棉布、纸张靠近灯泡,木板、木器靠近火炉烟道,可燃的粉尘、纤维聚集在蒸汽管道上等,时间长了,被烤热起火;在熬炼和热处理过程中,因为温度没有控制好,使得可燃物质起火,比如某学校用烘箱处理木质试件,由于温度过高、时间过长,引起了火灾;各种电气设备,因为超负荷、接触不良、短路等,形成电流骤增、线路短路而起火;将可燃物质加热及堆积起来,比如把刚炒过的葵花子、米糠、中药材等堆积起来,就很容易聚热阴燃起火;由于聚焦作用,比如平面玻璃、玻璃瓶的气泡,老花眼镜,以及斜放的镀锌铁皮、铜板等,因为日光的聚焦和反射作用,使被照射的可燃物质起火;摩擦的作用,如轴承的轴箱缺乏润滑油、发热起火;辐射作用,如把衣服挂在高温火炉的附近起火,用纸做灯罩起火等;化学反应放热的作用,如生石灰遇水即大量放热,使附近的可燃物质起火;对某些物质施加压力进行压缩,产生很大的热量,也会导致可燃物质起火,如空气压缩到一定程度,产生高温可引起柴油燃烧。

第二种是本身自燃起火。主要是指在既没有明火又没有外来热源的条件下,物质本身自行发热,燃烧起火。能够引起自燃的物质也有两类:一类是本身自燃起火的物质。比如褐煤、泥炭、新烧的木炭和豆饼、麦芽、稻草、油菜籽、苞米胚芽、原棉,还有沾有动物油、植物油的衣服、纱头、手套、木屑、金属屑和抛光灰等;另一类是与其他物质接触时自燃起火的物质。如可燃物质与氧化剂、过氧化物接触,钾、钠、钙等金属物质与水接触,如酒精、醚、松节油、石油产品、木屑、刨花、稻草、棉花、丙酮、甘油等有机物与硝酸等强酸接触时。

第二节　高校火灾及其防控

一、高校火灾的特点

1. 高校火灾影响的特殊性

高校人员集中，疏散困难，一旦发生火灾，很容易造成较为严重的社会影响。近年来，随着我国高等教育的飞速发展，高校实验室无论从数量还是在装备质量上都明显得到发展，尤其是一些国家级的重点实验室，其实验室的材料投资、数量装备都在几百万元甚至上千万元以上，如果发生火灾将会造成重大损失，另外，这些实验室内实验用的化学物质、电器设备、活泼金属较多，对灭火提出了不同的要求，如果发生火灾就必须根据其特殊要求，有针对性地进行灭火。

【案例 4-1】

> **清华大学实验室爆炸　一博士后遇难**[①]
>
> 2015年12月18日上午10时10分左右，清华大学化学系何添楼发生火灾爆炸事故，造成一名博士后实验人员孟祥见死亡。爆炸地点位于二楼，紧挨爆炸房间附近几扇窗户玻璃均破碎。火苗和黑色浓烟从窗外窜出。二层窗外一间小阳台脱落，房间内办公用具及玻璃碎片遍布地。清华大学理学院化学系博士后孟祥见，母亲卖蛋供其读，因忙于学业，至今未婚，第二周准备到南京签约任教。公开资料显示，孟祥见是2014年第二批CLS博士后基金入选者。2015年12月25日下午，海淀公安分局向化学系实验室事故的身故者家属通报了事故现场勘察结果及初步结论：排除刑事案件可能，其实验所用氢气瓶意外爆炸、起火，导致腿伤身亡。

2. 高校火灾种类的多样性

我国高等院校在发展的过程中，由于自身需要，校园内存在形形色色的各类建筑，有高层建筑，也有地下建筑，有教学楼、实验楼，同时还有藏书量达到几十万册甚至上百万册的图书馆，既有大量的学生宿舍和教职工住宅楼，还有学生食堂和教职工食堂，有学生活动中心、体育馆等文体活动场所，还有类似招待所、宾馆等公共服务建筑，此外还有不少用于教学实习和科研加工的生产厂房，高校校园其实就是一个小社会，各类设施建筑应有尽有，不同的建筑设施，它的使用功能、建筑结构、耐火等级都不相同，而且这些场所火灾发生发展及蔓延的规律也各不相同。

---

① 杨锋，鲁千国. 清华大学实验室爆炸　一博士后遇难. 京华时报，2015-12-19.

3. 高校学生宿舍火灾的频发性

近年来,高校学生宿舍不断发生火灾事故,所占比例已经远远高出其他类型的火灾。学生宿舍火灾所造成的伤亡、损失及影响都非常大。例如,2015年1月6日,成都大学十陵校区女生寝室4栋5楼一寝室突发大火,由于火势迅猛,明火烧到寝室天花板时,导致六楼走廊地面上的瓷砖都被大火烧得翘了起来。并且,寝室内部分窗户玻璃也已破碎,掉落在楼下;2015年6月1日,中南民族大学南区15栋女生宿舍6楼一寝室发生火灾,火势蔓延迅速,消防官兵接到报警后,第一时间到场扑灭火灾,所幸整栋宿舍学生全部安全逃生,未造成人员伤亡,此次火灾造成寝室内包括笔记本电脑等在内的物品几乎全部烧毁;2015年12月17日19:30左右,坐落在西青区宾水道延长线的天津工业大学东苑8号楼6楼女生宿舍发生火灾,经了解是该楼6楼女生宿舍阳台起火,燃烧物质为堆放的杂物等,过火面积约4平方米,火灾无人员伤亡等。

4. 高校的电器火灾的突出性

通过对高校火灾成因的分析,我们发现电器火灾尤为突出。电器火灾的重灾区主要是高校的学生宿舍和实验室,其成为重灾区的主要原因是电线老化;违规使用大功率用电器;私自乱拉电源线;使用不合格电器;使用电器设备无人看管;人走不断电等。如2015年6月16日上午9点20分许,中南大学南校区宿舍楼着火,起火部位位于该大学男生宿舍楼2楼一宿舍内,全楼共7层,着火面积25平方米,浓烟滚滚,有人员被困,中队出动2台水罐消防车赶到现场,没有造成人员伤亡,火灾原因为违规用电所致。

二、高校火灾的主要成因

(1) 受历史原因和经济条件等制约,不少高校建校时间比较久远,很多楼房都是老式的建筑,在不同程度上存在相当多的火灾隐患。同时在建新校舍时,一些高校不严格按照相关法律法规将设计图纸报公安消防部门审核和验收,使得一些建筑的布局不合理,从而埋下了先天性火灾隐患。一些高校受经济条件诸多因素的制约,其新建筑和老建筑混合使用,有的还擅自改变房屋的防火条件,改变房屋的使用性质,这势必造成了旧的火灾隐患还没有整改完毕,而新的火灾隐患又接踵而至的状况。

(2) 对消防安全工作的重视不够,责任落实不到位。有些高校在重视教学、科研工作的同时,没有从以人为本的原则出发,片面地认为消防工作同教育质量无关,同学校的稳定无关,好像可有可无,没有给予应有的重视,有的高校只是把消防安全挂在嘴边,校领导带队检查也只是走走过场,消防安全责任落实不到位;有的高校虽然签订了层层的责任书,但是没有任何的针对性,也没有任何检查考评,内容千篇一律;有的高校责任书只签到主管部门,根本没有把责任落实到具体的岗位和人;有的高校不及时对履行消防职责情况进行检查,而且考评不严格,奖罚不分明;有的高校连消防安全责任制都没有建立,只有几个保卫人员"全权负责"。

(3) 教职员工和学生的消防安全意识淡薄。众所周知,高校肩负着为国家培养人才和科学研究的重任,在很多高校师生都把主要精力放在潜心研究学问上,很少关心消防安全,消防安全意识淡薄,消防法制观念不强,没有接受过什么消防安全知识的教育培训,基本的防火、灭火知识,以及逃生自救常识缺乏,所以在日常工作和生活中违反用电、用火等消防安全规定的情况经常发生,而一旦发生了火灾,又无所适从,不知道该如何应对,有的甚至连如何报警,如何安全地逃生都不会,就更不要说使用灭火器材了。

(4)在消防安全上学校的投入过少。由于高校经费有限,因此在消防安全工作方面的投入普遍不足,只要能省便省,能砍则砍,根本就无法保证消防基础设施的建设和火灾隐患的整改。加上有些院校起步较晚,实力不足,就更不愿意把有限的资金投入到消防安全工作中,因为他们认为消防安全"看不见效益",有的甚至减少消防安全管理人员数量,有的高校只有一个人,还身兼数职,学校的消防安全工作根本就不能正常开展。

(5)学校消防安全管理人员素质偏低。有些高校的消防安全管理人员,根本就不注重加强自身业务的学习,他们对消防安全工作的认识也仅仅停留在灭火器的配置和使用上,对于消防安全教育、安全出口、建筑消防设施、用火用电管理、防火检查等方面的知识、规定和要求,有的似懂非懂,有的甚至不懂不会,这就使得有的高校根本不能有效地开展消防安全的宣传教育,不能很好地组织消防安全检查,就更不要说发现存在的火灾隐患了。

三、高校火灾的防控

(1)提高对高校消防工作的重视程度。由于高校人员高度集中,用电量大,易燃易爆物品多,因此发生火灾的概率较高,加上高校教学、实验仪器多,科研设备价值昂贵,一旦发生火灾,除了造成学生伤亡和较大的财产损失,还将会造成比较大的社会和政治影响,因此教育行政主管部门和高校领导,必须要有清醒的认识同时引起高度的重视,要把高校消防工作提高到保持社会稳定和可持续发展的高度,妥善处理好教学、科研与消防安全的关系。同时要不断研究和解决学校消防安全工作中的具体问题,从对学生负责、对学校负责的高度来认识高校防火工作的重要性,以便推动消防安全工作与学校各项建设同步进行并快速发展。

(2)建立完善的消防安全管理机制。完善的消防安全管理机制就是要健全由高校领导亲自挂帅的消防安全组织,认真履行消防安全工作职责,建立定期检查评议制度,健全消防安全责任制,要层层落实消防安全责任,明确消防安全管理人员以及他们的工作职责,明确各单位、各部门、每栋学生宿舍、每个实验室的消防安全责任人。各个高校要确定本学校消防安全重点部位,同时根据各部位的具体情况,制定出消防安全规章制度以及消防安全操作规程,重点是加强管理和监督。学校要采取措施充分调动各单位、各方面消防安全工作的积极性,并定期组织检查校园各单位、各部门消防安全工作以及安全责任制的落实情况。

(3)加强教育培训,提高消防意识。高校火灾绝大部分是人为因素造成的,所以提高教职员工和学生的消防意识是高校火灾预防的治本之策,首先,要充分利用各种宣传手段,做好大众宣传教育工作。可以利用校内网页、校报校刊、闭路电视等各种媒体开辟专门的消防安全宣传栏,在校园内主要路口建一些户外消防公益广告宣传牌,还可以通过参观消防站、举办消防知识竞赛等各种途径广泛宣传消防有关的法律、法规以及消防科学知识和基本常识,从而提高广大教职员工和学生的防火、灭火能力以及逃生自救的能力。其次,要做好学生消防科学知识和基本常识的教育与培训,同文化知识教育结合起来,把消防知识纳入到学校教学计划之中,将学生消防知识技能纳入到学生素质、能力教育之中。最后,要抓好学校各单位各部门消防骨干人员的安全培训,同时定期对各单位各部门的消防安全负责人以及消防管理人员进行消防培训。

（4）加强校园各种建筑消防设施和公共消防设施的建设与维护。高校各个建筑内的各种固定消防设施以及校园内的消防水池、消防通道、室外消火栓等公共消防设施是校园公共安全设施的重要组成部分,学校要根据学校发展规划以及改造计划等加大建筑消防设施和公共消防设施资金投入,加强建筑消防设施和公共消防设施的建设,同时注重各种消防设施的保养和维护,明确各方管理责任,以便确保消防设施的完好。

（5）加大校园消防安全检查和隐患整改力度。各高校要经常开展消防安全检查,要将学校保卫部门的专项检查同各单位各部门的自查结合起来,要把学校定期检查同日常随机抽查结合起来。还要充分发挥广大教职员工和学生的积极性,并且有重点、有计划地培养一批消防骨干力量,使他们成为所在单位和所在部门开展消防检查的主力军,特别要充分调动学生参与消防自查的积极性。对检查出来的不安全因素及火灾隐患学校领导要高度重视,同时一定要加大整改的力度,加大隐患整改的资金投入,学校及相关单位、部门要认真落实整改经费,确保火灾隐患能及时得到整改。

第三节 火灾扑救

一、火灾发现时的报警

《中华人民共和国消防法》第32条第一款规定:任何人发现火灾时,都应当立即报警。任何单位、个人都应当无偿为报警提供便利,不得阻拦报警。严禁谎报火警。无论在任何时间和场所,任何人一旦发现起火,无论火灾是大还是小,都要立即报警,千万不能抱有任何侥幸心理。与此同时,我们还应该掌握正确的报警方法,主要要做到以下几点:

（1）发现火情火险,要立即拨打报警电话。我们在拨打119向公安消防部门报警的同时,还必须向学校的保卫处或"校园110"报警求助服务中心进行报告。以便保卫处接到报警后及时组织保卫人员和义务消防队员先期进行火灾扑救。

（2）报警时一定要镇静,要防止出惊慌失措、语无伦次而耽误时间,甚至出现误报。要扼要清楚描述火险,说清楚发生火警的单位和火场的详细位置,什么物质在燃烧,现场有没有危险物品和易燃易爆物品,火势的大小,是否有人被火围困,现场以及周边的交通和供水条件,以及报警人的姓名、单位、联系电话等,这些信息对于消防队迅速、有效灭火非常重要。

（3）报警之后应该要安排专人到附近的主要路口或大门口等待,以便接应消防部门的消防车辆和人员顺利赶往火灾的现场。

（4）我们在向有关部门报警的同时,还应该想尽办法呼吁火灾周围人员,特别是正在巡逻或值勤的校卫队员,大家一起采取积极有效的措施,努力控制和扑灭火灾。

【案例4-2】

杨凌一学生宿舍起火 宿管员扑救不幸遇难[①]

2015年3月12日早上7点50左右,杨凌职业技术学院北校区一栋宿舍楼3楼一间宿舍起火,59岁的宿舍管理员梁晓军住得很近,听到消息后从家中跑到宿舍楼救火。当时满楼道内都是弥漫的浓烟,梁晓军问学生要了条湿毛巾就冲进起火的宿舍,想确认屋内有没有学生还在睡觉。但是屋里什么也看不清,他就跪在地上把所有的床铺齐齐摸了一遍。火灾现场隔壁宿舍的一位男学生也跟着梁老师一起进去灭火,烟雾太大呛得人眼睛直流泪。另一名学生见状拨打了119,他看到梁晓军拿着灭火器一遍一遍地往火场里冲,开始还拿毛巾遮挡一下面部,后来则不管不顾了,后来一数,用光了楼上楼下的5瓶灭火器。后来火势逐渐控制住了,梁老师却突然晕倒在门外,在场的同学赶紧把他抬到楼下,并拨打了120急救,这位曾经的学生把他当作父亲一样看待的老师因吸入了大量烟雾导致窒息再也有没醒过来。

二、火灾发生时的扑救

1. 发生火灾的应急处理

在火灾的扑救过程中,总结以往经验,要把握好4条基本原则:

① 救人第一和集中兵力原则:救人第一,是指火场上如果有人受到火势威胁,各级机关、团体、企业事业单位、社区的消防人员及在场群众的首要任务,就是要把被火围困的人员设法抢救出来,因为人是社会宝贵的财富。集中兵力,是指单位和居民发生火灾时,有关负责人要按照预案把灭火人力和灭火器材集中到火场,以利于在最短的时间内抢救被困人员和扑灭初起火灾。

② 先控制火势后消灭火灾原则:先控制后消灭,是指对于不可能立即扑灭的火灾,要首先控制火势的继续蔓延扩大,在具备了扑灭火灾的条件时,再展开全面进攻,一举消灭。先控制后消灭,在灭火过程中是紧密相连、不能截然分开的,只有首先控制住火势,才能迅速将火灾扑灭。

③ 先重点后一般原则:先重点后一般,是就对整个火场的情况而言的。运用这一原则,要全面了解并认真分析火场的情况,主要是:人和物相比,救人是重点;贵重物资和一般物资相比,保护和抢救贵重物资是重点;火势蔓延猛烈的方面和其他方面相比,控制火势蔓延猛烈的方面是重点;有爆炸、毒害、倒塌危险的方面和没有这些危险的方面相比,处置这些危险的方面是重点;火场上的下风方向与上风、侧风方向相比,下风方向是重点;可燃物资集中区域和这类物品较少的区域相比,可燃物资集中区域是保护重点;要害部位和其他部位相比,要害部位是火场上的重点。

[①] 叶原.杨凌一学生宿舍起火 宿管员扑救不幸遇难[EB/OL].[2015-03-16].华商网.http://yangling.hsw.cn/system/2015/…80.shtml.

④快速、准确的原则：火灾初起，越迅速出击，准确靠近着火点，越有利于抢在火灾蔓延扩大之前控制火势，消灭火灾，也就越有可能减少火灾造成的损失。遵循这一原则，各类灭火力量应分秒必争，迅速行动，勇于靠近火场，找准火点，果断采取扑救措施。

2. 火灾发生过程与灭火要求

任何火灾，都有一个从小到大的发展过程。在火灾发展变化过程中，大致会经历四个阶段：初起阶段、发展阶段、猛烈阶段和熄灭阶段。初起阶段是火灾扑救最有利的阶段，如果能将火灾控制和消灭在初起阶段，就能显著减少火灾事故的损失，赢得灭火战斗的主动权。反之就会被动，就可能会造成难以收拾的局面。火灾一旦发生，要根据不同阶段的火险特点，采取积极有效的应急处理方法，以战胜火灾。

（1）火灾的初起阶段。这一阶段的火灾火焰面积比较小，燃烧程度比较弱，比较容易扑救。一般情况下，只要发现及时，并立即用灭火器材灭火，都能将火扑灭。具体方法如下：①发现初起火灾首先要保持冷静，然后以最快的速度和最有效的办法进行灭火，与此同时应该立即呼喊其他同学一起参与灭火；②在扑救的时候，要特别注意保证自身的安全，假如烟雾大时一定要记得用湿毛巾等捂住口鼻，记住要将灭火器对准火焰根部进行喷射，同时尽量使自己处在上风向的位置；③如果是由于电器导致发生火灾，就必须先切断电源，以防止和杜绝在救火过程中发生触电事故。

（2）火灾的发展阶段。假如初起火灾没有能及时扑灭，火势将会因为门窗玻璃或者其他薄弱部分的破坏，从而得到新鲜空气补充急剧加强，这时室内的温度也会很快升高。当这种火势达到一定程度时，就会在瞬间形成一团大的火焰，如果火势出现闪烁的时候人就会很危险了，这时人就要尽快逃生和避险了。火灾发展阶段时间长短是决定避难时间和人员疏散的重要因素，如果火灾发生后被大火围困，一定不要慌乱，要头脑冷静，快速考虑和选择最佳的疏散方法进行逃生自救。

（3）火灾的猛烈阶段。当火势出现闪烁，是火灾最为猛烈的时候，持续高温可以达到600～800℃。这段时间的长短和温度的高低，在很大程度上取决于建筑物的耐火等级。

（4）火灾的熄灭阶段。火灾猛烈最盛期过后，火势就会慢慢衰减，室内温度会开始下降，烟雾会消散，只有地上堆积物的焚烧残迹或微微燃烧，火灾慢慢趋于平息。

3. 常用灭火方法

（1）冷却法。就是将灭火剂直接喷洒在燃烧着的物质上，使可燃物的湿度降低到燃点以下，从而使燃烧停止的方法。最常用的方法是用水进行冷却，比如房屋、木柴、家具、纸张等这些可燃物质，都可采取用水来冷却灭火的方法。此外二氧化碳的冷却灭火效果也很好，二氧化碳灭火器能够喷出-78℃的雪花状固体二氧化碳，能够在迅速汽化时吸收大量的热，从而降低燃烧区的温度，使燃烧停止。

（2）隔离法。就是将燃烧物体与附近的未燃物质实施隔离或疏散开，从而使得燃烧停止的方法。这种方法也是扑救火灾比较常用的一种方法。在实际操作隔离法时，可以把着火的物件移到安全的地方；将靠近火源的可燃、易燃、助燃物品搬走，从而阻止和减少可燃物质进入燃烧区域；关闭可燃气体、液体管道阀门，关闭电源；还可以拆除与燃烧区相邻的易燃建筑物等。

(3) 窒息法。就是采取适当措施防止空气进入燃烧区域，或者用惰性气体稀释空气中氧的含量，使燃烧物质因为缺乏或断绝氧气而熄灭的方法。这种灭火方法主要适用于扑救封闭空间、船舱内、有工艺装置的场所的火灾。在实际操作时，可以用湿棉被、石棉瓦、湿帆布、泡沫、黄沙等难燃或不燃材料覆盖燃烧物或封闭孔洞。

(4) 抑制法。就是使灭火剂参与到燃烧反应当中去，从而使燃烧过程产生的自由基消失，形成稳定分子和低活性的自由基，使得燃烧反应停止的方法。在实际操作时，就需要用足够数量的灭火剂准确地喷射燃烧区域，不然就达不到灭火的目的。除此之外，还应该采取必要的冷却措施降温，防止复燃。

4. 常用灭火器材的使用与注意事项

高校校园的建筑物内和公共场所一般都配置有消防栓、水龙带和各种手提式灭火器，在使用过程中要掌握正确的方法，同时需要注意一些事项。

(1) 消防栓和水龙带。消防栓是灭火中的主要水源，分为室内和室外两种。室内消防栓一般放设在楼层或房间的墙壁上，安有玻璃门，里面配有水枪和水龙带。使用时，应先将水龙带一头接在消防栓上，同时把水龙带打开，另一头接上水枪头，然后一个人紧捏水枪对准着火部位，另一人迅速打开消防栓阀门，由近及远进行灭火。

使用消防栓和水龙带时应注意避免水龙带扭转或折弯，否则会阻断水流通过；在扑救带电火灾时，必领先切断电源再进行灭火。为防止和减少珍贵书籍、精密仪器等的水渍侵害，这些物品尽量不用此法；有些金属类火灾也禁止用水扑救。

(2) 干粉灭火器。使用方法：①右手握住压把，左手托着底部，轻轻地取下灭火器；②在火灾现场除掉铅封，拉出插销；③左手握着喷管，右手提着压把；④对着火焰根部进行喷射，并不断向前推，直到把火焰扑灭。适用范围：主要适用于扑救各种易燃、可燃液体和气体，以及电气设备火灾。

(3) 二氧化碳灭火器。使用方法：①用右手握住压把；②在火灾现场除掉铅封，拉出插销；③站在距火源2米的地方，左手拿着喇叭筒，右手用力压下压把；④对着火焰根部喷射，并不断推前，直至把火馅扑灭。适用范围：主要适用于各种易燃、可燃液体和气体火灾，还可扑救仪器仪表、图书档案、工艺品和低压电气设备等的初期火灾。

(4) 泡沫灭火器。使用方法：①右手按住上部，左手托着下部，把灭火器倒置；②把喷嘴朝向燃烧区，站在离火源8米远的地方喷射，并不断前进，直至把火焰扑灭；③灭火后，把灭火器平卧着放在地上，喷嘴朝下。适用范围：主要适用于扑救各种油类火灾以及木材、纤维、橡胶等固体可燃物引起的火灾。

第四节　火灾的逃生与自救、互救

一、火灾逃生避险遵循的基本原则

如果火灾降临身边，人们就需要沉着冷静，尽所能把火灾损失控制和减少到最低程度。

火灾发生时,人在火场中可能会遭受窒息、烧伤、爆炸、中毒、倒塌物的砸埋,还有其他意外的伤害,因此火场进行避险就要遵循最基本的原则:趋利避害,逃生第一。具体来讲,也就是:第一,要沉着镇静,果断做出应急反应;第二,要争分夺秒,迅速逃离火场;第三,要机智灵活,选择正确的逃生路线和方法;第四,要以保证人身安全为前提,采取有效可行的措施;第五,要及时发出求救信号,积极争取外援。

二、火灾逃生自救的常用方法

1. 发生火灾后如何自救

在火势越来越大,不能立即扑灭,有人被围困的危险情况下,应尽快设法脱险。如果门窗、通道、楼梯已被烟火封住,确实没有可能向外冲时,可向头部、身上浇些冷水或用湿毛巾、湿被单将头部包好,用湿棉被、湿毯子将身体裹好,再冲出险区。如果浓烟太大,呛得透不过气来,可用口罩或毛巾捂住口鼻,身体尽量贴近地面行进或者爬行,穿过险区。当楼梯已被烧断,通道已被堵死,应保持镇静,设法从别的安全地方转移。可按当时具体情况,采取以下几种方法脱离险区。

一是可以从别的楼梯或室外消防梯走出险区。有些高层楼房设有消防梯,人们应熟悉通向消防梯的通道,着火后可迅速由消防梯的安全门下楼。

二是住在比较低的楼层可以利用结实的绳索(如果找不到绳索,可将被褥、床单或结实的窗帘布等物撕成条,拧好成绳),拴在牢固的窗框或床架上,然后沿绳缓缓爬下。

三是如果被火困于二楼,可以先向楼外扔一些被褥作垫子,然后攀着窗口或阳台往下跳。这样可以缩短距离,更好地保证人身安全。如果被困于三楼以上,那就千万不要急于往下跳,因距离大,容易造成伤亡。

四是可以转移到其他比较安全的房间、窗边或阳台上,耐心等待消防人员。

在火灾中,被困人员应有良好的心理素质,保持镇静,不要惊慌,不盲目地行动,选择正确的逃生方法。必须注意的是,火灾现场的温度是十分惊人的,而且烟雾会挡住人的视线。

如果被困火灾中,我们应当利用周围一切可利用的条件逃生,可以利用消防电梯、室内楼梯进行逃生,普通电梯千万不能乘坐,因为普通电梯极易断电,没有防烟功效,火灾发生时被卡在空中的可能性极大,同时,也可以利用阳台、过道以及建筑物外墙的水管进行逃生。

发生火灾后,会产生浓烟,遇到浓烟时要马上停下来,千万不要试图从烟火里出来,在浓烟中采取低姿势爬行。火灾中产生的浓烟由于热空气上升的作用,大量的浓烟将飘浮在上层,因此在火灾中离地面30厘米以下的地方还应该有空气,因此在浓烟中尽量采取低姿势爬行,头部尽量贴近地面。

在浓烟中逃生,人体如果防护不当,容易将浓烟吸入人体,导致昏厥或窒息,同时眼睛也会因烟的刺激,导致刺痛而睁不开。此时,可以利用透明塑料袋,透明塑料袋不分大小都可利用,使用大型的塑料袋可将整个头罩住,并提供足量的空气供逃生之用,如果没有大型塑料袋,小的塑料袋也可以,虽然不能完全罩住头部,但也可以遮住口鼻部分,供给逃生需要的空气。使用塑料袋时,一定要充分将其完全张开,但千万别用嘴吹开,因为吹进去的气体都是二氧化碳,效果适得其反。

如果是晚上听到报警,首先应该用手背去接触房门,试一试房门是否已变热,如果是热的,门不能打开,否则烟和火就会冲进卧室;如果房门不热,火势可能还不大,通过正常的途径逃离房间是可能的。离开房间以后,一定要随手关好身后的门,以防火势蔓延。

2. 逃生方法

每个人都在祈求平安。但天有不测风云,人有旦夕祸福。一旦火灾降临,在浓烟毒气和烈焰包围下,不少人葬身火海,也有人死里逃生幸免于难。"只有绝望的人,没有绝望的处境",面对滚滚浓烟和熊熊烈焰,只要冷静机智运用火场自救与逃生知识,就有极大可能拯救自己。因此,掌握多一些火场自救的要诀,困境中也许就能获得第二次生命。

第一诀:熟悉环境,暗记出口。

当我们处在陌生的环境时,为了自身安全,务必留心疏散通道、安全出口及楼梯方位等,以便关键时候能尽快逃离现场。请记住:在安全无事时,一定要居安思危,给自己预留一条通路。

第二诀:通道出口,畅通无阻。

楼梯、通道、安全出口等是火灾发生时最重要的逃生之路,应保证畅通无阻,切不可堆放杂物或设闸上锁,以便紧急时能安全迅速地通过。请记住:自断后路,必死无疑。

第三诀:扑灭小火,惠及他人。

当发生火灾时,如果发现火势并不大,且尚未对人造成很大威胁时,当周围有足够的消防器材,如灭火器、消防栓等,应奋力将小火控制、扑灭;千万不要惊慌失措地乱叫乱窜,置小火于不顾而酿成大灾。请记住:争分夺秒,扑灭"初期火灾"。

第四诀:保持镇静,明辨方向,迅速撤离。

突遇火灾,面对浓烟和烈火,首先要强令自己保持镇静,迅速判断危险地点和安全地点,决定逃生的办法,尽快撤离险地。千万不要盲目地跟从人流和相互拥挤、乱冲乱窜。撤离时要注意,朝明亮处或外面空旷地方跑,要尽量往楼层下面跑,若通道已被烟火封阻,则应背向烟火方向离开,通过阳台、气窗、天台等往室外逃生。请记住:人只有沉着镇静,才能想出好办法。

第五诀:不入险地,不贪财物。

身处险境,应尽快撤离,不要因害羞或顾及贵重物品,而把逃生时间浪费在寻找、搬离贵重物品上。已经逃离险境的人员,切莫重返险地,自投罗网。请记住:留得青山在,不怕没柴烧。

第六诀:简易防护,蒙鼻匍匐。

逃生时经过充满烟雾的路线,要防止烟雾中毒、预防窒息。为了防止火场浓烟呛入,可采用毛巾、口罩蒙鼻,匍匐撤离的办法。烟气较空气轻而飘于上部,贴近地面撤离是避免烟气吸入、滤去毒气的最佳方法。穿过烟火封锁区,应佩戴防毒面具、头盔、阻燃隔热服等护具,如果没有这些护具,那么可向头部、身上浇冷水或用湿毛巾、湿棉被、湿毯子等将头、身裹好,再冲出去。请记住:多件防护工具在手,总比赤手空拳好。

第七诀:善用通道,莫入电梯。

按规范标准设计建造的建筑物,都会有两条以上逃生楼梯、通道或安全出口。发生火灾时,要根据情况选择进入相对较为安全的楼梯通道。除可以利用楼梯外,还可以利用建筑物的阳台、窗台、天台屋顶等攀到周围的安全地点沿着落水管、避雷线等建筑结构中凸出物滑下楼也可脱险。在高层建筑中,电梯的供电系统在火灾时随时会断电或因热的作用电梯变形而使人被困在电梯内,同时由于电梯井犹如贯通的烟囱般直通各楼层,有毒的烟雾直接威胁被困人员的生命。请记住:逃生的时候,乘电梯极危险。

第八诀:缓降逃生,滑绳自救。

高层、多层公共建筑内一般都设有高空缓降器或救生绳,人们可以通过这些设施安全地离开危险的楼层。如果没有这些专门设施,而安全通道又已被堵,在救援人员不能及时赶到的情况下,我们可以迅速利用身边的绳索或床单、窗帘、衣服等自制简易救生绳,并用水打湿从窗台或阳台沿绳缓滑到下面楼层或地面;安全逃生。请记住:胆大心细,救命绳就在身边。

第九诀:避难场所,固守待援。

假如用手摸房门已感到烫手,此时一旦开门;火焰与浓烟势必迎面扑来。逃生通道被切断且短时间内无人救援。这时候,可采取创造避难场所、固守待援的办法。首先应关紧迎火的门窗,打开背火的门窗,用湿毛巾或湿布塞堵门缝或用水浸湿棉被蒙上门窗,然后不停用水淋透房间,防止烟火渗入,固守在房内,直到救援人员到达。请记住:坚盾何惧利矛。

第十诀:缓晃轻抛,寻求援助。

被烟火围困暂时无法逃离的人员,应尽量待在阳台、窗口等易于被人发现和能避免烟火近身的地方。在白天,可以向窗外晃动鲜艳衣物,或外抛轻型晃眼的东西;在晚上即可以用手电筒不停地在窗口闪动或者敲击东西,及时发出有效的求救信号,引起救援者的注意。请记住:充分暴露自己,才能争取有效拯救自己。

第十一诀:火已及身,切勿惊跑。

火场上的人如果发现身上着了火,千万不可惊跑或用手拍打。当身上衣服着火时,应赶紧设法脱掉衣服或就地打滚,压灭火苗;能及时跳进水中或让人向身上浇水、喷灭火剂就更有效了。请记住:就地打滚虽狼狈,烈火焚身可免除。

第十二诀:跳楼有术,虽损求生。

跳楼逃生,也是一个逃生办法,但应该注意的是:只有消防队员准备好救生气垫并指挥跳楼时或楼层不高(一般4层以下),非跳楼即烧死的情况下,才采取跳楼的方法。跳楼也要讲技巧,跳楼时应尽量往救生气垫中跳或选择有水池、软雨篷、草地等方向跳;如有可能,要尽量抱些棉被、沙发垫等松软物品或打开大雨伞跳下,以减缓冲击力。如果徒手跳楼一定要扒窗台或阳台使身体自然下垂跳下,以尽量降低垂直距离,落地前要双手抱紧头部身体弯曲卷成一团,以减少伤害。请记住:跳楼不等于自杀,关键是要有办法。

每个人对自己工作、学习或居住所在的建筑物的结构及逃生路径要做到了然于胸,必要时可集中组织应急逃生预演,使大家熟悉建筑物内的消防设施及自救逃生的方法。这样,火灾发生时,就不会觉得走投无路了。

总之,发生火灾时,要积极行动,不能坐以待毙。

第四章 消防安全

【案例4-3】

西南林业大学宿舍配电室爆燃 一女生2楼跳下骨折[①]

2015年12月17日22时30分左右,西南林业大学10栋女生宿舍楼,配电室因老化电路短路引配电仪表爆燃,一声巨响后,"滋滋"声响起,几秒钟后整栋楼就暗了下来。随着浓烟滚滚而来,住在配电室旁宿舍的学生率先发现火光蹿起,尖叫惊慌中1楼的女生率先跑出宿舍,紧接着是2楼、3楼、4楼……学生纷纷从寝室中逃出,在撤离过程中,有一名女生腿部受伤,后被120送往红会医院。"烟太大了,我不敢下去,头一发懵,就跳下去了!"受伤女生是西南林业大学会计专业的杨同学。她说,一声爆炸声响后,宿舍便熄了灯。她跟着舍友从7楼宿舍往下跑,跑到2楼时,烟太浓几乎看不到楼梯,她和几个同学就不敢往下跑了。她就从2楼跳下,造成右手和脊椎骨折。

三、火灾现场的互救

火灾互救是指在火灾事故中表现出的舍己救人,以帮助他人逃生为目的的行为。火灾互救可分为自发性互救和有组织的互救两种形式。自发性互救是指火灾现场的群众所采取的一种自觉自愿的救助行为;有组织的互救是指在火灾初期,消防人员尚未到达火场之前,由起火单位的领导、职工或义务消防队组织起来的互救行为。火灾发生时的互救通常有以下行为:利用广播通知、喊话等方式引导被火灾围困的人员逃离险境;建筑物中配置有消防器材的,可以利用建筑物内的水带、水枪等器材为被困人员开辟通道,以便帮助他们迅速逃离火场;当烟火封锁疏散通道时,协助救助人员架梯子、抛绳子等帮助被困人员逃生;在可能的情况下在楼下放置软体物质,拉起救生网,救助从楼上跳下的人员。

特别要指出的是,在火灾现场救人通常需要具备专门知识和特别的装备,所以一般这种工作应该由消防人员担负。假使有人被困必须紧急相救,必须要把握好两条基本原则:第一要避免受伤;第二动作要迅速。与此同时,还需要注意以下事项:

(1) 假如火势太猛或感到建筑物快要倒塌了,千万不要冒险进入。

(2) 进入火场戴上口罩或用湿毛巾捂住口鼻可以抵挡浓烟,但是这样做并不能防止有毒气体的吸入。

(3) 如果火场毒烟弥漫,现场又没有防护装备,切勿轻易入内。火灾中有些家具燃烧时会产生一些致命的气体,就需要等待消防人员携带防毒的呼吸装备前来援救。

(4) 进入火场,每打开一扇门之前,都要先用手触摸门的把手,如果感觉到烫手,千万不要进入。即使逃生去路快要被截断,也不要轻易继续前行。

(5) 进入火场前,如果有可能的话可以把绳子的一端拴在腰间,绳子的另一端叫人在外面拿着。进去之后万一因烟雾迷失方向,就可以凭借绳子循原路走出火场,即便是被烟雾呛晕,外面的人也可以迅速进行施救。

(6) 如果火场外有大衣或湿毛毯,可以拿着或搭在肩上带进火场去,这些可以用来包裹

[①] 何瑾.西南林业大学宿舍配电室爆燃 一女生二楼跳下骨折[N].春城晚报,2015-12-19.

伤者。

（7）进入火场浓烟密布的房间时，身体要尽可能地放低或靠近地面，必要的时候可以匍匐而行。如果寻找到伤者后，要迅速将其带至安全的地点，要在脱离险境后再施行急救。

思考与讨论

（1）高校校园火灾的成因有哪些？应如何防控？

（2）高校校园常用灭火器材如何使用，应注意哪些事项？

（3）火灾逃生自救常用的方法有哪些？如果进行火灾互救，应注意哪些事项？

第五章 食品卫生安全

第一节 食品安全问题分析

一、食品安全的现状

国以民为本,民以食为天,食以安为先。食物是人类赖以生存和发展的物质基础,也是国家安定、社会发展的根本要求。在任何一个国家,食品安全都是上至国家领导,下至黎民百姓共同关注的一个永恒主题。食品安全也是关系到国计民生、建设和谐社会的大事。因此,食品安全已经成为衡量人民生活质量、社会管理水平和国家法制建设的一个重要指标。

目前,我国食品安全状况总体是比较良好的。食品生产企业 40 多万家,食品经营主体 323 万家,农牧渔民两亿多户,小作坊、小摊贩、小餐饮更是难以计数。近年来,我国相继发生了"瘦肉精事件"、"苏丹红事件"、"大头婴儿奶粉事件"、"三鹿奶粉事件"、"地沟油事件"。因此,食品安全问题已经向人们敲响了警钟。对此,整个社会应予足够重视。

二、食品安全产生的原因

(一)环境污染是造成食品安全问题的首要因素

一是工业生产过程中产生的"三废"直接污染大气、水源、农田,给农作物的生长、发育带来影响,从而影响食品原料的安全。我国七大水系、湖泊、水库、部地区地下水和近岸海域已受到不同程度的污染,如水藻、鱼虾、贝、蟹等被污染后,有害物质通过食物链的聚集、浓缩,最后到达食物链顶端——人体,从而引起人类的急性或慢性中毒,甚至祸害子孙后代。

二是滥用农药、兽药;农产品、禽畜产品中有毒有害物质残留量高、源头污染严重。在我国,受农药污染的农田约 1600 万公顷,农药已成为我国农产品污染的重要来源之一。在水产养殖过程中滥用抗生素、激素和其他有害物质残留于禽、畜、水产品体内。病原微生物引起的食源性疾病严重影响食品安全。

(二)生产经营者法律意识淡薄是造成食品安全问题的直接因素

在食品安全管理中,普遍存在"守法成本高,违法成本低"的现象,即处罚力度过轻,风险与收益不成比例,在高额利润的引诱下,一些食品生产企业、不法商贩和部分从业者唯利是图,偷工减料、以次充好,制造食品的过程中使用不合格原料及应用新原料、新工艺,添加有毒物质,为谋取暴利置人民的生命健康于不顾。如假冒伪劣烟酒、"毒香油"、"地沟油"、黑加工点等令消费者不寒而栗的事实。

(三) 检测设施薄弱是造成食品安全问题的主要因素

食品安全监测量多面广,但技术检测工作滞后,食品检测设备相对不足,检测力量跟不上检测需求。政府财政投入不足,执法装备和检测设施比较匮乏。另外,食品安全信息来源不足,食品市场是一个庞大的市场,涉及的种类繁多,单靠单个部门的例行抽查,很难全面控制当前市场的所有食品质量。

(四) 消费者的自我保护意识不强是造成食品安全问题的重要因素

一方面,一些农民对于农药残留问题认识不够,群众识别假劣食品能力较低,自我保护意识不强,对有些危害性估计不足,自我保护意识不强;另一方面,又受生活条件等多方面因素制约,有些无可奈何,抱着听之任之的态度。另外,由于经济、文化知识等方面的原因,不少消费者对食品安全的知识了解不多,特别是不少人购买食品时大多只看价钱,一味要求价廉而忽视物美,一些价低质次的食品成为主打食品,甚至成为部分儿童手中的美味。

三、解决食品安全问题的对策

推进食品安全建设,必须采取相应对策,标本兼治。重在治本,防治结合;重在预防,健全工作机制;综合力量,形成整治力度,努力做好以下几个环节的重点整治。

(一) 加强环境整治和源头治理和控制

一是保持干净卫生的水质。杜绝工业废水任意排放,规定排放标准,减少和消除污染源的排放;采用重复用水及循环用水系统,使废水排放减至最少或将生产废水经适当处理后循环利用;全面规划,合理布局,进行区域性综合治理。在制定区域规划、城市建设规划、工业区规划时都要考虑水体污染问题,对可能出现的水体污染,要采取预防措施,对水体污染源进行全面规划和综合治理,将同行业废水集中处理,以减少污染源的数目。

二是要保护农作物的生长环境、土地不受污染,规范种子、肥料、农药、除草剂等投入品的质量。在农作物生长管理过程中,禁止污水灌溉;利用害虫综合防治以减少农药的施入量,对农药进行安全合理使用,制定农产品中的允许残留量标准,制定施药安全的间隔期,开发新农药。

(二) 科学制定检测标准

为了提高我国的检测水平,必须制定科学的检测标准。标准的制定不仅要符合我国的国情,维护我国的利益,照顾到我国的企业,还要充分维护消费者的权益。故检测的标准应该制定得多一些,高一些,从而为我国的食品安全把好技术关。不仅如此,标准的制定还要做到与时俱进,严格按照相关的法律法规进行定期的审核和修改,从而保证我国食品安全检测标准的科学性和有效性。

(三)完善相应的法律法规

首先,各地应当尽快出台有关食品生产加工小作坊和食品摊贩的具体管理办法。填补法律监管漏洞,以此更好地维护消费者的合法权益。其次,加强法律的惩治力度,对违反食品安全的人员和企业严惩不贷。这是保障我国食品安全的一道重要防线,丝毫不得松懈!

(四)大力加强社会监督

充分发挥社会力量加强食品安全工作的监管,是对政府监管力量的补充,可以有效弥补目前监管资源的严重不足。近年来,我国的很多食品安全事件都是通过社会监督的方式揭露出来的。我国在食品安全的监管机制、法律制度等方面还存在着许许多多的问题,这些问题需要我们在实践中一一加以解决,相信通过正确的体制机制,完善的法律制度,强有力的社会监督,我国的食品安全一定会越来越有保障!

第二节 大学生饮食安全

一、大学生日常饮食安全

大学生在日常生活中要注意饮食卫生,否则就会感染疾病,危害健康,"病从口入"这句话讲的就是这个道理。为此,大学生应做到如下几个方面:

(1)养成良好的饮食习惯。吃东西时不要狼吞虎咽;吃东西时不要同时做别的事情,更不要相互追逐、打闹;一日三餐定时定量,不暴饮暴食。

(2)养成吃东西之前洗手的习惯。人的双手每天干这干那,接触各种各样的东西,会沾染病菌、病毒和寄生虫卵。吃东西前认真用肥皂洗净双手,才能减少"病从口入"的可能。

(3)生吃瓜果要洗净。瓜果蔬菜在生长过程中不仅会沾染病菌、病毒、寄生虫卵,还有残留的农药、杀虫剂等,如果不清洗干净,不仅可能染上疾病,还可能造成农药中毒。

(4)不随便吃野菜、野果。野菜、野果的种类很多,其中有的含有对人体有害的毒素,缺乏经验的人很难辨别清楚,只有不随便吃野菜、野果,才能避免中毒,确保安全。

(5)不吃腐烂变质的食物。食物腐烂变质,味道就会变酸、变苦;散发出异味,这是因为细菌大量繁殖引起的,吃了这些食物会造成食物中毒。

(6)不随意购买、食用街头小摊贩出售的劣质食品、饮料。这些劣质食品、饮料往往卫生质量不合格,食用、饮用后会危害健康。

(7)在商店购买食品、饮料,要特别注意是否标明生产日期和保质期,不购买过期食品饮料,不要饮用过期食品饮料。

(8)不喝生水。水是否干净,仅凭肉眼很难分清,清澈透明的水也可能含有病菌、病毒,喝开水最安全。

二、世界卫生组织的10条黄金定律

(1)食品一旦煮好就应该立即吃掉,食用在常温下已存放四五个小时的食品很危险。

（2）未经烧煮的食品通常带有可诱发疾病的病原体，因此食品必须彻底煮熟才能食用，特别是家禽、肉类和牛奶。

（3）应选择已加工处理过的食品。

（4）食品煮好后常常难以一次全部吃完。如果需要把食品存放四五个小时，应在高温或低温的条件下保存。

（5）存放过的熟食必须重新加热才能食用。

（6）不要把未煮熟的食品互相接触。

（7）这种接触无论是直接或间接，都会使煮熟的食品重新带上细菌。

（8）保持厨房清洁。

（9）烹饪用具、刀叉餐具等都应用干净的布擦干净。

（10）用水和准备食品时所需的水应纯洁干净。

第三节 食物中毒与防治

食物中毒是大学生群体中应该高度重视的疾病。据卫生部网站通报，2009年在学校发生的食物中毒报告起数为117起，中毒3773人，死亡6人。其中，生物性食物中毒的报告数和中毒人数最多，分别占学校食物中毒总数的47.01%和59.42%。

食物中毒可以由污染食品的细菌、病毒或寄生虫感染所引起，也可由污染食品的某种毒物所引起。食物中毒按病原分类，可分为细菌性食物中毒和非细菌性食物中毒。其中非细菌性食物中毒又可分为有毒动物中毒、有毒植物中毒、化学性中毒、真菌和霉变食物中毒。食物中毒常见的症状是剧烈呕吐、腹泻，同时伴有中上腹部疼痛，食物中毒者常会出现上吐下泻而出现脱水症状，如口干、眼窝下陷、皮肤弹性消失、肢体冰凉、脉搏微弱、血压降低，甚至休克；食物中毒多数都是在不知情的情况下发生，且病情发展迅速，部分中毒人员得不到及时有效的救助会导致死亡。

一、细菌性食物中毒

细菌性食物中毒是由于进食细菌病毒所污染的食物而引起的急性感染中毒性疾病。我国每年发生的细菌性食物中毒事件占食物中毒事件总数的30%～90%，中毒人数占食物中毒总人数的60%～90%。临床主要表现有恶心、呕吐、腹痛、排水样便，可带少量唾液，重者甚至休克，这种情况在全国许多高校大学生当中均有出现。这种情况往往集体发病，病死者多为病情重，伴有脱水、休克而未及时入院治疗者。因此，预防和及时诊治是关键。

引发细菌性食物中毒的主要食品是动物性食品。其中变质畜肉类及其制品居首位，变质禽类居第二位，病死畜奶、蛋类也占一定比例。

细菌性食物中毒的预防措施：

① 选择新鲜的食品，不吃腐败、变质或霉变的食物；② 烹调海产品、鱼等食用时要烧热煮透；③ 立即吃掉做熟的食品，放置时间越长，危险性越大；④ 需要储藏食品，最好是冷藏，储藏食品食用前要再加热；⑤ 避免生食与热食接触，生、热食品用具要分开使用；⑥ 凉拌菜最好

是吃多少做多少,吃剩的凉拌菜不要再食用;⑦不要从不法商贩手中购买食品,不要到"马路径桌"就餐或购买盒饭;⑧讲究个人卫生,勤洗手。

二、非细菌性食物中毒

非细菌性食物中毒可分为有毒动物性食物中毒,如猪甲状腺、河豚中毒等;有毒植物性食物中毒,如桐油、发芽马铃薯中毒;有毒化学物质引起的食物中毒,如亚硝酸盐、农药、真菌性食物、黄曲霉素等引起的中毒。

(一)有毒动物中毒

1. 河豚中毒

中毒表现:食入后10分钟至3小时即发病,先感觉手指、唇和舌刺燥,呕吐、腹泻,最后肌肉麻痹、语言不清、呼吸困难,甚至衰竭而死。

急救处理:一旦发生中毒应分秒必争抢救,及时催送医院做洗胃、输氧、升压等抢救治疗。

预防措施:加工后的河豚须证实无毒,方可食用。

2. 鱼类组胺中毒

中毒表现:潜伏期仅数分钟至数小时,呕吐。
急救处理:抗组胺药物及对症治疗。
预防措施:鱼类食品,尤其是青皮红肉色鱼要冷藏。防止食用变质鱼类。

3. 甲状腺中毒

中毒表现:潜伏期1~2天,会出现头晕、头痛、心慌、气短、失眠、多汗、发热、脱发等症状。

急救处理:给镇静药,促肾上腺皮质激素,对症治疗。
预防措施:屠宰牲畜时,要去除甲状腺。买血脖肉时,要检查是否有甲状腺。

4. 鱼胆中毒

中毒表现:潜伏期5~12小时,出现恶心、呕吐、腹痛、腹泻等,随之肝肾损害出现症状,黄疸、尿少、尿蛋白等。严重者出现循环系统及中枢系统症状,中毒性休克及昏迷,乃至死亡。

急救处理:早期洗胃、催吐、保肝肾,对症治疗。
预防措施:普及鱼胆有毒知识,需用鱼胆治病则切勿过量。

5. 动物肝脏中毒

中毒表现:潜伏期短,食后1~5小时发病。头痛、皮肤发红不适、食欲不振。继之可有脱皮,一般可自愈。

急救处理:病人卧床休息,停服鱼肝油,可催吐,烦躁不安者可肌注安定预防措施:不过量食用可能含大量维生素 A 的肝脏。鱼肝油一次食用量不宜过多。

(二) 有毒植物中毒

1. 发芽马铃薯中毒

中毒表现:潜伏期为数 10 分钟至数小时,出现舌咽麻痒、胃部灼痛及胃肠炎症状,瞳孔散大、耳鸣等症状;重病者抽筋,意识丧失甚至死亡。

急救处理:用筷子等刺激咽部催吐。多饮白开水或糖水,可内服 1% 鞣酸液、浓茶或喝些醋以分解龙葵素。或用硫酸钠、硫酸镁导泻,有条件时静脉点滴 5% 葡萄糖液,腹痛时可肌肉注射阿托品。

预防措施:发芽多的或皮肉变黑绿的马铃薯不可食用。发芽不多者浸 30~60 分钟,烹调时加些醋,以破坏残余的毒素。

2. 四季豆中毒

中毒表现:中毒症状出现,一般在食用几十分钟后,不超过 1 小时。主要表现为胃肠炎症状,如恶心、呕吐,一天数次甚至十几次。另有腹痛、腹泻、上腹胀满感。严重者可出现头晕、头痛、出汗、胸闷、出冷汗、心慌、胃部有烧灼感以及四肢麻木等神经症状。

急救处理:中毒轻者,吐泻之后不治疗也可自愈。但因目前对四季豆中毒还没有特效药,对中毒重者,除催吐、导泻和洗胃外,只能送医院抢救。但脱险希望较小。因此,要特别警惕。

预防措施:为防止四季豆中毒,在食用四季豆时,要充分炒熟和煮透。不要只是用开水一烫后就做凉拌菜,更不能直接做凉拌菜,这样就可以避免发生中毒。

3. 苦杏仁中毒

中毒表现:食后 1 到数小时后出现口中苦涩、头痛、头晕、流涎、恶心、呕吐、心慌、无力、四肢末端感觉迟钝,重则呼吸浅快、神志不清、瞳孔散大、面青紫、牙关紧闭、血压下降、四肢冰冷、大小便失禁、瞪目、昏迷而死亡。

急救处理:轻者应尽快用筷子或压舌板刺激咽喉部催吐,口服绿豆汤进行解毒。重者则速送医院处理。

预防措施:苦杏仁能很快破坏细胞的呼吸功能,使中枢神经麻痹。生吃苦杏 0.4~1 g/kg 体重,即可中毒而死,所以一定要控制好食用量。

(三) 有毒化学物质中毒

1. 甲醇中毒

1996 年 6—7 月间,云南省曲靖地区发生饮用白酒导致恶性甲醇中毒事件,中毒 192 人,死亡 35 人。1988 年春节期间,山西朔州和大闹市灵丘县又发生不法食品生产经营者用甲醇勾兑散装白酒,发生严重的甲醇引起的食物中毒,导致 296 人中毒住院治疗,其中 27 人死亡。

中毒表现:甲醇中毒除见有一般中毒的头痛、头晕、恶心、呕吐、腹痛、腹泻、昏迷、休克等症状外,其突出症状是视神经的损害,如复视、畏光、眼球疼痛、瞳孔扩大、光反应迟钝或消失、视网膜炎、视网膜水肿、充血或出血、球后视神经炎,严重者可因视神经萎缩而导致失明。精神症状可有多疑、恐惧、狂躁、幻觉、淡漠、抑郁等。

急救处理:口服中毒者,可用小苏打水或肥皂水灌服催吐,反复几次,彻底洗胃,并给予硫酸镁导泻。吸入中毒者,应迅速远离现场,移至空气新鲜、通风良好的地方,保持呼吸道的通畅。

预防措施:误服甲醇5～10毫升可致严重中毒,服30毫升以上可致死亡。要注意实验室里甲醇蒸气的误吸。假酒和劣质酒中含有高浓度的甲醇,饮用这类酒也可致中毒。

2. 有机磷农药中毒

中毒表现:由于不同农药的中毒作用机制不同,其中毒症状也有所不同,一般主要表现为头痛、头晕、全身不适、视物模糊、瞳孔缩小、呼吸困难、流涎、恶心呕吐、腹痛、腹泻、步态蹒跚、意识模糊、心律失常、肺水肿、脑水肿等。

急救处理:必须及早、尽快、及时地采取急救措施。过量接触者立即脱离现场,至空气新鲜处。皮肤污染时立即用大量清水或肥皂水冲洗,眼污染时用清水冲洗。特效解毒剂为阿托品和解磷定。

预防措施:大力宣传普及预防中毒知识,食用蔬菜瓜果前要反复清洗。要严格操作规范,做好个人防护。

3. 亚硝酸盐中毒

中毒表现:发病急速,一般潜伏期为1～3小时,严重者15分钟之内就可发病,可伴有头疼、头晕、恶心、呕吐、腹痛、腹泻、指甲及皮肤紫绀等,严重者意识丧失、烦躁不安、昏迷、呼吸衰竭、死亡。医学上称为肠原性青紫症。

急救处理:亚硝酸盐的解毒特效药是亚甲蓝(美蓝),1%溶液注射或口服。一般中毒较浅者不用治疗,毒素可随体液排出体外。中毒较深者需采取洗胃、灌肠、催吐、输氧、大剂量口服维生素C等措施。

2010年1—3月中旬,我国共发生了15起重大食物中毒事件。中毒人数407人,死亡10人。其中由亚硝酸盐引发的中毒事件有5起,占总数的1/3。中毒224人,占总中毒人数的55.5%。死亡4人,占总死亡人数的40%。因此,做好预防工作显得尤为重要。

预防措施:①蔬菜应妥善保存,防止腐烂,不吃腐烂的蔬菜;②吃剩的熟菜不可在高温下存放长时间后再食用;③勿食大量刚腌的菜,腌菜时盐应多放,至少腌至15天以上再食用;④不要在短时间内吃大量叶菜类蔬菜,或用开水焯5分钟,弃汤后再食用;⑤肉制品中硝酸盐和亚硝酸盐用量要严格按国家卫生标准规定,不可多加;⑥防止错把亚硝酸盐当食盐或面碱用。

(四)真菌性食物中毒

1. 蘑菇中毒

中毒表现:不同毒菇所含的毒素不同,引起的中毒表现也各不相同。但一般可分为以下四类:①胃肠炎型:此型患者进食蘑菇后 10 分钟至 2 小时出现无力、恶心、呕吐、腹痛、水样腹,恢复较快;②神经精神型:进食后 10 分钟至 6 小时除出现胃肠炎型症状外,尚有瞳孔缩小、唾液增多、兴奋、幻觉、步态蹒跚等;③溶血型:潜伏期 6~12 小时。除胃肠炎表现外,还有溶血发现,可出现贫血、肝肿大等;④肝病型:进食后 10~30 小时出现胃肠炎型表现。然后出现以肝、脑、心、肾等多脏器损害的表现,但以肝脏损害最为严重,病死率高。

急救处理:因为蘑菇中毒的潜伏期较长。而且部分蘑菇中毒的症状一旦出现就迅速恶化。所以进食可疑有毒蘑菇后要及时到医院诊治,出现症状者尽快到医院抢救。

预防措施:最有效的毒蘑菇鉴别方法是形态学鉴定。但这种鉴定方法普通群众难以掌握。所以,不要自行采摘、食用野蘑菇,也不要在移动商贩处购买干或新鲜的蘑菇。

2013 年 9 月 11 日,连州市大路边镇东塘村发生一起因食用野生蘑菇引起的食物中毒事件,造成 10 人中毒入院治疗,其中 2 人因抢救无效死亡,3 人病危,1 人病重。目前对于蘑菇中毒的治疗尚未有特效药,中毒死亡率高达 90% 以上,千万不要采食野生蘑菇。

2. 变质甘蔗中毒

中毒表现:发病急,潜伏期短。短则十分钟,长则几小时。中毒症状最初为呕吐、头晕、视力模糊,进而眼球偏侧凝视,阵发性抽搐,抽搐时四肢强直、蜷曲、内旋,手呈鸡爪状,大小便失禁,每日发作多次,最后昏迷,出现呼吸衰竭而死亡。

急救处理:①立即催吐、洗胃或导泻;②静脉注射速尿(呋塞米)排毒,胃肠症状严重者注射阿托品,烦躁不安者静脉注射安定;③呼吸困难者吸氧;④重者送医院。

预防措施:变质甘蔗中毒,每年 2—3 月为高峰。据统计,1972—1986 年间,河南、天津、北京等省市发生甘蔗中毒,中毒人数达 700 余人,死亡 60 人。在购买、食用时要注意甘蔗的成色和味道。霉变甘蔗外皮无光泽,质地较软。有暗灰色斑点的有"发霉"味或"酒糟"味。

2015 年 12 月 2 日晚,东北大学食堂由于食品安全问题导致上百名学生食物中毒,学生呕吐腹泻不止,东北大学校医院已住满,很多学生自行前往附近医院就诊。"12 月 3 日上午 11 时左右,东北大学官方微博发布情况通报:"2015 年 12 月 2 日晚,我校有学生到校医院就诊,症状为不同程度的腹泻,个别学生出现呕吐。经治疗,大部分学生已好转。截至 12 月 3 日上午 9 时,有 8 人留院观察,没有出现严重症状。"

高校要建立健全预防和处置食物中毒工作组织机构,明确职责,完善措施,在食物中毒事件处置中统一指挥、协调各方力量进行应急救援。

三、在校大学生预防食物中毒的措施

(1) 不要采摘、捡拾、购买、加工和食用来历不明的食物、死因不明的畜禽或水产品,以及不认识的野生菌类、野菜和野果。

(2) 购买和食用定型包装食品时,应查看有无生产日期、保质期和生产单位,不要食用超过保质期的食品。

(3) 外出时要做好自备水的防护,保证水质卫生安全。不要饮用未经煮沸的生活饮用水。

(4) 妥善保管实验室有毒有害物品。实验操作要求规范,避免被误食、误用。

(5) 隔夜食品尽量少食,在食用前必须加热煮透后方可食用。

（6）养成良好的个人卫生习惯,餐前便后要注意洗手。

（7）进餐后如出现呕吐、腹泻等食物中毒症状时,要立即组织自行救治,可用筷子或手指刺激咽部帮助催吐排出毒物,及时送医院治疗。并保留所有剩余食物、有关工具和设备,以备核查中毒原因,必要时应及时向当地卫生行政部门报告。

第四节 大学生群体易发传染病与防治

传染病是由病毒、细菌、衣原体等病原体引起的,具有传染性并导致不同程度流行的疾病。传染病流行过程有三个基本环节:即传染源,是指病人、病原携带者、受染动物;传播途径,如空气、水、饮食、接触等;易感人群,是指免疫水平较低者。预防传染主要是针对传染病流行的三个基本环节进行的,即控制传染源、切断传播途径、保护易感人群。

我国大学生是一个免疫能力相对较高的群体。但由于大学生远离家庭环境,过的是密集的集体生活。现代大学生社会活动较多,一些传染病还是会在大学生中流行。一旦患传染病,会对大学的生活和学习造成非常大的影响。所以认识传染病、有效预防传染病是现代大学生文明进步的体现,既有益个人又有益于社会。

一、细菌性痢疾

（一）病因

细菌性痢疾简称菌痢,是由痢疾杆菌引起的常见急性肠道传染病。细菌主要侵犯结肠黏膜,引起肠黏膜的炎症反应,可引起肠膜细胞的变性、坏死,坏死脱落后可形成小而浅的溃疡。严重的中毒性菌痢,由细菌毒素引起的全身中毒症状严重,可导致重要器官功能衰竭。

（二）传播特点

传染源是病人和带菌者。病人及带菌者的粪便中含大量痢疾杆菌,污染食物、饮水和手等经口进入肠道而感染。

（三）临床表现

潜伏期数小时至7天,多数为1～2天。主要临床表现为畏寒、发热、腹痛、腹泻、脓血便和先急后重。腹泻每天可10～20次。大便量少,呈糊状或脓血便。

（四）治疗与预防

一旦确诊为菌痢,应进行隔离、卧床休息。饮食用流质或半流质食物为宜,忌食多渣多油或有刺激性食物。有脱水者应口服或静脉补充生理盐水或葡萄糖盐水,及时、合理使用抗菌药物。

早期发现病人及带菌者,应及时隔离、彻底治疗。加强饮食、饮水卫生,消灭苍蝇,养成饭前便后洗手的习惯。熟食和瓜果不要在冰箱中放置过久,取出后先加热消毒再食用。不要吃生菜和不洁瓜果。大蒜、黄连有一定预防作用。

二、流行性感冒

(一) 病因

流行性感冒简称流感,是由流感病毒引起的急性呼吸道传染病,具有高度传染性。传播速度快,可在人群中引起流行。其病原体分为甲、乙、丙三型流感病毒。甲型极易变异,可引起反复流行或大面积流行。

(二) 传播特点

流感的特点是突然发病、迅速蔓延、发病率高、流行过程短。传染源是病人,自潜伏期末即可传染。病初2～3日传染性最强。传播途径主要是通过飞沫,病毒存在于病人的呼吸道分泌物中,通过说话、咳嗽或喷嚏散播至空气中,易感者吸入后即会感染。人群对流感病毒普遍易感,与年龄、性别、职业无关。

(三) 临床表现

本病潜伏期1～3天。症状主要有急起高热、畏寒、头痛、乏力、全身酸痛等。高热持续2～3天后渐退,全身症状逐步好转,但出现鼻塞、流涕、咽痛、干咳等上呼吸道症状。少数人有鼻出血、食欲不振、恶心等症状。严重者可并发病毒性肺炎。

(四) 治疗与预防

患者应及早去医院就诊,确诊后应隔离治疗,以减少传播。发现有患者后,宿舍应开窗流通空气或晒太阳。在流行期间应减少大型集会和集体活动,教室内也应注意空气流通和清洁卫生。在流行期间接种流感疫苗有一定预防作用。

三、病毒性上呼吸道感染

(一) 病因

该病是由多种病毒引起的急性呼吸道感染,包括普通感冒。成人每年可发生1～3次。病毒包括鼻病毒、冠状病毒、肠道病毒、腺病毒等,可侵害上呼吸道的不同部位,引起炎症。上呼吸道感染时常合并细菌感染,导致病情加重。

(二) 传播特点

传染源主要是病人,主要通过直接接触和飞沫传播,部分通过粪—口传播。人对这一病毒普遍易感。同一家庭及同一宿舍的人易相互感染。与流感不同的是,该病一般不引起大的流行。

(三) 临床表现

上呼吸道感染潜伏期较短,起病急,常以咽部不适、干燥或咽痛为早期症状,继之有喷嚏、鼻塞、流涕等;如疾病向下发展,可引起声音嘶哑、咳嗽、胸痛等。体温升高,但很少超过39℃,3~4天后热退。此外,尚有全身酸痛、乏力、头痛、胃口差等症状。

(四) 治疗与预防

发病后可给予对症治疗,如解热镇痛药、感冒冲剂等。目前尚无特效药物,但伴有细菌感染者可用抗生素治疗。发病卧床休息、多饮水、多吃水果,食物要易消化。预防措施可参阅"流行性感冒",但呼吸道感染尚无有效疫苗。

四、病毒性肝炎

(一) 病因

病毒性肝炎是由多种肝炎病毒引起的常见传染病。按所致的病态不同,肝炎分为甲型、乙型、丙型、丁型和戊型5种。其中甲型利乙型肝炎发病率较高。病毒性肝炎具有传染性强、传播途径复杂、流行面广、发病率较高的特点,所以危害较大,主要引起肝脏损害。

(二) 传播特点

传染源是肝炎病人或未发病的"病毒携带者"。甲型和戊型肝炎主要经消化道传播。病人或带病毒者的粪便中含有大量病毒,可直接或间接地污染食物和水,再经口进入体内。苍蝇叮咬食物也是传播途径之一。乙型、丙型和丁型肝炎通过非消化道传播,其中血液传播是主要的途径,如通过注射、针刺、使用血液及血制品等。唾液、精液等分泌物也是重要传播途径。几乎所有的人对各型肝炎都容易感染。大学生中以甲型及乙型肝炎多见。甲肝病毒感染后人体对此病有一定免疫力。

(三) 临床表现

人体感染了肝炎病毒后,部分人并不发病。如感染乙型肝炎病毒后,大部分人成为"健康的病毒携带者",可以再传染给他人。在中国人中,这种健康的病毒携带者约占总人口的10%。

发病者也都有长短不一的潜伏期,甲型肝炎病毒感染后在2~8周发病,乙型肝炎在1~6个月发病。发病后有乏力、食欲不振、恶心、呕吐、厌油腻、肝肿大、肝功能异常等症状。部分病人出现黄疸,其中以甲型肝炎多见。肝炎病程为2~4个月,大多数人顺利恢复。少数变为慢性,其中以乙型肝炎多见,极少数是重症肝炎。

(四) 治疗与预防

治疗原则以适当休息、合理休养为主,适当辅以药物治疗及支持疗法特效药物。饮食中注意多食高维生素、易消化吸收的食物。

甲型肝炎的预防要点是加强饮食卫生,饮水卫生,不食用易受粪便污染的食物和水,如毛蜡是易受甲肝病毒污染的水产品,吃毛蜡后甲肝感染可高达14%~16%。

在公共聚餐时要用分食制或使用公筷、公勺。急性发病时要住院治疗或在家中隔离至少30天。与病人接触后7~14天内可注射丙种球蛋白预防,服用板蓝根等中药冲剂可能有一定预防作用。注射甲肝疫苗能预防甲肝,效果较好。目前已广泛使用,特别是幼儿园和学校。

乙型肝炎由于是通过血液传播,故应加强血液及血制品的安全性,尽量减少血制品使用,加强医疗器械消毒很重要,同时注射时应做到一人一针,不共用剃须刀片,预防理发器械划破皮肤,进餐最好采用分食制。乙肝疫苗注射有较好的预防作用。

五、肺结核

(一)病因

肺结核是由结核杆菌引起的一种缓慢发病的慢性呼吸道传染病。结核杆菌可引起肺部组织产生炎症、坏死和液化,也可产生结核结节。当机体免疫力提高特别是经有效治疗后病变可吸收好转,也可纤维化,坏死组织可钙化;当机体免疫力下降时,病灶坏死,液化加重,结核菌在肺内成全身播散,钙化灶重新活动。

(二)传播特点

结核病人咳嗽排菌是传播主要来源,一些乳牛也是传染源。传播途径主要是病人与健康人之间的经空气传播,患者咳嗽排出的结核菌悬浮在飞沫中,当人吸入后可引起感染。咳出的痰干燥后结核菌随尘埃飞扬,也可造成吸入感染。生活贫困、居住拥挤、营养不良是经济落后社会中人群结核病高发原因。青春后期和成人早期发病率较高,尤其是刚从农村或山区进入大城市生活的人群。

(三)临床表现

患者有全身中毒症状和呼吸系统症状。全身症状主要有:长期低热、午后及傍晚开始,次晨降为正常,可伴有乏力、夜间盗汗。呼吸系统症状有:咳嗽、咳痰、咯血、胸痛和气急。

(四)治疗与预防

患肺结核病需进行长期、正规的抗结核治疗,且有复发可能,应该重在预防。预防措施有卡介苗接种,我国规定儿童出生后即开始注射卡介苗,以后每隔5年作结核菌素复查,阴性者加种,直到15岁为止。进大学时也应进行复查。加强对结核病人的管理,病人咳嗽时应以手帕或纸掩口,不随地吐痰,或吐在纸里烧掉。大学生应注意养成良好卫生的生活和学习习惯,注意营养和休息,加强体育锻炼,提高自身的免疫力。

一、毒品及防治

《刑法》第 357 条规定:毒品是指鸦片、海洛因、冰毒、吗啡、大麻、可卡因以及国家规定管制的其他能够使人形成瘾癖的麻醉药品和精神药品。常见和最主要的毒品有鸦片、吗啡、海洛因、冰毒、摇头丸、可卡因、大麻等,这些毒品长期吸食都会成瘾,对人体产生危害,而且易感染疾病,如果服用过量,则可导致死亡。

最近10多年,世界上的吸毒问题越来越严重,吸毒现象越来越普遍,已为国际社会所关注。据估计,目前全世界至少有5000万人在注射毒品,而以吞、吸、饮、嚼的方式吸毒的人数则更多。这就是说,世界上大约每100个人中就有1名"瘾君子"。而我国截至2005年年底,登记在册的吸毒人员就有116万人。毒品不但摧残人体,还会扭曲人格,使人道德沦丧,甚至扼杀生命,尤其是吸毒低龄化趋势,让我们不得不忧虑。

二、毒品的危害

毒品的危害可谓罄竹难书,它危害人的身体,毒害人的心理,破坏人的家庭,残害人的生命,更重要的是它还影响社会的安定。据有关统计,全球每年约有10万人因吸毒而死亡,1000万人因吸毒而丧失正常的劳动能力。单就死亡人数来看,毒品仅次于心脏病、癌症,被称为"人类的第三杀手"。

1. 吸毒严重危害人体健康

(1) 吸毒严重破坏人体的正常生理功能。滥用毒品会对人体的神经系统、呼吸系统、消化系统、免疫系统产生严重的危害,如通过呼吸道途径吸食毒品,对呼吸系统造成恶性刺激。轻者易患支气管炎,重者导致肺炎、肺气肿和肺癌;通过注射毒品,对人体的免疫功能有着直接和全面的损害,同时不洁注射易导致感染各种疾病,如细菌性心内膜炎、破伤风、败血症、横断性脊髓炎,并极易传染乙肝、丙肝等血清型肝炎。

(2) 毒品摧毁人的神经系统。许多毒品都对人的神经系统有明显损害,长期吸毒者会发生中毒性精神病,突出表现为急性妄想、幻觉、思维障碍、攻击他人等。冰毒、摇头丸等新型毒品可直接作用于中枢神经,对大脑神经细胞产生直接损害,导致急慢性精神障碍。研究表明,82%的苯丙胺滥用者即使停止使用8～12年,仍然有一些精神症状。

(3) 吸毒会传染艾滋病(AIDS)。艾滋病的主要传播途径是血液传播、性传播和母婴传播。静脉注射毒品者使用不洁注射器易造成血液传播,吸毒者的不良性行为又可造成性传播,在三个传播途径中,吸毒就占了两个。此外,毒品使吸毒者的体质下降,也为艾滋病的感染和发病大开绿灯。据统计,截至2005年9月底,我国累计报告的135630例艾滋病病毒感染者中,有40.8%是因静脉注射毒品而感染的,居艾滋病传播途径的首位。

2. 吸毒毁灭家庭

我国民间描绘毒品的危害有这样一副对联:"烟枪一支,未闻炮声震响,打得妻离子散;锡纸半张,不见烟火冲天,烧尽田地房屋。"

(1) 吸毒导致倾家荡产。目前,我国各地黑市海洛因零售价格为每克300～1000元,一个吸毒成瘾者一天至少需要0.3克,如果按平均价格每克500元计算,一年就要吸掉54750元,这只是最保守的数字;而对于吸毒日久者,一天就需要2克,一年下来就是几十万元。所以自古败家之理莫过于赌和毒。

(2) 吸毒造成妻离子散,家破人亡。家庭中一旦出现了吸毒者,家便不称其为家了,吸毒很快就会引起家庭经济崩溃,导致变卖家产,或为夺取毒资不惜以身试法、杀人越货,直至家破人亡。据近几年国家司法机关统计,在离婚案中,因吸毒导致的就占到了10%。有人总结出吸毒人员的败家四部曲:花光积蓄,卖尽家产,借债亲友,男盗女娼。

3. 吸毒危害社会,祸及国家

毒品活动扰乱社会治安。毒品问题是诱发其他刑事犯罪和社会治安问题的温床,吸毒人员以贩养吸、以盗养吸、以拾养吸、以骗养吸、以娼养吸的现象极为严重,一些地区抢劫、抢夺和盗窃案件中有60%~80%是吸毒人员所为。吸毒不仅扰乱了社会治安,还给社会安定带来巨大威胁。

三、远离毒品

远离毒品的措施

(1) 学习禁毒知识,做到4个牢记:①牢记什么是毒品;②牢记吸毒极易成瘾,并极难戒;③牢记毒品害人、害己、害家、害国;④牢记吸毒是违法,吸毒是犯罪。

(2) 永远不尝第一口。好奇心和冒险心往往是毒品侵蚀的温床。为终身远离毒品,不论出于什么动机,不论出现什么情况,都要坚定地把握自己,永远不尝第一口。

(3) 正确面对困难和挫折,不借毒消愁。据有关调查,女性吸毒者中有8成是因为婚姻不美满和失恋引起的,可见培养良好的心理素质对远离毒品十分重要。遇到困难和挫折,可以找朋友、老师、父母倾诉,寻求帮助,千万不要借毒解痛,借毒消愁。

(4) 慎重交友,保持健康的生活方式。据有关调查显示,大多毒品人员是在所谓朋友的影响下坠入毒品深渊的。因此,要远离毒品,就要慎重交友,时时警惕;同时要树立正确的人生观,不因为空虚、寻求刺激、追求时髦而走上吸毒的道路。

(5) 远离不健康的场所。当前社会上一些娱乐场所管理混乱,黄、赌、毒等不良行为甚至违法犯罪活动猖獗,一旦进去就可能身不由己,陷入泥潭难以自拔。因此要洁身自好,自觉远离那些不健康的场所。

毒品不仅危害人民群众,特别是广大青少年的身心健康,而且严重威胁着社会安定,影响经济发展和社会进步。如今,毒品问题已成为全球性问题,它与恐怖主义、艾滋病并称为当今世界的三大公害。希望每个大学生都能做到远离毒品,珍爱生命,努力做好新世纪的主人。

思考与讨论

(1) 食品安全产生的原因及解决措施有哪些?
(2) 大学生食品疾病的产生及防治措施有哪些?
(3) 对大学生而言,怎样才能做到远离毒品?

第六章 交通安全

第一节 交通安全概述

一、交通安全的概念

交通包括道路交通、铁路交通、水路交通、航空交通。这里所说的交通安全是指在交通活动过程中,能将人身伤亡或财产损失控制在可接受水平的状态。交通安全意味着人或物遭受损失的可能性是可以接受的;若这种可能性超过了可接受的水平,即为不安全。道路交通系统作为动态的开放系统,其安全既受系统内部因素的制约,又受系统外部环境的干扰,并与人、车辆及道路环境等因素密切相关。系统内任何因素的不可靠、不平衡、不稳定,都可能导致冲突与矛盾,产生不安全因素或不安全状态。这里所说的交通事故是指道路交通事故,即车辆驾驶人员、行人、乘车人以及其他在道路上进行交通活动有关的人员,因过错或者意外造成人身伤亡和财产损失的事件。

大学生交通安全,是指大学生在校园内外道路上遵守国家交通安全法和其他道路交通法律法规行走、骑自行车(包括电动自行车)、驾驶机动车,没有危险,不受威胁,不出事故。大学生要保证交通安全,最重要的就是要严格遵守国家交通安全法,掌握一定的交通安全知识,增强交通安全意识,避免交通违章,减少交通事故。

二、交通安全及高校园区交通的主要特点

(一)交通安全的特点

(1)交通安全是在一定危险条件下的状态,并非绝对没有交通事故的发生。
(2)交通安全不是瞬间的结果,而是对交通系统在某一时期、某一阶段过程或状态的描述。
(3)交通安全是相对的,绝对的交通安全是不存在的。
(4)对于不同的时期和地域,可接受的损失水平是不同的,因而衡量交通系统是否安全的标准也不同。

(二)高校校园交通的特点

(1)路面平直,但较狭窄,道路两旁树木较多,岔道口也多,视线不好。

(2) 混合交通。机动车、非机动车、行人都在同一条道路平面内通行,分道意识不强。
(3) 机动车相对流量较少,驾驶员思想麻痹、安全意识差,造成了车速相对过快。
(4) 学生多,流动性大。由于是在校园内,行人交通安全意识也比较淡薄。
(5) 无驾驶证驾驶机动车,占道违章,乱停乱放妨碍交通。
(6) 交通流量不均衡。有些地段流量少,有些地段流量多,校门区是最敏感的区域。
(7) 时间比较集中。如上下班(课)时段、大型集会和文体活动等时段人流密度最大。

三、交通安全的要素

交通安全是一门"5E"科学。所谓"5E"是指:法规(Enactment)、工程(Engineering)、教育(Education)、环境(Environment)及能源(Energy)。

1. 法规

在我国,"法规"是指维护交通秩序,保障交通安全的交通规则、交通违章罚则及其他有关交通安全的法律等。交通法规是交通安全的核心,对交通安全起保障作用。交通法规必须具备三大条件:一是科学性;二是严肃性;三是适应性。

2. 工程

"工程"是指交通工程,它包括三个方面的内容:一是研究和处理车辆在街道与公路上的运动,研究其运动规律;二是研究和处理为使车辆到达目的地的方法、手段和设施,包括道路设计、交通管理和信号控制等;三是研究和处理为使车辆安全运行而需要维持车辆与固定物之间的缓冲空间。

3. 教育

"教育"是指安全教育,包括学校教育与社会教育两种。学校教育是对在校学生进行交通法规、交通安全和交通知识的教育;社会教育是通过报刊、广播、电视及广告等方式,广泛宣传交通安全的意义和交通法规,同时对驾驶员定期进行专业技术知识、守法思想、职业道德及交通安全等方面的教育。

4. 环境

"环境"是指环境保护。在发达国家,80%以上的噪声污染及废气污染是由汽车运行造成的,因此,保障道路交通安全是道路交通环境保护的重要措施。

5. 能源

"能源"是指燃料消耗。汽油、柴油的大量使用,造成不可再生资源的大量消耗,给人类发展带来影响。交通事故与能源消耗的关系一直是发达国家研究的热点。

交通工程是交通安全的基础科学,一切交通法规必须以交通工程为科学依据,一切交通安全对策和设施必须以交通工程为理论基础,交通安全教育必须以交通工程为指导,环境保护和降低能耗必须以交通工程为分析依据。这就是交通安全法规、工程、教育、环境和能源之间的关系。

四、常见交通标识

1. 交通标线

马路上,用漆画的各种各样颜色线条是"交通标线"。道路中间长长的黄色或白色直线,称为"车道中心线"。它是用来分隔来往车辆,使它们互不干扰。中心线两侧的白色虚线,称为"车道分界线",它规定机动车在机动车道上行驶,非机动车在非机动车道上行驶。在路口四周有一根白线是"停止线"。红灯亮时,各种车辆应该停在这条线内。马路上用白色平等线像斑马纹那样的线条组成的长廊就是"人行横道线",行人在这里过马路比较安全。

2. 交通隔离设施

交通隔离设施主要有行人护栏和隔离墩或绿化隔离带。行人护栏是用来保护行人安全,防止行人横穿马路走入车行道和防止车辆驶入人行道的。隔离墩或绿化隔离带是设在车行道上用来隔离机动车与非机动车或来往车辆的。大家不要跨钻护栏和隔离墩或绿化隔离带,走进车行道,否则有被车辆撞倒的危险。

3. 交通信号灯

在繁忙的十字路口,四面都悬挂着红、黄、绿三色交通信号灯,它是不出声的"交通警察"。红绿灯是国际统一的交通信号灯。红灯是停止信号,绿灯是通行信号。交叉路口,几个方向来的车都汇集在这儿,有的要直行,有的要拐弯,到底让谁先走,这时要听从红绿灯指挥。红灯亮,停止直行或左转弯,在不碍行人和车辆的情况下,允许车辆右转弯;绿灯亮,准许车辆直行或转弯;黄灯亮,停在路口停止线或人行横道线以内;黄灯闪烁时,警告车辆注意安全。

4. 交通标志

每当我们走马路,就会看到许多行人或车辆来来往往,川流不息。如果行人和车辆爱怎么走就怎么走,那么就会交叉冲突,发生混乱。交通道路上用"交通标线"画出车辆、行人应走的规则;机动车走"机动车道"。在道路上,我们可以看到各式各样的交通标志,它们用图案、符号和文字来表达特定的意思。告诉驾驶员和行人注意附近环境情况。这些标志对于安全行车非常重要,被称为"永不下岗的交通警察"。这些标志分为5类:
(1) 警告标志:它是警告车辆、行人注意危险地段、减速慢行的标志。
(2) 禁令标志:它是禁止或限制车辆、行人某种交通行为的标志。
(3) 指示标志:它是指示车辆、行人行进的标志。
(4) 指路标志:它是传递道路方向、地点、距离信息的标志。
(5) 辅助标志:它是在主标志下,对主标志起辅助说明的标志。
我们应该熟悉并爱护这些标志,不能任意损坏或在上面乱涂乱画,并且自觉遵守这些标志的规定。

五、交通事故的危害

中国每年发生交通事故50万起,因交通事故死亡人数均超过10万人,相当于一个小型县,居世界第一。据统计数据表明,每5分钟就有一人丧生车轮,每1分钟都会有一人因为交通事故而伤残。每年因交通事故所造成的经济损失达数百亿元。近年来,全国的交通安全形势日益严峻,交通事故频繁发生,人员伤亡和财产损失惨重,交通事故造成的死亡人数占各种事故的90%以上,对人类的危害已远远超过了地震、洪水、火灾这些可怕的灾难。

高等学校学生非正常死亡人数中,交通事故死亡占有一定的比例。汽车是现代重要的交通工具,人们在享受汽车带来的方便、快捷的同时,也不得不面对交通事故带来的困扰。车祸,现在已成为人类第一杀手。近一百多年来,全世界葬身于车轮之下的人数已达4000万,超过了第二次世界大战期间死亡人数,而且每年还在以40万人的速度递增,因此,人们称交通事故是"马路上的战争"。

在城市交通事故中,绝大多数情况是机动车撞到骑车人和行人,从而导致骑车人和行人死亡。因此在交通行车、行人过程中,同汽车、机动车相比较,骑自行车的人、行人总是处于交通弱者的地位。高校大学生作为社会的组成部分,同样不可避免地受到了交通事故的困扰。

【案例6-1】

海师女生毕业刚满三月 骑电动车遇车祸殒命①

2013年9月16日上午10时许,海口市新大洲大道府城三公里附近发生一起交通事故,一辆小车将一辆电动车撞倒,驾驶电动车的女孩经抢救无效死亡。肇事车辆为银色"飞度"小车,其前挡风玻璃几乎全部裂开,车头保险杠也被撞变形。在巨大的冲力下,被撞的电动车几乎报废。驾驶"飞度"的是一名30岁左右的女子,事发后她并未逃逸,站在一旁等待交警处理。她对记者说,当她行驶到事发路段时,右边有一辆大货车在缓慢行驶,电动车是从货车旁突然冲出来的,事先她没有看到,尽管当时猛踩刹车,但还是撞上了。警方了解到,死者是海南师范大学当年6月毕业的大学生,从事导游工作。

【案例6-2】

高校门口严重车祸 女大学生被撞飞十几米②

2014年12月6日晚上,湖北中医药大学黄家湖校区石门南侧一百多米的路段,一辆小轿车猛烈撞上一辆垃圾车。事故导致轿车上两人受伤,一名路过的女大学生也被撞伤。

12月6日晚上8点40分左右,湖北中医药大学学生小黄返校时,看到一辆轿车撞上了路边的一辆垃圾运输车的车头,十几米外,一名女生站在那里一边哭喊,一边看着躺在地上的同伴。

小黄告诉记者:"我看到,躺在地上的女生在痛苦地呻吟,奄奄一息。我就喊着:'你千万不要睡着!'旁边不少路人也上前来,使劲喊她,不让她丧失意识。两名女生说自己是某学院的学生,受伤女生在事故发生的那一刻被撞飞十几米。"

---

① 徐培培.海师女生毕业刚满三月 骑电动车遇车祸殒命[N].南国都市报,2013-09-17.
② 高校门口严重车祸 女大学生被撞飞十几米[EB/OL].(2014-12-08)[2016-04-15].http://hb.qq.com/a/20141208/008992.htm.

因为场面血腥,小黄没敢走到破碎的小轿车旁查看情况,只听到前往查看的人说,车内有两人伤势非常严重。

在大家救助受伤女生的同时,小黄拨打了120。见受伤女生不时打着寒颤,一名四十岁左右的大叔脱下自己的棉外套,给她裹上保暖。大约半个小时后,第一辆120救护车赶到,医生现场查看后,认为小轿车内两人需要急救,便率先将两人送往医院。之后不久,又一辆120救护车赶到,同伴将受伤女生送上救护车时,哭着说:"坚持住,我们还要一起过圣诞节呢!"

昨天,记者在事故现场看到,事发路段恰好是张家湾垃圾中转站,道路两旁停满了垃圾运输车、洒水车,大约有十几辆。

第二节 大学生交通事故的类型及原因

一、大学生易发交通事故的主要类型

近年来,随着人们生活水平的提高,各种车辆剧增,大学生发生的交通事故也呈不断上升趋势。大学生在校园内外发生的交通事故类型主要有:

(一)机动车相撞

大学生发生交通事故致伤致死的,主要是与机动车相撞造成的,其中有的是汽车,有的是摩托车。被撞伤、撞死的大学生有的是在马路上骑自行车,有的是步行横过马路或在便道上行走,还有的是在车站候车。被撞伤、撞死的大学生,有的要承担一定的责任,如骑车违章带人、闯红灯、逆行、过马路不走人行横道,在校园道路上踢球、拍球、嬉笑打闹,在马路上边走边聊天等;有些交通事故是机动车驾驶员违章造成的,如学生在非机动车道被汽车撞伤、撞死;学生在绿灯放行的情况下步行通过人行横道,被违章的汽车撞伤、撞死;学生在车站站台候车,被酒后驾车者撞伤、撞死;学生在校园内人行便道上行走,被违章汽车撞伤、撞死等。

【案例6-3】

摩托车与小车相撞酿车祸[①]

陶某为江西某大学大三学生,2013年10月24日,陶某驾驶摩托车与吴某驾驶的小车相撞,发生了陶某受伤、两车受损的交通事故。经交警部门鉴定,被告吴某的行为违反了《中华人民共和国道路交通安全法》的有关规定,负本次事故的全部责任。陶某的伤情经司法鉴定,伤残十级,误工期360日,营养期140日,护理期150日。事后,陶某向法院提起诉讼要求吴某赔偿包含误工费39600元在内共计144775.4元的赔偿。

---

① 张小秀,王志坚.在校生因交通事故受伤能否获得误工费赔偿[N].兰江导报,2014-11-03,第A06版.

(二)乘坐汽车发生事故

大学生因乘坐汽车发生的交通事故屡见不鲜,有时甚至造成群死、群伤事件,教训十分惨重。造成大学生群死、群伤的交通事故大多与学生因集体外出旅游有关。有的学生租用非法运营的私人车辆外出旅游,有的乘坐旅游公司的车辆旅游,途中发生交通事故,造成多人伤亡。有的大学生出行时疏忽安全情况,贪图方便乘坐"黄鱼车",而"黄鱼车"往往不按规定行驶导致引发事故,造成受伤,甚至死亡。

【案例6-4】

大学毕业生乘坐非营运车辆遭遇车祸 ①

2015年7月2日,长春一高校的四名大学生在领取毕业证后返乡,因交通不便,乘坐非营运车辆,在密云水库附近发生严重车祸。事发时,四人还在熟睡,其中两人死亡,两人重伤,搭载他们的肇事司机也伤重不治,引发了社会关注。

(三)驾驶机动车违章发生事故

大学生拥有驾驶证的大有人在,有车族大学生也不在少数。其中一些学生驾车时间短、经验少,遇到紧急情况时,缺乏处理经验,手忙脚乱,易发生事故。大学生违章驾驶机动车发生交通事故致伤、致死是近年来出现的新情况。有的学生醉酒后驾驶小客车,致使车辆翻到路边沟里,造成驾驶人和乘车人死、伤。还有的学生无证驾驶无牌照摩托车,并且在后座上带人,因驾驶技术不过关,致使发生事故,并造成乘车人死、伤。

【案例6-5】

大学生开车返乡过年撞死人 ②

陈某今年21岁,贵州遵义人,南充某高校大三学生。事发前一个半月,他拿到驾驶证后,通过网络介绍,在重庆一家二手车市场,花2950元买了辆面包车。事发时,该车尚未过户,但保险已经过期。

拿到驾驶证后,在南充某高校读大三的贵州男孩陈某技痒难熬,通过网络花2950元买得一辆二手面包车,开车返乡过年途中行人撞死。面对警方拦截,陈某竟然驾车逃逸。今日,从南充市公安局交通警察支队直属三大队获悉,事发后陈某被采取措施,警方目前正依法按程序处置。

---

① 4名大学生遇车祸2死2伤 老同学扛起4个不幸家庭[EB/OL]. (2015-09-06)[2016-04-15]http://www.chinanews.com/sh/2015/09-06/7507516.shtml.

② 大学生开车返乡过年撞死人[EB/OL]. (2015-01-26)[2016-04-15]http://www.huoche.net/chehuo_8007/.

第六章 交通安全

2015年1月22日上午,陈某开车回贵州返乡过年,在将车开至汉塘路口时,发觉自己尚未系安全带,就叫坐在副驾位置的女子帮忙。也就是在这一瞬间,陈某手中的方向盘失控,车辆从道路中间拐向右侧,将正常行走的路人李某撞倒。"李某年近六旬,当天是跟随自己的儿子去赶场。她儿子听见身后有响动,回头一看母亲已经倒地,那辆面包车停都没停扬长而去。"办案民警介绍。当天,李某在送医途中因伤势过重死亡。

警方人士介绍,因交通肇事逃逸,事发当天陈某就被处以行政拘留。

(四)电动车、摩托车事故

原来自行车是大学生校园的主要交通工具,但自从电动车在城市流行以后,这股风也吹到了校园。大学校园的电动车越来越多,有些地方甚至成灾。有些大学生认为校园内没有红绿灯,可以不分左右行道,喜欢开快车,非常容易导致交通事故。特别是有些大马力的摩托车也开进了校园,开起来风驰电掣,给校园的安全造成很大的隐患。

【案例6-6】

高校电瓶车一周两事故 一名女大学生受伤[①]

2015年5月20日上午,北京理工大学珠海学院一名骑自行车的女生在校内与一电瓶车相撞,电瓶车挡风玻璃当场破碎,受伤女生随后被送往医院救治。校方介绍,女生被抬走时意识清醒,目前伤情稳定,具体事故责任仍待调查。此事昨日引发了珠海多所高校学生对校内交通安全,尤其是载人电瓶车的质疑。6天前该校校园内也发生过一起两辆电瓶车与一辆大巴相撞事故。

校园监控显示,骑车的女生戴着帽子,该名女生原本与另一名学生并肩骑行于一条双向行驶的道路右侧,该名女生处在靠内位置,却突然加速越过身旁同学的自行车变道,并逆行欲横穿马路。加速拐弯时前面还有一辆汽车,视线大范围被该汽车阻碍。此时,迎面驶来的电瓶车刹车不及,女生瞬间被撞倒在地。

二、大学生常见交通事故的原因分析

近年来,随着社会的发展,高校办学规模的不断扩大和师生生活水平的提高,高校内机动车数量明显增加。校园周边机动车和非机动车辆密集,行人、自行车、机动车争道问题严重,而交通安全意识薄弱、交通标志标识欠缺、交通管理空白、外来车辆漠视校园规章制度等交通问题依然突出,造成师生交通安全事故增多,轻者受伤,重者死亡。据有关统计,江西省高校及周边发生的大学生交通事故每年有400余起,师生生命健康和财产安全受到威胁。公安部交通局官员指出,大量的事实表明,目前我国正处在交通事故多发的高峰期,交通事

[①] 朱鹏景.高校电瓶车一周两事故 一名女大学生受伤[EB/OL].(2015-05-21)[2016-04-15]http://gd.sina.com.cn/zh/news/2015-05-21/073330824.html.

故的原因十分复杂,是由人、车、路、环境、管理、法制等多种因素共同作用的结果。通过进一步分析大学生发生交通事故的原因,可以归纳为主观人为因素和客观环境因素两个方面。主观人为因素包括思想麻痹、安全意识淡薄和交通安全知识缺乏、遵守交通规则的自觉性差、驾驶人员操控不当等;客观环境因素包括道路、交通设施等交通条件落后和车辆的机械性能差以及法律不健全、处罚力度不够等。大学生应从自身主观因素上下功夫,主动学习交通安全知识,自觉遵守交通法规,尽可能地预防和避免交通事故的发生。大学生发生交通事故的原因主要有:

(一) 思想麻痹、安全意识淡薄

唐朝诗人杜荀鹤《泾溪》云:"泾溪石险人兢慎,终岁不闻倾覆人。却是平流无石处,时时闻说有沉沦。"诗人告诫我们,祸常发于疏忽之中,乱常生于不足疑之事。校园内发生交通事故的主要原因是思想麻痹和安全意识淡薄。许多大学生刚刚离开父母和家庭,缺乏社会生活经验,头脑里交通安全意识比较淡薄,同时有的同学在思想上还存在校园内骑车和行走肯定比公路上安全的错误认识,一旦遇到意外,发生交通事故就在所难免。主要表现形式有:

(1) 出身注意力不集中。这是最主要的形式,表现为行人在走路时边走路边看书边听音乐,或者左顾右盼,心不在焉。

(2) 在路上进行球类活动。大学生精力旺盛、活泼好动,即使在路上行走也是蹦蹦跳跳、嬉戏打闹,甚至有时还在路上进行球类活动,更是增加了发生事故的危险。

(3) 搭乘不安全、无牌无证车辆。大学生因为情绪不稳定,性格不成熟,往往选择一些极端的方式"发泄",这种危险的行为代价很大。

(二) 交通安全知识缺乏

在各个大学中普遍存在这样一种情况,有许多大学生只注重学校规定需要考试的几门课程的学习,而很少主动学习和关心交通安全知识,甚至有同学连基本的交通安全常识都不甚了解。而学校方面也没有专门将交通安全方面的课程列入正常教学计划中,大学生只能被动地从保卫部门的提醒中获得这方面的知识。据有关统计,交通安全知识薄弱和自我防范能力较差是大学生上街外出时容易发生交通事故的主要原因。大学生余暇空闲时购物、观光、访友等要到市区活动,这些地方车流量大,行人多,各种交通标志眼花缭乱,与校园相比交通状况更加复杂,若缺乏通行经验,发生交通事故的概率就比较高。

(三) 遵守交通法规的自觉性差

有些大学生在日常学习和生活中没有养成良好的自觉遵守规矩的习惯,自制能力和自觉性较差。在遇到过街和穿马路时,在"只为图一时之快,不愿意多走一步"这种心理的作用下,经常做出不走斑马线、人行道等违反交通规则的事情。难怪曾经有一位大学校长说:"少数大学生书读得越多,越不会走路,遵守交通规则的意识越淡薄,不仅在校园里乱骑车、乱停车,在马路上违反交通规则也时有发生。"

第六章 交通安全

【案例 6-7】

女大学生东莞过马路突转身　电动车主撞上身亡[①]

2014 年 11 月 27 日上午 11 时许,江西科技师范大学大四学生黄某婷身挎单肩包横穿虎门人民南路执信公园路,走了约三分之一路段时,因单肩包滑落,突然撤步转身,试图拉起单肩包背带。不料,就在这瞬间,一辆电动车正好从其身后经过,与其迎面相撞,双双倒地。黄因此负轻微伤,电动车主则经抢救无效死亡。

交警判定黄某婷在该起交通事故中负主要责任。根据现行法律,其可能就此面临三年以下有期徒刑。

"《中华人民共和国道路交通安全法实施条例》第七十五条规定:行人横过机动车道,应当从行人过街设施通过;没有行人过街设施的,应当从人行横道通过;没有人行横道的,应当观察来往车辆的情况,确认安全后直行通过,不得在车辆临近时突然加速横穿或中途倒退、折返。"

（四）驾驶人员操控不当

近年来,私家车数量猛增,大量初考驾照者上路,成为诱发校园交通事故的又一大因素,特别是一些新手驾驶,经验明显不足,往往遇到紧急情况,惊慌失措,往往因操控不当就容易引发交通事故。

【案例 6-8】

鲁东大学校园内发生车祸　三名女学生被撞飞[②]

2013 年 11 月 8 日中午 11 时 30 分左右,烟台鲁东大学校园内一幢研究生宿舍楼前,一些学生正匆匆地向食堂走去。

突然,一阵刺耳的刹车声与撞击声惊扰了有说有笑的同学。刚好走到楼下的王姓同学看到:一辆出租车与一辆白色轿车相撞,随后轿车冲向路边,撞向前方三名端着饭盒的女生,走在路边的那位女生闪躲一下后就蹲在了地上,另外两名女生则被轿车撞飞,掉进了道路与宿舍楼之间 2 米深的夹缝中。遭遇横祸的罗某、尹某与高某是三名女研究生。事发后,罗某和高某躺在血泊中,皆昏迷不醒,而伤势相对较轻的尹某坐在路边痛苦地呻吟。

---

① 饶德宏. 女大学生东莞过马路突转身 电动车主撞上身亡[EB/OL]. (2015-05-21)[2016-04-15]http://gd.qq.com/a/20141223/009432.htm.

② 曲涛. 鲁东大学校园内发生车祸 三名女学生被撞飞[EB/OL]. (2013-10-09)[2016-04-15]http://www.jiaodong.net/ytzfw/system/2013/10/09/012056798.shtml.

市交警二大队民警刘警官介绍,事发后,他们现场调查了解到,这辆白色轿车由南向北上坡行驶,那辆出租车由西向东从旁边拐出,两车发生碰撞。在此过程中,轿车向旁边猛打方向躲避。结果,一下子失控冲向路边,将三名女生撞伤。轿车在撞翻数块路沿石后,左侧前轮压在路边缘停了下来。

(五)校园道路、交通设施等交通条件落后

近年来,大学校园面积增加不大,校园道路变化不大,但是,在校生增长了一倍多,校园内私家车增长了数十倍,社会车辆每天进出校园的成千上万辆,人车抢道现象普遍,校园内交通安全形势严峻。校园道路的拓宽和改造,交通标志、标线的完善和交通设施设备的改善落后,视觉盲区依然存在,引发交通事故的隐患没有消除。

第三节 大学生交通事故的预防及处理

一、大学生交通事故的预防

不管是在校内还是校外,不论是行人、骑车人、还是乘车人、开车人,发生交通事故最主要的教训是思想麻痹,不遵守交通法规,缺乏交通安全常识,自我保护意识淡薄。为了预防交通事故,要注意以下几点:

(一)提高交通安全意识

不管是校内还是校外,发生交通事故最主要的原因是思想麻痹、安全意识淡薄。作为一名在校大学生,遵守交通法规是最起码的要求。若没有交通安全意识,很容易带来生命之忧。因此,要了解道路通行条件中的交通信号灯、交通标志、标线、交通警察指挥手势的含义;道路通行中的一般规定,机动车、非机动车、行人和乘车人的通行规定以及高速公路的特别规定;交通事故处理中的保护现场、抢救受伤人员、报警、交通事故的调解和诉讼以及向保险公司的理赔等方面的知识。

(二)自觉遵守交通法规

交通法规是总结了大量交通事故血的教训才产生的。它是人们交通安全的基本保障。只要自觉遵守交通法规,就会少发生或不发生交通事故。相反,如果不遵守交通规则,存有侥幸心理,甚至明知故犯,如违章驾驶、骑车带人、逆行、闯红灯,行人过马路不走人行横道和过街天桥等,就非常容易发生交通事故。所以,除提高交通安全意识、掌握基本的交通安全常识外,还必须自觉遵守交通法规,才能保证安全。以下三点是大家必须掌握并要在日常生活中严格遵守的:

(1)在道路上行走,应走人行道,无人行道时靠右边行走。走路时要集中精力,"眼观六路,耳听八方",在没画人行横道的地方横过马路时要注意观察来往车辆,经观察发现路上无

来往车辆时便迅速直穿过马路;不与机动车抢道,不突然横穿马路、翻越护栏,横过马路时必须走过街天桥或地下通道,在没有天桥和地下通道的地方应走人行横道;不闯红灯,不进入标有"禁止行人通行"、"危险"等标志的地方。

（2）乘坐交通工具。乘坐市内公共交通时应等车停稳后,依次上车,不挤不抢。在车辆行驶中不得把身体伸出窗外;乘坐长途客车、中巴车时不能贪图便宜,乘坐车况不好的车,不要乘坐"黑巴"、"摩的",因为这些车辆安全没有保障。乘坐火车、轮船、飞机时必须遵守车站、码头和机场的各项安全管理规定。

（3）骑车时,出行前要先检查一下车辆的铃、闸、锁、牌是否齐全有效,保证没有问题后方可上路。应在非机动车道内行驶,遇到没有划分车道的地方要靠右边行驶。通过路口时要严守信号,停车不要越过停车线;不要绕过信号行驶;不要骑车逆行;不扶肩并行;不双手离把骑车;不攀扶其他车辆;不在人行便道上骑车。在横穿4条以上机动车道或中途车闸失效时,须下车推行;骑车转弯时要伸手示意,不要强行猛拐。

（三）增强自我保护意识

由于他人特别是机动车驾驶员的违章,结果造成了大学生无辜被撞伤、撞死,这样的教训是十分惨痛的,因此必须增强自我保护意识,要警惕和预防由于他人的过失对自己造成伤害。出行时要精力集中,注意眼观六路,耳听八方;发现违章的车辆向自己驶来,要主动避让,防止伤害到自己;不开车况不好的车辆上路,开车不超速,与前车保持安全距离;遇到路况复杂、天气不好时,要处处加以小心,及时避让,以免受到意外伤害。

（四）学校降低校内交通事故的具体策略

（1）调整结构,合理布局。增设路障,实行人车分离;将高校相关附属机构(如幼儿园、小学等)搬出校外或布局在临近校门、交通便利处。

（2）限制机动车通行路线并实行收费政策。通过对校门口及停车位的收费限制,减少车流量。

（3）校园内部设立立交桥,防止交叉路口拥挤;增设地下停车场,扩大停车地。

（4）加强交通管理,尤其是在高峰期。对全校师生进行交通知识和安全认识教育。

（5）加强基础设施建设。整修路面,增加减速设施,增加路灯,清除路面障碍,保证道路畅通,减少交通事故的发生。

（6）增大校园内立体绿化,既有利于校园生态环境的建设,又可以提供停车位,缓解校园交通压力。

二、大学生交通事故的处理

如果遇到交通事故发生,我们不要慌乱,要沉着冷静。可以采取以下措施应对:

（一）运用交通事故中的急救常识

（1）首先拨打"120"、"999"电话求助或"122"报警。

（2）先重后清:先抢救伤势重的人,再抢救伤势轻的人。

（3）先固定再搬运:在搬运伤者之前,应先固定好骨折部位,以免骨骼发生错位,损伤附近的血管、神经或压迫呼吸。

(4) 先止血后包扎。

(二) 要保护好伤员

要保护自己,看有无受伤。如果有伤要立即拦车、打的到附近医院救治。在同一起事故中有多人受伤,自己属于轻的,要帮助别人;自己属于重的,则要求助别人,共同脱离危险。

(三) 要保护交通事故现场

事故现场的勘查结论是划分事故责任的依据之一,若现场没有保护好会给交通事故的处理带来困难,造成"有理说不清"的情况。切记,发生交通事故后要保护好事故现场。在抢救受伤人员需要变动现场时,应当标明位置。

(四) 要立即向公安机关报告

无论在校外还是在校内,一旦发生交通事故后,首先想到的是及时报案,有利于事故的公正处理,千万不能与肇事者"私了"。若在校外发生交通事故除及时报案外,还应该及时与学校取得联系,由学校出面处理有关事宜。在校园内小的交通事故要报告学校保卫处,由公安保卫部门来调解处理。

(五) 控制肇事者

若肇事者想逃脱一定要设法控制,自己不能控制可以发动周围的人帮忙控制,若实在无法控制也要记住肇事车辆的车辆牌号等特征。

第四节 旅游安全注意事项

一、旅游中的人身安全

旅游中人身安全的威胁主要来自两个方面:人为的和自然环境的。其中人为因素又可分为旅游者自身因素和他人因素。

(一) 人为因素带来的安全问题

(1) 冒险、探奇。这种由于冒险、探奇造成的意外事故多发生在青壮年的旅游者身上。所以在决定冒险、探奇前千万要考虑装备设施、身体条件,不要用生命作代价。

(2) 在旅游中走失。旅游者走失一般出现在游览活动中或自由活动中。在游览活动中,旅游者应留意导游每天通报全天的游览日程、游览用餐点的名称和地址、在各个点的抵达时间和逗留时间。在外出自由活动时,请先告知导游或领队自己将要去哪里,大概何时回来,最好带上饭店的店徽,记下饭店的地址和电话,以便万一走失时可以与饭店和导游联系。

(3) 发生治安事故。现在社会上各种骚扰、偷窃、抢劫、诈骗、行凶事件仍然存在,因此必要的思想准备和防范措施还是应该有的。

（4）发生火灾事故。为防止火灾的发生,旅游者应注意以下几点：

① 在客房内吸烟后,一定要将烟头熄灭,不要随地乱扔。因为饭店地面多为地毯,很容易燃着。

② 使用客房内电器时要科学,不要将电器烧坏而导致火灾。

③ 不要使用自带的大功率电器,以免超过整个酒店电压负荷后导致火灾。

④ 到酒店后做好一些应付火灾的准备,如熟悉楼层的太平门、安全出口和安全楼梯；仔细阅读客房门后的线路图。

（5）当遇到火灾时,要注意以下几点：

① 要镇定,不要乱跳楼,当导游前来援助时,要配合导游,接受统一指挥。

② 不要坐电梯,要走安全楼梯。

③ 如被大火和浓烟包围,可用脸贴近墙壁、墙根或用湿毛巾捂住脸顺墙爬出去,或打开未燃烧一方的窗户等。

④ 如被大火和浓烟围困,而卫生间还没有被蔓延,可考虑待在卫生间里,用湿毛巾捂住口鼻等待援救。

⑤ 看到救护人员时,要大声叫喊或边喊边摇动色彩鲜艳的衣物,救援人员来后要服从命令听指挥。

(二) 自然因素带来的问题

（1）中毒。一方面要防止饮食方面的中毒,吃腐烂和不洁食物、饮用污染了的水等均可引起中毒；另一方面就是在大自然旅游中,有不少植物是有毒的,特别是到南方热带森林中去旅游更应注意有毒植物对人身的侵害。难以行走的原始次生林,旅游者不要一人走进林中。

（2）动物伤害。蛇是旅游意外伤害中最易发生和最容易遇到的小动物。为了防止被蛇咬伤,在草深林密的地方旅游时,最好穿长裤长袜,戴草帽或遮阳帽,手中最好拿一拐杖或拿一根竹竿,可以抽打草丛赶跑蛇虫。旅游中遇到了蛇,最好的办法是沉着对付,千万不要惊慌,不能跑动,也不要理会它,只要人不伤害它,离它而去,也就相安无事了。万一被蛇咬伤,千万不要着急,要沉着冷静,只要不做剧烈运动,不会马上就有生命危险。要积极进行处置,首先结扎伤口上部肢体,千万不可用嘴去吸毒液,以防毒液进入口中。要用手一面挤压伤口,一面用水冲洗,涂蛇药粉于伤口处,速送医院进一步处理。蛇以外的其他猛兽,在旅游风景区极少遇到,偶尔遇到也不必惊慌,悄悄地躲避开它就是了,一般这些猛兽很少主动袭击人。

二、旅游中的饮食安全

在旅游期间,旅客要十分注意饮食卫生,预防避免中毒、胃肠道疾病的发生。

（1）在旅游期间购买食物需注意商品质量,不要购买"三无"（无生产厂家、无生产日期、无厂家地址）商品,发生食物不卫生或有异味的变质情况,切勿食用。

（2）出门旅游,应随身携带上矿泉水及干粮等食品,以备不时之需,注意请勿喝生水。

（3）不要接受和食用陌生人送的香烟、食物或饮品,防止他人暗算。

(4) 旅游期间要合理饮食,不要暴饮暴食和贪吃杂食。

(5) 为防止在旅途中水土不服,游客应自备一些常用药品,以备不时之需。切勿随意服用他人所提供的药品。

(6) 喜欢喝酒的旅客在旅途中控制自己的酒量,饮酒时最好不超过本人酒量的三分之一,若出现酗酒闹事、扰乱社会秩序、侵犯他人或造成第三方财物损失的一切责任由肇事者承担。

三、旅游中的财产安全

(一)认真选择住宿

(1) 不要求高档、摆阔气,应量力而行,根据自己的经济能力,选择住宿的酒店,也不要选择规模不大、但灯红酒绿的小店,这种旅店往往治安得不到保证。

(2) 选择住宿应注意地点,住宿所在地最好要交通便利,公共汽车多,这样出去比较方便。不要盲目跟"拉客人"到偏僻或市郊去住宿。

(3) 要选择有营业执照、有明确的经营项目和价格管理,政府或机关团体开办的有安全保障的住宿点,不要住"路边店"、"黑店",即那些设在车(船)站(码头)附近、营业不正规的旅店。这种旅店,有的无营业执照,有的虽有营业执照,但由于各种因素往往管理不善,有的经营价格和项目都不符合国家规定,有的甚至向旅客敲诈。

(二)住宿期间保管好贵重物品

(1) 在外住宿时,钱、证件等贵重物品,应放在身上比较可靠的地方,如内衣兜内,最好不要放在外衣兜。尤其是夏季,外衣兜大都敞开,钱物较容易丢失或被盗。假如旅馆内设有物品寄存处,最好把暂时不用的贵重物品寄存起来,这样比较安全可靠。

(2) 睡觉时注意锁好门,如有人敲门,应在问清情况的前提下方可开门,离开房间,不论时间长短,都应锁门,切勿麻痹大意。

(3) 如果与不相识的人同住一间房,既要注意文明礼貌、热情大方,又要提高警惕,不要轻信他人,不要露财,夜间不要与其喝酒,对方要求与你结伴外出时要谢绝,防止团伙趁机作案。

(4) 晚上不要单独外出,尤其不要轻易到歌舞厅、酒吧、美容厅、泡足房或游戏机房去,防止发生各类事故。

(三)乘车船时保管好自己的财物

乘坐车船,尤其是长途旅行,一般感觉疲劳、困乏。此时,如稍有疏忽,就有被犯罪分子作案得手的可能。因此,要注意以下几点:

(1) 尽量把物品集中放在可以经常照看得到的地方,使物品随时在自己的视线内,不要乱堆乱放,或放得过于零散。

(2) 要事先准备好零用钱,将暂时不用的钱及贵重物品清点整理好,放在身上或其他安全的地方,也可把钱存入银行卡内,随用随取。

(3) 不要当众频繁地打开钱包,以免暴露给他人。

(4) 行李要放在行李架上,最好用链条锁上或寄存在安全的地方。

(5) 上下车船时提前做好准备,把行李归拢在一起,清点一下。车(船)到站(码头)时,不要慌张,不要拥挤。

(6) 转车时要保持镇静,不要东张西望,心神不定,问路要看对象,找可靠的行人或服务员、警察询问,防止不法分子诈骗或趁机盗窃。

(四) 防止被骗案件发生

在旅途中,不要轻易相信陌生人的建议和邀请;对陌生人敬让的饮料、食品、香烟、纪念品等,婉言谢绝,防止被下药麻醉;不要对不义之财怀有侥幸心理,要提高警惕,防止上当;不要轻易把行李托付给不相识的人;在车站、码头或风景区,无论用餐、购物购门票、乘车,还是买土特产、纪念品须看清问清价格,买后索取发票。

思考与讨论

(1) 大学生常见交通事故的类型及发生交通事故原因有哪些?
(2) 大学生如何预防交通事故?
(3) 旅游中带来安全问题的因素有哪些?

第七章 心理健康安全

第一节 心理健康概述

大学生涯对每一位大学生来说,都是一个无法割舍的人生体验。在这里,不管他们愿意与否,他们都要开始独立地面对真实的生活,都要自主地解决自己的人生难题。但是,当他们以极大的热情去直面生活、实现自己的理想时,会发现生活之舟开始变得复杂,有时甚至是那么的难于驾驭。在痛苦的反思之后,有人开始调整目标、重塑生活,以积极的心态去迎接新的生活;有的人则选择了逃避与自暴自弃,以消极的心理与行为去对抗生活。积极的接纳与奋进是美好人生的起点,而消极的对抗则有可能一事无成。因此,在大学阶段,树立良好的心理健康观关系着每一位学子的成长。

一、什么是心理健康

世界卫生组织(WHO)提出,健康是一种生理、心理与社会适应都臻于完满的状态,而不仅是没有疾病和虚弱的状态。并进一步指出健康的新概念:健康是生理健康与心理健康的统一,二者是相互联系,密不可分的。当生理产生疾病时,其心理也必然受到影响,会产生情绪低落,烦躁不安、容易发怒,从而导致心理不适;同样那些长期心情抑郁、精神负担重、焦虑的人易产生身体不适,因此,健全的心理有赖于健康的身体,而健康的身体有赖于健全的心理。

所谓心理健康,是一种持续的心理状态,在这种状态下,当事人能够有良好的适应能力,具有生命的活力,并能充分发挥本身的能力和潜力。通常情况下,我们说一个人心理健康应具备以下条件:

(一)理解自我,悦纳自我

有一个人永远跟我们生活在一起,这个人就是我们自己——自我。孔子说过:"知己者明,知人者智。"我们只有了解自己,接受自己,才有可能是幸福的,是健康的。了解自己的长处,我们会清楚自己的发展方向;了解自己的缺陷,我们才会少犯错误,避免去做一些自己力所不能及的事情。

(二)接受他人,善与人处

人生活在由他人构成的社会中,就像鱼生活在水中一样,离开了他人,离开他人的帮助,人将无法生存。有心理学家统计,人生80%左右的烦恼都与自己的人际环境有关。对别人吹毛求疵,动辄向他人发火,侵犯他人的利益,不注意人际交往的分寸,都将给自己带来无尽的烦恼。

(三) 正视现实,接受现实

我们可能没有出生在一个富贵的家庭;我们的工作可能也不尽如人意;我们的爱人可能也不精明能干、体贴入微;我们的孩子可能也不都聪明伶俐、顺从听话;我们也可能正在遭遇着挫折和磨难……但是,我们只有先正视这一切,接受这一切,在此基础上,才有改变的可能性。只有认清现实,接受现实,脚踏实地,我们才能有更大的收获。

(四) 承担责任,乐于工作

除了襁褓中的婴儿之外,每个人都有自己的责任和工作。儿童要尊重父母,做自己力所能及的事,成年人要承担家庭和社会的重担,在工作中获得谋生的手段并得到承认和乐趣。所以,失业给成人的打击不仅是经济上的,而且是心理上的,它会使人丧失价值感,带来心理危机。能够勇敢地承担责任、从工作中得到乐趣的人,才是真正成熟、健康的人。意大利著名画家达·芬奇说:"劳动一日,方得一夜安寝;勤劳一生,可得幸福的长眠。"而逃避责任、逃避工作只能使人感到烦躁和悔恨。

(五) 拥有健全的人格

人格是人所有稳定的心理特征的总和。心理健康的最终目标就是保持人格的完整性,培养出健全的人格。有一则印度谚语说:态度决定行为,行为决定习惯,习惯决定人格,人格决定命运。我们的性格和命运正是由我们自己每时每刻的行动自我雕塑而成。

(六) 心理行为符合年龄与性别特征

人的心理行为表现是与人的不同阶段的生理发展相对应的,不同的年龄阶段往往具有不同的心理行为特征。如果一个人的心理行为,经常严重偏离自己的年龄和性别特征,这意味着心理发育有问题。

二、当代大学生的心理特征

我国大学生多数处于青年中期(18~24岁)这一年龄阶段。在这个阶段,个体的生理发展已接近完成,已具备了成年人的体格及各种生理功能,但其心理尚未成熟。对大学生而言,所面临的一个重要任务就是促使心理日益成熟,以便成为一个心理健康的成年人。可以说,青年中期,是走向成熟的关键期。这一年龄段心理特征如下:

(1) 大脑神经系统迅速发展,脑功能基本健全,易出现脑疲劳;
(2) 出现性意识萌芽,逐渐出现性意识、性欲望以及性冲动;
(3) 生理成熟早于心理成熟,使得身心发育不平衡;
(4) 自我意识由一体分化为现实自我与理想自我,出现多方面的自我意识矛盾;
(5) 逐渐形成独特的个性以及行为方式;
(6) 情绪活跃,具有感染力,容易动感情,但情绪发展易冲动失衡,有了理智感、道德感

和美感;

（7）个体认知能力发生质的变化,从具体运算阶段发展到了形式运算阶段,能想象真实的以及假设的事件,并演绎归纳出关于他周围世界的原则。

当代大学生的心理特点决定了大学生心理冲突的特点和类型。结合近几年对大学生心理健康情况的调查,笔者对大学生常见心理冲突的类型做了简单归纳,主要有:独立性与依赖性的冲突;主观愿望与客观现实的冲突;求知欲与识别能力的冲突;自尊心与自卑感的冲突;交往需要与闭锁心态的冲突;性发育成熟与性知识缺乏带来的冲突;异性交往与恋爱问题中的心理冲突。

三、大学生心理健康的标准

根据大学生的心理特点和世界心理卫生协会所提出的心理健康标准,把大学生的心理健康标准确定为5个方面。

（一）情绪稳定性标准

情绪在大学生心理健康中起着重要的作用。心理健康的大学生能经常保持愉快、开朗、自信和满意的心情,善于从生活中寻求乐趣,对生活充满希望。当一个大学生心理十分健康时,乐观积极的情绪状态占主导,并且能随事物对象的变化而产生合理的情绪变化。

（二）焦虑标准

对自己的学习、生活和工作有一定的紧张感,但从不发生过度的焦虑;遇到困难时,他们往往能积极应对,勤于思考,有条不紊地寻找解决办法,而不是寝食不安,惶惶不可终日。

（三）人际关系和谐性标准

乐于与人交往,对人态度积极;能理解和接受别人的思想、感情,也善于表达自己的思想、感情;高兴地接纳他人和自己;既有广泛的朋友,也有几位知交。

（四）对现实感知的充分性标准

心理健康的大学生在评估自己的反应能力或解释现实时,比较客观,不高估自己的能力,不轻易承担超过自己能够胜任的任务,也不低估自己而逃避任务。

（五）心理适应性标准

有独立的生活能力,意志坚定;无论是在情感上,还是在实际生活中都较少有依赖心理,自主性强;他们善于在不同的环境下寻找自己感兴趣的事情和事业的生长点,心理生活充实,很少有孤独感;他们较能接受现实,不轻易产生敌对情绪。适应不同环境下的社会生活,不管处于什么社会生活环境下都能主动同社会保持接触,让自己融入社会,自觉用社会规范来约束自己,使自己的行为符合社会的要求,而不是把自己孤立起来,与社会格格不入。

四、大学生保持心理健康的途径

第一,要主动学习心理健康知识。

心理健康知识是大学生增进自我了解并进而达到自我调节的理论武器。大学生可通过听心理健康课或讲座,通过阅读心理健康书刊等途径来接受心理健康教育,并注意把知识运用于自己的生活中。

第二,要积极参加各类实践活动。

人的心理是在社会文化交往、社会实践中形成和发展的,因而多参加人际交往、多参加社会劳动和各种社会活动,往往有利于锻炼心理、增强意志、丰富体验、发展才智,从而促进心理的健康和发展。

第三,要培养良好的生活习惯。

良好的生活习惯让人的生活更加有意义和丰富多彩的同时,也能帮助人拥有一颗健康的心态,反之,不良的生活习惯也会让人的心态失衡并引发心理问题。世界卫生组织认为有害健康的不良生活习惯主要有:①吸烟;②饮酒过量;③不恰当的服药;④体育运动不够或突然运动量过大;⑤吃热量过高和多盐的饮食及饮食没有节制;⑥不接受合理的医疗处理,信巫不信医;⑦对社会压力产生适应不良的反应;⑧破坏身体生物节奏和精神节奏的生活。

第四,要大力加强自我心理调节。

这是自我心理保健中最核心的一部分,离开了自我调节,心理保健就无从谈起。大学生自我心理调节包括调整认识结构,完善我意识,学会情绪调节,锻炼意志品质,丰富人际交往,提高适应能力,塑造健全人格等。

第五,要及时寻求心理咨询帮助。

在维护和促进心理健康中,大学生除了重视个体自我调节外,还应积极取得家庭、学校和社会的支持,争取亲朋好友的帮助,尤其是当心理负荷比较重,自己又不易调节时,及时寻求心理咨询机构的帮助是明智的选择。

第二节 大学生常见心理问题及调适

造成大学生心理问题的原因是多方面的,既有个人自身的原因,也有社会原因,既有家庭教育原因,也有学校教育原因,若这些心理问题不能及时调节或得到外界的帮助,就可能引起一系列生理和心理反应,严重的会导致不同程度的心理疾病或心理障碍。大学生常见心理问题有新生适应问题、大学生人际交流障碍、大学生情感问题、大学生就业压力问题等。本章根据不同年级的大学生面临的心理困惑,选取大学生朋友面临最多也最具有共性的几个问题,在列举案例的基础上,进行简要分析并提出解决对策。

一、新生学习适应不良问题及调适

(一) 一例学习适应不良问题案例

【案例7-1】

新生因学习适应不良产生的问题[①]

叶某,男,20岁,某名牌大学的一名本科生。新生入学,军训完之后,10月中旬正式上课后,他总以为在这么好的学习环境里应该有很优异的成绩和突出的表现,没想到根本不是那么回事。他觉得同学都自顾自地学习、生活,宿舍里的气氛也很压抑,互相之间好像都冷冰冰的,自尊心也迫使他不愿主动与同学交往,寂寞与孤独使他越发怀念以前的高中生活。学习上的优势也不再显现,现在虽然还没考试,但从回答问题和做作业上就感到自己成绩在班上只能算中等,比他成绩好、知识面宽的大有人在,以前的自信荡然无存,为此感到很痛苦。近一个多月常感到头痛、胸闷心慌和入睡困难,心里很着急,怕影响学习,但越急越不行,注意力集中不了,虽然还能坚持学习,但效率很差,有时觉得自己都快撑不下去了,总想回家。

案例中叶某从高中步入大学后,学习环境发生了很大的变化,适应新的学习环境成为摆在了他面前的一个主要现实问题。事实上,适应不良正困扰着相当一部分大学新生,使他们出现不同程度的心理障碍。研究表明,大学里由于适应不良导致40%的大学新生存在心理障碍,且近几年大学新生适应心理问题呈上升趋势。大学生因适应不良而陷入困惑、迷茫,以致最终碌碌无为的现象也比较突出。

大学新生要经历生活、学习与心理适应,完成社会化、协调多种发展、消除自卑心理三大方面的适应期。在此期间,多数新生均会产生程度各异的失落感和其他不适心理,其中以失落感为核心特征;极少数新生甚至因此引发其他身心健康问题而不能或难以坚持正常的学习和生活。失落感主要有:理想与现实反差而引起的失落感、角色与地位跌落而出现的失落感、情感与归属缺失而引起的失落感、目标与动力消失所造成的失落感。此外,还有因生活技能的不足所引起的茫然苦恼,由学习方法不适而产生的焦虑紧张,因未及时完成城市社会化过程而带来的疏远自责,因难以协调多种发展任务而造成的急躁不安,因语言障碍以及经济拮据等多种原因引起的自卑压抑等。因此,大学新生应学习掌握行之有效的心理调适方法,顺利度过这一特殊时期。

[①] 孟兰兰.大学新生适应不良的心理咨询案例[EB/OL]. http://wenku.baidu.com/view/cf7b668fa45177232e60a232.html,2016-03-17.

(二)新生学习适应不良问题的调适

1. 顺其自然法

在适应过程中保持一种自然、宁静、平常的心态,直面各阶段出现的得失成败,特别是要坦然接受各种困难、问题,并能认为这些困难、问题是适应过程中的正常现象,不抵制、反抗、回避、压制,尤其是情绪的变化,认识到对它抵制、反抗或回避、压制是徒劳的,对学习、生活的个体安排与学校的整体进程保持一致。新生准确使用顺其自然法,不仅有助于避免或减轻在适应过程中产生的焦虑、急躁和抑郁情绪,而且也有助于提高学习和生活情趣。

2. 积极暗示法

通过语言、表情及体语、信念、预期等对自己的心理活动和行为产生积极影响,按所暗示的方式去活动。在适应过程中,新生时常要面对各种陌生的事情、场景、人物等,因此,要学会运用自我积极暗示法,如在第1次参加学校(学院)学生会干部招聘面试前,可反复暗示自己:"我的准备已经很充分了,我还是个比较优秀的新生,我肯定会成功"等;在遇到失意时,应告诉自己:"这次不太好,下次努力就不会这样了",而不能给自己发出如"呀!这下我完了"等消极暗示。新生学会正确运用积极暗示可充分调动一切有利于完成任务的潜在身心资源,不仅有助于提高效率,增强自信,保持平静的心态,而且有利于增强自我效能感和成就感。新生在新环境中初次获得的效能感和成就感往往会为顺利适应大学生活奠定积极的心理基础。

3. 重新评价法

进入大学后不久,多数新生都能强烈感受到角色与地位的骤跌。其原因除了客观环境变化外,更重要的是新生在上大学前长期使用单一评价方式,与大学新环境的多元评价方式不适应。因此,正确认识与评价自我,建立与新环境相适应的评价方式,对新生顺利适应大学生活非常迫切。新生在重新建立自我评价方式时,应注意以下几点。

(1) 真正认识自己的实力,树立自信心

新生在进入大学后发现自己在很多方面不如别人,处在一种不利的情况下。此时新生要进行合理归因,即充分认识造成这种局面非个人因素的影响。如果是环境的变化或自己基础薄弱而造成自己角色地位的下降,并不能反映自己能力存在问题,既然不是能力本身问题,在同等条件下,自己要赶上去是完全可行的。

(2) 客观对待别人的长处和优点,正确看待自己

一个人不论能力有多强,总不可能事事都走在别人的前面。要正确看待自己,尽可能避免只看到自己的不足、缺点而淹没了长处和优点,或只看到自己的长处、优点而掩盖了不足和缺点,尤其要坦然面对自己某些方面不如别人的现实。

(3) 注意吸取和学习别人的优点,不断提高自己

在与别人的交往中,无论是自己水平高或低,都应从他人那里吸取一些有益的东西来提

高、丰富自己。因自视高傲而不屑与人交往和因自卑而不敢与别人交往,不仅对自身的适应不利,而且也会限制其以后的发展。

二、人际交流障碍及调适

(一) 一例因自卑产生的人际交流障碍案例

【案例 7-2】

因自卑产生的人际交流障碍[①]

林同学,女,20岁,某大学通信工程专业二年级学生。林同学来自于河南省一个偏僻乡村,人小体弱,情绪消沉,说话低声细语,羞怯而不自然。父母均是农民,母亲积劳成疾,患有多种慢性病,家庭比较贫困,姐弟两人。她性格内向,不善言语,喜欢独来独往,很少与人交往。但她从小很节俭,从不与同学攀比,学习刻苦,成绩优异。

然而自上大学之后,她发现以前的生活方式完全不适合大学生活。她想融入到班集体中,却不知道如何与人交往,怎样处理宿舍同学之间、班级同学之间的人际关系,这使她伤透了脑筋。一年多来,她和班上同学相处很不融洽,跟同宿舍人曾经发生过几次不小的冲突,关系相当紧张。她经常独来独往,基本上不和班上同学交流,集体活动也很少参加,与同学的感情淡漠。她觉得自己没有一个能相互了解、谈得来的知心朋友,常常感到特别的孤独和自卑,长期的苦恼和焦虑使她患上了神经衰弱症。经常的失眠和头痛使她精神疲惫,体质下降。

案例中林某由于家庭贫穷,性格内向,独来独往,不懂得怎样处理人际关系。时间久了由于自卑而害怕与别人交往,出现了人际交流心理障碍。

不知如何与周围的同学相处,是一些大学生人际交往障碍的主要表现,由此而引发的人际矛盾和心理不适往往给一些大学生带来许多烦恼。这在大学生的心理问题中占很高的比例。如有的学生与同寝室的同学长期关系冷漠,稍有不和便恶语相加;有的学生不愿与人交往,也很少参加集体活动,缺少朋友,对外界很少关心,经常把自己封闭在狭小的天地中;还有的学生奉行"我行我素"的处世原则,过分关注自我,注重自我在人际交往中的地位,过多考虑自己的需要,而忽视他人的需要和存在,对别人缺乏关心和谅解,导致了人际交往中的自命不凡和过于敏感挑剔。这些学生大都会出现因人际关系失调造成的焦虑不安、心慌意乱、孤单失落、寂寞失眠、注意力分散甚至社交恐惧等症状。

---

① 李秀锦,大学生自卑心理案例分析[EB/OL]. http://wenku.baidu.com/link? url = TT7fyptLVJ7bfU7uu6e5gJHIIs672fNaTWrDQkaehwfk3B-qnVEdORdZb,2013-07-02.

(二) 大学生人际交流障碍的调适

1. 掌握一些人际沟通技巧

交往中的技巧犹如人际关系的润滑剂,它可以帮助人们在交往活动中增进彼此的沟通和了解,缩短心理距离,建立良好的人际关系。很多存在人际关系障碍的同学都是由于沟通技巧的缺乏所造成的,因为缺乏交流和人际交往的技巧,往往容易对人际交往失去兴趣,并造成在人际交往的场合被动、孤立的境地,而且容易因不能恰当表达自己的想法而限制了自己的发展。所以应采取主动的、积极的方式,去逐步改善自己的人际交往问题,而不应一味地回避。事实上,社交技巧是多种多样的,如增强人际吸引力、幽默、巧妙批评、语言艺术等。对大学生来说,在树立了人际交往的勇气和信心之后,在人际交往中应掌握的技巧主要是培养成功交往的心理品质和正确运用语言艺术。成功交往的心理品质包括诚实守信、谦虚、谨慎、热情助人、尊重、理解等。语言艺术的运用包括准确表达、有效倾听、巧用幽默等。这些都有助于大学生提高交往艺术,取得较好的交往效果。

2. 积极参与各项活动,在活动中学会与人相处

人既然生活在集体之中,那么他就必须要面对一个问题:交往。交往在学生的日常生活中起着重要作用。学会交往,学会与人相处,学生可以增长见识、结交朋友、健康成长。对于大学生朋友来讲,最好也是最方便快捷的结交朋友的方式便是积极参加各类社团活动,在活动中与人沟通交流,锻炼自己与人相处的能力,同时拥有一些志趣相投的好朋友,让自己的大学生活变得多姿多彩。

3. 摆正心态,换位思考,宽宏豁达

社会的复杂性导致个性的丰富性,这必然引起个体之间冲突的加剧,所以要与周围的人保持良好的人际关系,就必须学会求同存异,具备宽宏豁达的心理品质,多为别人着想,做到以诚相待。常言道:"大度集群朋。"做一个宽宏豁达的人是有一定难度的,但大学生在日常的生活、交往中一定要注重这种品质的培养,以求更好地适应生活、适应社会。同学们应该学会换位思考,将心比心,以诚换诚,才能达到心灵的沟通和情感的共鸣。

4. 注重人格的塑造和能力的培养,增强交往的信心

一个品质好、能力强、充满自信的人更容易受到人们的喜爱。人们欣赏他的品格、才能和洒脱,因而愿意与之接近,成为朋友。所以,若想要增强人际吸引力,更友好、更融洽地与他人相处,就应充分健全自己的品格,施展自己的才华,表现自己的特长,使自己的品格、能力、才华不断提高,做一个知性和善解人意的人,使身边的朋友都能感受到我们的真诚和热情。

总之,大学生在人际交往中应树立自信心,不断提高自己;真诚对待周围的每一位同学,尊重他人,体谅他人;学会用心聆听,开放自己,增进沟通;注意多称赞,少排剔,常赞许,别相斥;采用积极的沟通方式解决矛盾和冲突,做一个品学兼优,知性快乐的人。希望大学生们把握好人际关系,逐渐走向交往的成功,走向人生的成功。

三、大学生恋爱问题及调适

(一) 一例因失恋引发的自杀未遂的案例

【案例 7-3】

失恋大学生东站割脉自杀 铁路民警及时救下[①]

2015年"五一"假期,在北方某重点大学就读的男生王某千里迢迢来到广州探望女友,却遭到女友冷落,顿起轻生念头,当日晚上在广州火车东站二楼天幕广场上割腕自尽,幸得东站派出所民警及时相救。

据了解,5月1日上午9时许,广州火车东站派出所民警毛某在广州东站长途列车售票厅巡视时,发现票厅大门外的柱子旁躺着一名青年男子,见其无精打采便上前询问。男青年自称叫王某,今年22岁,是北方某重点大学的在校学生,"五一"节前来到广州某大学探望女朋友,不料女友对其极其冷淡,拒绝见面,最后甚至连电话也不接,王某只好来到广州火车东站准备乘车返校。

当晚10时30分许,东站派出所接到警情报告称:二楼天幕广场上发现男青年正在割脉自尽,已处于半昏迷状态。毛某等几名民警立即赶往现场,发现割脉者正是大学生王某,于是一边呼叫120,一边为其做思想工作,后被扶进值勤室休息的王某稳定了情绪,表示再也不会干轻生的傻事。次日上午7时许,派出所民警将王某送上了返回北方的火车。

大学生正处于异性相吸的灼热阶段,他们喜欢与异性交流,在异性面前显示自己的风度和才华。但是,由于他们考虑问题简单,感情容易冲动,在如何对待恋爱的问题上常常感到困惑。有的过早地坠入爱河,而又没有确立正确的恋爱观;有的同学不懂得如何交异性朋友;有的出现三角恋、四角恋;还有单恋、失恋、胁迫恋爱在学生中也屡见不鲜。在性心理问题上,许多大学生对于性知识缺乏健康、科学的认识和态度,出现焦虑和恐惧,感到不安和压抑。

(二) 大学生恋爱中存在的一些心理特点

(1) 自主性强。大学生在恋爱问题上,个性突出,重感情、易冲动,不受传统习俗的局限,在确定恋爱关系前,甚至在确定恋爱关系后,一般都不征求双方父母的意见。

(2) 恋爱动机简单化。许多大学生在恋爱中没有考虑到将来的结婚,不是清楚地、自觉地意识到应选择一个终身伴侣,他们恋爱,只因为需要爱和被爱。

(3) 自控力与耐挫力较弱。大学生一旦陷入热恋之中,往往不善于控制自己的情感,任感情随意放纵,缺乏理智的驾驭能力,对恋爱对象过分依赖,稍有波折就痛苦万分。一旦恋爱受挫,即会情绪失控,无法自拔,对学习造成严重影响。

(4) 不成熟性与不稳定性。由于社会阅历浅,思想单纯,很多学生对于自己的人生目标和需要,还没有一个很清楚的认识,造成在对待恋爱问题上简单、幼稚和不成熟。在择偶标

[①] 人民政协网.失恋大学生东站割脉自杀 铁路民警及时救下[EB/OL]. http://www.rmzxb.com.cn/c/2015-12-16/650442_4.shtml,2015-12-16.

准上,往往重外表,轻内在。在恋爱方式上,往往重形式,轻内容。在恋爱行为中,往往重过程,轻结果;重享乐,轻责任。这种恋爱问题上的不成熟性,加之他们在就学期间经济上尚未独立,恋爱过程中感情和思想易变,缺乏妥善处理恋爱中情感纠葛的能力,极易造成恋爱的周期性中断,或对恋爱对象的选择漂泊不定,恋爱的成功率很低。

(三)大学生恋爱中存在的问题

(1)单相思与爱情错觉。单相思是指异性关系中的一方倾心于另一方,却得不到对方回报的单方面的"爱情"。爱情错觉则是指在异性间的接触往来关系中,一方错误地认为对方对自己"有意",或者把双方正常的交往和友谊误认为是爱情的来临。

(2)恋爱动机不端正。有些大学生的恋爱动机不是出于爱情本身,而是为了弥补内心的空虚、孤独或随大流有从众心理。

(3)恋爱中的感情纠葛。父母的反对、周围人的非议、恋人之间的矛盾、误解和猜疑,都会困扰处于恋爱中的大学生,让他们纠结苦闷。

(4)择偶标准不切实际。一些大学生选择对象过于理想化,虚荣心强,把谈恋爱当作给自己挣面子的一种方式,感情难以持久。

(5)失恋现象屡见不鲜。失恋是指恋爱过程的中断。失恋带来的悲伤、痛苦、绝望、忧郁、焦虑、虚无等情绪使当事人受到伤害。失恋是人生中最严重的心理挫折之一。失恋所引发的消极情绪若不及时化解,会导致身心疾病。

【案例7-4】

四分之一大学生为爱困扰 严重者有自杀念头或行为[①]

(记者/李秀婷 通讯员/伍展虹)5月25日为"全国大学生心理健康日"。广州市心理危机干预中心统计历年心理热线来电数据发现,有超过四分之一的大学生来电涉及恋爱和性问题,他们当中超过四分之一的人受到负性情绪的困扰,甚至出现自杀念头或自杀行为。

大学生的心理健康和性健康一直是社会关注热点。广州市心理危机干预中心副主任、广州市脑科医院主任医师郭建雄表示,大学生在不同的阶段存在不同的心理问题,情况严重的会出现重性精神疾病,如抑郁、双向情感障碍、精神分裂症等都比较高发常见。"其中双向情感障碍的早期误诊率、漏诊率都很高,患者往往只单向表现出抑郁或躁狂,难以确诊。"

广州市心理危机干预中心统计历年心理热线来电数据发现,在校大学生来电有1792例,其中咨询恋爱问题的有334例,占大学生来电总数的18.6%,男女来电数量比较接近。大多数大学生来电情绪较平和,但存在抑郁、焦虑、愤怒情绪的占了27.2%,与自杀有关的有17例来电。咨询性问题的有148例,占大学生来电总数的8.3%,存在抑郁焦虑情绪的占14.2%。其中男性占了98.6%,仅有2例女性来电。

---

① 四分之一大学生为爱困扰 严重者有自杀念头或行为[EB/OL].中国青年网,http://news.youth.cn/jsxw/201505/t20150522_6663635.htm.

"数据显示,有超过四分之一的大学生来电涉及恋爱和性问题。他们当中超过四分之一的人受到负性情绪的困扰,甚至出现自杀念头或自杀行为,需要进行心理危机干预,舒缓心理压力,抚慰心灵创伤、预防自杀行为。"郭建雄表示。

(四)大学生恋爱问题的调适

(1) 树立正确的恋爱观。爱情是男女双方相互依存和性、情互相给予并彼此理解和接纳的过程。因此正确的恋爱观应包含以下几点:①提倡志同道合的爱情,双方在思想品德、事业理想和生活情趣等方面要大体一致;②摆正爱情与学业的关系,大学生应该把学习放在首位,不能把宝贵的时间都用于谈情说爱而放松了学习,学业是大学生价值感的主要支柱;③懂得爱情是一种相互理解,是一份责任和奉献。理解可以为个人和对方营造一种轻松和快乐的氛围,没有人追逐爱情只是为了被约束;责任和奉献体现着个人的道德修养,它是获得崇高爱情的基础。

(2) 发展健康的恋爱行为。健康的恋爱行为要做到以下几点:①恋爱言谈要文雅,讲究语言美;②恋爱行为要得体,亲昵动作不适宜在公共场合;③恋爱过程中要平等相待,相敬如宾;④善于控制感情和情绪,理智行事。

(3) 恋爱要坦诚相待。交往中要诚恳、坦率、自然,不要为了显示自己而装腔作势,矫揉造作;要相互信任,不要无休止地盘问对方,使对方自尊心受损,否则只会使之厌恶,伤害感情;要相互尊重,不要拿自身的优点去比较对方的不足,也不宜想方设法考验对方或摆架子,这些都可能挫伤对方的自尊心,影响双方的感情。

(4) 提高恋爱挫折承受能力。大学生恋爱受多种因素制约,因而在追求爱情过程中遇到波折是在所难免的。当爱情受挫后,用理智来驾驭感情,通过适当情绪调节、宣泄和转移,来减轻痛苦。处理失恋的积极方式应是,面对痛苦,分析原因,吸取教训,以更加饱满的热情投入到生活学习中去。失恋仅仅说明恋爱关系不融洽、相互不能接纳,可以通过及时倾诉、宣泄,从情绪调节上来维持内心的平衡。

四、大学生就业压力问题及调适

(一)一例硕士生因就业压力自缢案例

【案例7-5】

硕士生因难找工作自缢身亡[①]

2014年4月,中山大学历史系研究生蔡某,用自缢的方式选择了离开。

蔡某温和、乐观,既不情绪激烈,也不思想复杂,蔡某话不是很多,也不太愿意完全讲出自己的心结,总是点到即止。"还行吧"是他的口头禅。读书期间,蔡某被同学评价为

---

① 新华网.保研硕士生因难找工作自缢身亡[EB/OL]. http://news.xinhuanet.com/politics/2014-05/04/c_126456891.htm,2014-05-04.

"淡泊名利",他大一就成为了校学生会干事,可大二便退出了。评奖学金时,班级干部拿加分表给他,他看都不看一眼,"没必要"。

他没功利心,凡事都看自己的爱好。他选课从来不看哪门课容易拿学分,而是选择喜欢的课,哪怕课程难、老师严格,他也不在乎。他是班上唯一因成绩优异而被免试保送读研。但在生命的最后几个月里,他完全变了,尤其是最后一周,他情绪低落到了极点,常常苦笑、发呆。

留在寝室书桌上的遗书里,蔡某吐露了做出这个决绝选择的最后心迹:"找不到工作,也无法按时毕业,无颜以对。"但没有人意识到蔡某的思维已经走入死胡同。蔡某的专业是文物与博物馆专业,专业对口的工作基本集中在博物馆、纪念堂,但其中机会非常"难得"。省级博物馆对想从事文博专业的学生非常有吸引力,但"省级博物馆一般要博士以上学历。"而且博物馆、纪念堂编制难求。

案例中的蔡某是一例典型的就业自杀案例。如今就业形势日趋严峻,面对着来自社会、家庭以及自身的重重压力,许多临近毕业的大学生普遍感到对未来充满了恐惧,产生难以把握自己情绪的感觉。这是典型的就业焦虑症状,面对未知的将来,即将毕业的大学生极易产生这样的焦躁心理。个人前途与就业已成为大学生心理压力中最大的因素,而且压力有随着年级增高而上升的趋势。学生就业压力体验相当严重,尤其以心理体验最为严重。女大学生心理压力大于男大学生,农村学生的焦虑水平高于城市学生。就业本身就是我们认识和适应社会的一个过程,在求职过程中遇到困难,甚至经过几次挫折才最后成功是正常的;在就业中遇到许多心理冲突、困惑,产生一些不良情绪也是正常的。遇到就业问题时,要学会调节自己的心态,使自己能从容、冷静地面对就业这一人生重大课题,并做出正确、理智的选择。

【案例 7-6】

女大学生就业遭歧视　学历越高越严重[①]

在使用同样简历的情况下,男性大学生接到面试通知的次数比女性高42%。学习成绩越好、学历水平越高的女性大学生在求职过程中遭受更严重的性别歧视。

大学生就业过程中的性别歧视到底有多严重?近日,中国人民大学国家发展与战略研究院的研究报告认为情况很严重。

报告显示四个特点:第一,在使用同样简历的情况下,男性大学生接到面试通知的次数比女性高42%;第二,学习成绩和学历对降低歧视没有帮助,实际上,学习成绩越好、学历水平越高的女性大学生在求职过程中遭受更严重的性别歧视;第三,增加实习经历和提高英语水平能够帮助女性大学生减轻受歧视的程度;第四,信息不完全可能是导致女性大学生遭受歧视的深层次原因。

---

① 女大学生就业遭歧视 学历越高越严重[EB/OL]. http://edu.qq.com/a/20150129/010108.htm,2015-01-29.

(二)就业压力带来心理困惑的调适

1. 接受客观现实,调整就业期望值

就业市场化、自主择业给大学生带来了机遇与实惠,但许多大学生对"市场"残酷的一面认识不足,对就业市场的客观实际了解不够。经过对就业市场、就业形势的客观了解与深刻体验后,我们必须明白现实情况就是如此,无论是抱怨还是气愤都没有用,这种就业情况不可能是一时半会儿就能改变的。与其成天怨天尤人,浪费了时间,影响了自己的心情,还不如勇敢地承认和接受当前所面临的现实,彻底打破以往的美好想象,脚踏实地地寻求解决问题的好办法。

2. 充分认识职业价值,树立合理的职业价值观

在择业时不能只考虑工作的经济收入、工作条件、地点等因素,更要考虑职业对自我一生发展的影响与作用,应看重职业能否帮助实现自我价值。因此,要在考察社会需要的基础上,树立重自我职业发展、才能发挥、事业成功的职业价值观。对于那些虽然现在工作条件不怎么样,但发展空间大,能让自己充分发挥作用的单位要优先考虑;对于那些现在经济发展水平不太高,但发展潜力大,创业机会多的工作地点也要重视。总之,盲目到一些表面上看来不错,但不适合自己,自己才能不能得到有效发挥的单位去工作,是不会让自己满意的。与其将来后悔,不如现在就改变自己,建立适应我国当前市场经济发展、人才需求规律的合理的职业价值观,以指导自己正确择业。

3. 认识与接受职业自我,主动捕捉机遇

大学生就业中的机遇因素也是非常重要的,因此了解并接受了自我特点以后,还要学会抓住属于自己的机遇,这样才能保证以后的求职顺利。要抓住机遇首先必须要多收集有关的职业信息,多参加一些招聘会,并根据已定的择业标准进行选择。需要注意的是机遇并不是对任何人都适用的。一份工作的好与不好,是相对的,对别人合适的,对自己不一定合适,因此一定不能盲从;要时时记住,只有合适自己的才是最好的。最后要注意机遇的时效性,在发现就业机会时要主动出击,不能犹豫,也不要害怕失败,应有敢试敢闯的精神。

4. 坦然面对就业挫折,提高心理承受力

面对市场竞争、就业压力,大学生的求职总会遇到许多困难、挫折甚至是委屈,如一些专业"热门",有些则"冷门";又如女大学生找工作容易受到歧视等。面对这些问题仅抱怨是没有用的,更重要的是调整自我心态,提高自己对各种突发事件的心理承受能力。其实,就业的过程也是大学生重新认识自我、认识社会,并主动调整自我适应社会的过程。如果能通过求职而增强自我心理调节与承受能力,对大学生今后的职业生活都是非常有用的。

5. 调整就业心态,促进人格完善

在求职时,自己或身边的同学出现一些不健康的心态是正常的,没有必要过度担心、害怕自己有心理障碍。当然对于这些不良心态也要学会主动调适,必要时还可以寻求有关心理专家的帮助。进行自我心理调适的方法有很多,首先,可以进行积极的自我心理暗示,鼓励自己、相信自己,帮助自己渡过难关。其次,可以向朋友、老师倾诉,寻求他们的安慰与支持。最后,还可以通过体育锻炼、听音乐、郊游等方式转移自己的注意力,排解心中的烦闷,放松自己的心情。

6. 开拓进取,勇于创业

近些年,由于大学扩招引发大学生就业难问题,一部分有条件的大学生可以通过创业实现就业。大学生具有高知识、高学历的特点,大学生创业逐渐被社会所承认和接受,同时也肩负着提高大学生毕业就业率和保持社会稳定的历史使命。

大学生进行创业的优势比较明显,首先,大学生往往对未来充满希望,他们有着年轻的血液、蓬勃的朝气,以及"初生牛犊不怕虎"的精神,而这些都是一个创业者应该具备的素质。其次,大学生在学校里学到了很多理论性的东西,有着较高层次的技术优势,而目前最有前途的事业就是开办高科技企业。技术的重要性是不言而喻的,大学生创业从一开始就必定会走向高科技、高技术含量的领域,"用智力换资本"是大学生创业的特色和必然之路。一些风险投资家往往就因为看中了大学生所掌握的先进技术,而愿意对其创业计划进行资助。再次,现代大学生有创新精神,有对传统观念和传统行业挑战的信心和欲望,而这种创新精神也往往造就了大学生创业的动力源泉,成为成功创业的精神基础。最后,大学生创业的最大好处在于能提高自己的能力、增长经验,以及学以致用;最大的诱人之处是通过成功创业,可以实现自己的理想,证明自己的价值。

第三节 学会自我调节

唯物辩证法认为,内因是事物发展的决定力量,外因只能通过内因起作用,因此,对于大学生朋友来说,"我的心理我做主"是亘古不变的一句真理。任何的心理咨询对于个体来讲都是外在的影响因素;都是帮助求助者分析自己面临心理问题的根源是什么;都是协助当事人一起来分析和解决当前面临的心理障碍。所以,大学生的心理问题必须通过自身的领悟、认同和自觉转化为行动来治愈。求人不如求己,只要大学生掌握一些最基本的心理健康知识,了解一些最基本的自我调节方法,相信大家都可以做自己的"心理医生"。本章从当前众多的自我心理调节方法中节选了一些针对大学生心理特点的简单实用方法,希望同学们认真学习,领悟运用,不断提升自己的心理健康水平。

一、善用自我暗示

自我暗示的作用是相当大的。国外有人以就要执行的死刑犯做被试者,告知被试者在特殊的装置情境下,给他们以大量抽血的方式结束其生命。被试者不能看到却能听到抽出血液的嘀嗒声,结果到一定的时间被试者生命终结。其实这是虚拟的,根本就没有给被试者抽血。这是消极的自我暗示的结果。同样,积极的自我暗示也会产生巨大的力量,从而创造奇迹。有一个人到医院就诊,诉说身体如何难受,而且身体日渐消瘦,百药无效。医生检查,发现此人患的是"疑病症"。后来,一位心理医生接受了他的求治。医生对他说:"你患的是一种综合征。正巧,目前刚试验成功一种特效药,专治你这种病症,注射一支,保证三天康复。"打针三天后,求治者果然病愈出院了。其实,所谓"特效药"不过是极普通的葡萄糖,真正治好病的,是医生语言的积极暗示以及引起的积极的自我暗示作用。有些病人就是靠积极的自我暗示恢复健康的。有些同学的压力和焦虑,其原因往往就在于钻进了消极的自我暗示的怪圈。他们的念头是:我不行,我就怕失败,到时我肯定会紧张,只要紧张就什么都做不好,这次我又要失败了……人有时候是很奇怪的,我们以为自己怎样,常常我们就会怎样。所以,知道了自我暗示的巨大效应,我们就应把消极的自我暗示转换成积极的自我暗示。

二、改变不良认知

改变不良认知是借助理性的思考方式,用纠正不正确或不合理的信念来对抗非理性思考方式,以消除情绪困扰和行为异常的一种自我心理调节法。合理信念则产生合理的情绪行为方式,不合理信念则产生不合理的情绪行为反应。艾里斯提出以下几种不合理信念:

(一) 对自己的不合理要求

"我必须出色地完成所做的事情,赢得别人的赞赏。否则,我会认为自己是一个毫无价值的人。"在这种情况(给自己提出的是难以达到的目标)下,因失败(在所难免)而失望(感到受不了),由此产生情绪障碍。理性的人应当意识到,一件事没做好,并不说明其一无是处,而只说明其在这件事上办糟了。

(二) 对他人的不合理要求

"人们必须善意对待我,并以我所希望的方式来对待我。否则,社会应该对他们那种轻率之举给予严厉的谴责、诅咒和惩罚。"事实上,这种无理要求行不通。理性的人们是会尊重他人的,不要求别人做事以自己的意志为转移。这样,就会避免消极情绪的产生。

(三) 对周围环境及事物的不合理要求

"我周围的环境与条件,必须是安排得良好的,以便我能很舒服地、很快地、很容易地得到每一种我想得到的东西,而我不想要的东西一件也碰不到。"世界上各种事物均有其各自的运动规律,不可能凡事都顺着个人心意。理性的人们,在可能的情况下,尽可能地去改善周围环境适合自己的需要,如果不能改变,要努力去正视并接受这个事实。

三、学会合理宣泄情绪

合理宣泄就是通过适当的途径将压抑的不良情绪释放出来。它是心理调节的一种常用的方法。宣泄(因受社会道德和规范的限制)要选择合理的方式与适度。否则,不择方式与不顾后果的尽情倾泄,则可能如火上浇油,反而把事情弄得更糟,增添新的烦恼。通常可以用以下方式进行合理宣泄。

(1) 高声唱歌:放开喉咙高声唱那些平时自己最喜欢唱的且唱得最好而又有气势的歌曲。

(2) 大声呼喊：可以吼叫（在室内面壁）或呼喊（到操场、旷野、山顶），在不妨碍他人的情况下高声疾呼，吐出胸中的郁闷。

(3) 哭出声来：当痛苦悲伤时，流泪会使人内心感到舒畅一些，如低声饮泣不能减轻悲痛，则索性哭出声来。

(4) 文体活动：听音乐、读幽默故事、参加娱乐或体育活动均为宣泄的好方法，有时骂人也无妨（在无第三者的情况下，大声痛骂某一个使自己倍受屈辱者）。再者，求助咨询师，通过向其倾诉，缓解来自不良情绪的压力，削减可能出现的侵犯动机。合理宣泄可使人尽快地拨开迷雾。

四、进行自我放松训练

自我放松是一种通过放松自己的躯体（身体）和精神（心理），以降低交感神经的活动水平减缓肌肉紧张，消除焦虑等主观状态而获得抗应激效果的自我心理调节方法。当人们面临挫折与冲突时，学会自我放松可远离消极情绪的困扰与伤害。如在思考时，出现过度紧张可用深呼吸来放松自己的躯体（身体）和精神（心理）。具体做法：深呼吸一口气—快速吐气放松（也可用力深吸一口气，使之尽量进入腹部而不要停留于胸部）—慢慢把气吐出，这样循环往复至过度紧张反应消失为止。再介绍一些放松的方法：

(1) 身体调节：平卧，从上至下，从左至右分别使身体各部肌肉紧张起来，然后再放松。做完之后，安静地松弛几分钟。

(2) 运动疗法：肌体的运动可以使精神放松。我们可以考前放下书，开心地去踢一场球或来点别的什么运动，这样可以消除焦虑。

(3) 深呼吸疗法：紧张焦虑时，闭上眼睛，大脑集中精力，做深呼吸4～6次，会在一定程度上缓解焦虑。

(4) 意守丹田疗法：意念集中于丹田穴，而后想象意念向上移动，一步步直至头顶百会穴，同时吸气，再向后向下移至丹田处，同时呼气。

(5) 大笑疗法：因为笑是精神消毒剂。国外谚语说："一个小丑进城胜于一打医生。"在可能的时候，不妨去听听相声，看看小品，或看些喜剧，这样可以化解焦虑。

(6) 洗热水澡：洗热水澡，可以使毛孔舒张，促进血液循环，缓解身心疲劳，使心身放松。

(7) 闭目养神或听音乐：闭目养神或听音乐可以使紧绷的神经暂时松弛下来，得到休息与调整，起到放松的效果。

以上调节方法是当前常用的自我放松方法，不同的方法对于不同的人效果存在一定差异，也请大学生朋友们自己去尝试和选择最适合自己的一种或几种调节方法。另外，以上调节方法对于有轻度心理障碍的人能起到较好的缓解和调节作用，对于有中度以及严重的心理障碍问题的人，建议到专门的机构找专业的心理咨询人员解决问题。

五、心理减压与平衡技巧

（一）心理减压二十法

现代生活的压力，像空气一样无时无刻不在。有人总是背负着沉重的压力，损害着健康。那么,怎样才能舒缓压力呢?据研究,下列二十种心理调节措施是行之有效的减压方法。

(1) 健康的开怀大笑是消除压力的最好方法,也是一种愉快的发泄方法。

(2) 高谈阔论会使血压升高,而沉默则有助于降压。在没必要说话时最好保持沉默,听别人说话同样是一件惬意的事。

(3) 轻松的音乐有助于缓解压力。如果我们懂得弹钢琴、吉他或其他乐器,不妨以此来对付心绪不宁。

(4) 阅读书报可说是最简单、消费最低的轻松消遣方式,不仅有助于缓解压力,还可使人增加知识与乐趣。

(5) 做错了事,要想到谁都有可能犯错误,因而继续正常地工作。

(6) 在僻静处大声喊叫或放声大哭,也是减轻体内压力的一种方法。

(7) 与人为善,千万别怀恨在心。"百年之后"会变得荒唐的愤恨存在自己心里,付出的利息是紧张情绪。

(8) 世上没有完美,甚至缺少公正:自己努力了,能好最好,好不了也不是自己的错。

(9) 学会一定程度的放松,对工作统筹安排,从而能劳逸结合,自在生活。

(10) 学会躲避一些不必要、纷繁复杂的活动,从一些人为制造的杂乱和疲劳中摆脱出来。

(11) 不要害怕承认自己的能力有限,学会在适当的时候对某些人说:"不"。

(12) 夜深人静时,让自己的心彻底静下来,不加掩饰,悄悄地讲一些只给自己听的话,然后酣然入梦。

(13) 放慢生活节奏,把无所事事的时间也安排在日程表中。

(14) 超然洒脱面对人生。想得开没有精神负担,放得下没有心理压力,淡泊为怀,知足常乐。

(15) 在非原则问题上不去计较,在细小问题上不去纠缠,对不便回答的问题佯作不懂,对危害自身的问题假装不知,以聪明的"糊涂"舒缓压力。

(16) 遇事是否沉着,是一个人是否成熟的标志之一。沉着冷静地处理各种复杂问题,有助于舒缓紧张压力。

(17) 不妨给久未联系的亲友写封信,不仅可吐露一下自己的感受,同时也能让对方在收信时得到意外的惊喜。

(18) 当自己无力改变现状时,应学会换一个角度看待问题。请独自对困扰自己的问题进行分析,然后找出一个最适应的解决方法。

(19) 一旦烦躁不安时,请睁大眼睛眺望远方,看看天边会有什么奇特的影像。

(20) 既然昨天和以前的日子都过得去,那么今天和往后的日子也一定会安然度过,多念念"车到山前必有路"。

(二) 心理平衡十要诀

(1) 对自己不苛求;

(2) 对亲人期望不要过高;

(3) 不要处处与人争斗;

(4) 暂离困境;

(5) 适当让步;

(6) 对人表示善意;

(7) 找人倾诉烦恼;

(8) 帮助别人做事;

(9) 积极娱乐;

(10) 知足常乐。

六、心理健康自测分析

心理健康状况自测分析活动是为了帮助大学生科学、客观地分析自己当前的心理健康状况,提前发现大学生可能隐藏的心理健康问题。

症状自评量表(SCL-90),共有 90 个项目(题目),常用以评定心理健康状况,以下列出了有些人可能会有的问题,请仔细阅读每一条,然后根据最近一星期来自己的实际感觉,选择最符合自己的一种情况,填在测验计分表相应题号的评分栏中。其中"没有"记 1 分,"较轻"记 2 分,"中等"记 3 分,"较重"记 4 分,"严重"记 5 分。

其中测验计分表的 F1、F2……F10 分别代表各因子,即 F1(躯体化)、F2(强迫)、F3(人际敏感)、F4(抑郁)、F5(焦虑)、F6(敌意)、F7(恐怖)、F8(偏执)、F9(精神病性)、F10(附加因子)。T 分为因子分,为某因子的合计分除以该因子的项目数所得。

症状自评量表(SCL-90)

1. 头痛

2. 神经过敏,心中不踏实

3. 头脑中有不必要的想法或字句盘旋

4. 头昏或昏倒

5. 对异性的兴趣减退

6. 对旁人求全责备

7. 感到别人能控制自己的思想

8. 责怪别人制造麻烦

9. 忘记性大

10. 担心自己的衣饰整齐及仪态的端正

11. 容易烦恼和激动

12. 胸痛

13. 害怕空旷的场所或街道

14. 感到自己的精力下降,活动减慢

15. 想结束自己的生命

16. 听到旁人听不到的声音

17. 发抖

18. 感到大多数人都不可信任
19. 胃口不好
20. 容易哭泣
21. 同异性相处时感到害羞不自在
22. 感到受骗、中了圈套或有人想抓住自己
23. 无缘无故地突然感到害怕
24. 自己不能控制地大发脾气
25. 怕单独出门
26. 经常责怪自己
27. 腰痛
28. 感到难以完成任务
29. 感到孤独
30. 感到苦闷
31. 过分担忧
32. 对事物不感兴趣
33. 感到害怕
34. 自己的感情容易受到伤害
35. 旁人能知道自己的私下想法
36. 感到别人不理解自己、不同情自己
37. 感到人们对自己不友好、不喜欢自己
38. 做事必须做得很慢以保证做得正确
39. 心跳得很厉害
40. 恶心或胃部不舒服
41. 感到比不上他人
42. 肌肉酸痛
43. 感到有人在监视自己、谈论自己
44. 难以入睡
45. 做事必须反复检查
46. 难以做出决定
47. 怕乘电车、公共汽车、地铁或火车之类的
48. 呼吸有困难
49. 一阵阵发冷或发热
50. 因为感到害怕而避开某些东西、场合或活动
51. 脑子变空了
52. 身体发麻或刺痛
53. 喉咙有梗塞感
54. 感到前途没有希望

55．不能集中注意力

56．感到身体某一部分软弱无力

57．感到紧张或容易紧张

58．感到手或脚发重

59．想到死亡的事

60．吃得太多

61．当别人看着自己或谈论自己时就感到不自在

62．有些不属于自己的想法

63．有想打人或伤害他人的冲动

64．醒得太早

65．必须反复洗手、点数目或触摸某些东西

66．睡得不稳不深

67．有想摔坏或破坏东西的冲动

68．有一些别人没有的想法或念头

69．感到对别人神经过敏

70．在商店或电影院等人多的地方感到不自在

71．感到做任何事情都很困难

72．一阵阵恐惧和惊慌

73．感到在公共场合吃东西很不舒服

74．经常与人争论

75．单独一人时神经很紧张

76．感到别人对自己的成绩没有做出恰当的评价

77．即使和别人在一起也感到孤单

78．感到坐立不安、心神不定

79．感到自己没有什么价值

80．感到熟悉的东西变成陌生或不像是真的了

81．大叫或摔东西

82．害怕会在公共场合昏倒

83．感到别人想占自己的便宜

84．为一些有关"性"的想法而苦恼

85．自己认为应该为自己的过错而受到惩罚

86．感到要赶快把事情做完

87．感到自己的身体有严重问题

88．从未感到和其他人很亲近

89．感到自己有罪

90．感到自己的脑子有毛病

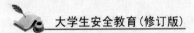

SCL-90 测验计分表

F1		F2		F3		F4		F5		F6	
项目	评分	项目	评分	项目	评分	项目	评分	项目	评分	项目	评分
1		3		6		5		2		11	
4		9		21		14		17		24	
12		10		34		15		23		63	
27		28		36		20		33		67	
40		38		37		22		39		74	
42		45		41		26		57		81	
48		46		61		29		72			
49		51		69		30		78			
52		55		73		31		80			
53		65				32		86		合计	
56						54					
58		合计		合计		71		合计			
						79					
合计						合计					

F7		F8		F9		F10		结果处理		
项目	评分	项目	评分	项目	评分	项目	评分	因子	合计/项目数	T分
13		8		7		19		F1	/12	
25		18		16		44		F2	/10	
47		43		35		59		F3	/9	
50		68		62		60		F4	/13	
70		76		77		64		F5	/10	
75		83		84		66		F6	/6	
82				85		89		F7	/7	
				87				F8	/6	
合计		合计		88		合计		F9	/10	
				90				F10	/7	
				合计						

正常成人 SCL-90 各因子分的正常值范围

项目	合计分	项目	合计分
F1 躯体化	<28	F3 人际敏感	<26
F2 强迫	<28	F4 抑郁	<35

续表

项目	合计分	项目	合计分
F5 焦虑	<23	F8 偏执	<16
F6 敌意	<16	F9 精神病性	<22
F7 恐怖	<15		

根据 SCL-90 测验计分表,可以计算出每一项的得分,累计得分即为自己的总分。根据全国常模结果,总分小于等于 160 分为正常范围,大于 160 分可考虑进一步检查诊断。每一项因子的 T 分数小于等于 2 分为正常范围。

测试结果仅供参考,不可作为心理疾病的诊断依据,心理疾病的诊断必须由专业心理咨询师或心理医生最后确诊。

思 考 讨 论

(1)通过学习本章知识,请谈一下你对大学生心理健康的理解和认识。

(2)结合自己或周围同学的情况,请谈一下当代大学生应该如何保持健康向上的心理状态。

第八章
社交安全

第一节 交友安全

一、摆正心态、识别"益友"与"损友"

人是社会性的动物,离开社会交往,人就不能称之为人,所以每个人的一生都在交朋友,交友自然成为我们日常生活中的一件非常普通的活动,在不同的环境下都会结交到与自己兴趣相投的朋友。例如,在学习中可以找到有共同理想与追求的同学与之交往并加以切磋,在社团活动中可以认识有共同兴趣爱好的朋友共同度过愉快的课余生活,在工作中也可以碰到诸多志同道合的朋友共同探讨各种话题。朋友成为我们生活的一部分,每个人都离不开朋友。

可是朋友有很多种,简单地说,朋友有好朋友,也有坏朋友,交到一个好朋友对我们的学习生活都有很大的帮助,而交到一个坏朋友往往阻碍了我们正确的价值判断和行动决心。那么如何交到好朋友呢?俗话说"益者三友,损者三友",可以根据以下品质来判断朋友的好坏。

第一,益友是善良、正直、志同道合的。找到一个拥有善良正直的心灵、有着共同的理想和追求的朋友是人生一大幸事。

第二,益友是心胸豁达的。"心胸豁达"与"小肚鸡肠"正好相反,心胸豁达的朋友一般眼界较高,看得高、望得远。他们知道朋友的缺点,但更清楚朋友的优点,对待朋友的优点常常用放大镜去放大,给朋友源源不断的鼓励和赞美,对于朋友的缺点在合适的时候加以提醒与劝导。这种心胸宽广的好朋友一定要看到一个就要抓住一个,因为他们对我们的成长是如此的重要,常常让我们更加自信,使我们面对困难更加有勇气和信心。

第三,益友是知识丰富、有韬略、有涵养的人。我们在交友中常常会有一些知识面特别丰富的人,不管天文、地理、历史或哲学都有所研究,对自己的专业更是精通,且具有高瞻远瞩的眼界和谦谦君子的涵养。和这样的朋友在一起,真的可以感受到知识的魅力和思想境界的高远。2015年热播的电视剧《琅琊榜》也许还是让很多人记忆犹新,那个叫梅长苏的病弱年轻人,翻云覆雨,搅动朝局。这样一个人物观众还特别喜爱,因为看到了他在封建专制社会为平冤昭雪忍受超乎常人的痛苦,看到了他对兄弟靖王的苦心扶持和对昔日情人的爱恋与纠结。最让人觉得不可思议地方是他上知天文,下知地理,且具有缜密严谨的分析、推理和预测能力,着实让观众着迷。其实在大学校园也有许多知识面非常丰富、为人善良、

第八章 社交安全

业务精通的优秀师生,同样非常有魅力。同学们可以在学习之余与他们交朋友,相互学习,取长补短,不断提高自己。除此之外,我们还可以交一些乐观且积极向上、拥有积极生活态度的朋友,这些都是我们所说的"益友"。

【案例8-1】

学霸宿舍!青科大同宿舍五女生全部考研成功[①]

做个理工女难,做个考研究生的理工女更难!而近日,青岛科技大学环境与安全工程学院安全工程专业,一个宿舍5个理工女全都拿到了录取通知单。曾经,她们是校园里最普通的理工女,现在大家再见她们,用崇拜的眼神感叹:"哇!学霸宿舍!"学霸宿舍考研有何高招?她们说了:半年没逛街,没出去吃饭,其实没什么惊天动地,就是5个人一起坚持!

一个宿舍5个女生全都考研通过。今年23岁的初雪娇是第一个"过关"的,她被北京化工大学研究生录取。从她开始,这个幸运的接力棒便传递下来:甘晓雨,南京理工大学;孟杰,北京理工大学;陈和燕,武汉理工大学;山海强,青岛科技大学。直到3月30日晚上,五个人全部"过关"。第一时间打电话告诉家人这个好消息,初雪娇还找到五个学校的校徽,在QQ空间上分享喜悦:"我们宿舍的姑娘都棒棒哒!"从那开始,当她们出现在校园里,总是被一些陌生的学友们用崇拜的眼神认出:"哇!学霸宿舍!"

枯燥的复习日,没有捷径可走。问她们有什么考研技巧?几个人摇摇头:"没有捷径,就是坚持!"为了庆祝也为了犒劳自己这么长时间的付出和焦急等待,第二天五个女孩做了件疯狂的事情:唱KTV,连着唱了三个小时。在这之前的大半年时间,她们没有逛街,也没有出去吃过饭,每天的主题永远是复习、复习。

考研通过,接下来就要进行毕业论文和答辩,预示着分离的日子要来了。即便将来都在不一样的城市,她们也不会忘记曾经那个"特别活泼可爱的小女生","特别淳朴的女生","穿着白衬衫、笑起来酒窝特别甜的女生"和"总是默默无闻却特别心细的女生"。不会忘记她们一起考研的日子,更不会忘记这个永远的宿舍:青岛科技大学安全工程专业慧园乙北520。

当然,生活中还常常有些坏朋友,即所谓的"损友",这类朋友给我们带来的危害也不小,他们身上常常表现出如下特征:

首先,损友是极其易怒、极易冲动的。我们身边也不乏有这样的一群人,遇到事情没有说完三句话,就开始怒目相向,挥舞自己的拳头。有这样的朋友,就像在自己的身边埋了一个炸弹,随时都有可能引爆。所以,这样的朋友最好是敬而远之。

其次,损友是极其优柔寡断的。过于优柔寡断的朋友很多时候阻碍了我们前行的脚步,让来之不易的机会悄悄溜走了。反之,那些当机立断的朋友,则能够让逆境得以扭转。

最后,损友是极其功利并爱毁谤他人的。这类人常常为了自己的目的不惜牺牲自己的

[①] 学霸宿舍!青科大同宿舍五女生全部考研成功[EB/OL].信网,http://mt.sohu.com/20160405/n443311720.shtml,2016-04-05.

暂时利益而迎合他人,一旦得势便寡廉鲜耻。同样,要敬而远之。

以上是辨别好朋友和坏朋友的基本方法,而不是什么固定公式,随着环境的改变与个人境遇的变化,都会有所变化。但是保持良好的交友心态,摆正明确的交友的目的才能真正拥有良师益友。

【案例 8-2】

以 28 名同学名义贷款 58 万 大学生微信留遗言后跳楼①

"听说跳楼摔下去会很疼,但是我真的太累了。"3月9日晚,河南牧业经济学院大二学生小郑,在一个同学的微信群里留下遗言,当天,他在青岛自杀身亡。

之前,小郑是班里的班长,人缘好,近 30 名同学协助他"网络刷单",他则借用同学的名义,先后通过各种网贷平台贷款,总金额超过 58 万元。接触网络赌球,让小郑最终走上一条不归路。

"这是他的第四次自杀了。"小陈的说法得到了另一名室友小张的附和。在两人的描述中,2016 年 1 月份,小郑曾试图跳入学校附近的龙子湖内,幸被人劝阻;2月,小张曾接到新乡警方电话,询问小郑家人联系方式,原来小郑疑因轻生,撞上一辆汽车住进医院。第三次是小郑大量服用晕车药,经救治幸无大碍。

班长为啥要自杀? 多名同学答案一致——小郑借用大量同学名义,通过各种网贷平台进行贷款,欠下约 60 万的外债无力偿还,压力巨大。

大二开学后,小郑声称在网络上找了一份兼职工作,需要"网络刷单",让同学们帮忙提供各种个人信息。

"他平时生活挺窘迫的,有时候还得我们帮忙买饭。"室友小陈说,小郑平时人缘好,威信高,他一开口求助,又说自己在兼职,同学们就纷纷伸出援手——借出身份证、学生证,并提供了父母手机号等个人信息。

2015 年年底前后,多名同学收到了不少网贷平台的催债短信。"已经出门的外访组,会找你让你成为校园焦点! 我们拭目以待!"这是一名同学收到的催债短信。

同学们这才明白,原来小郑用他们的名义进行了贷款,并将所借贷款用于赌球,这从其前女友、家属、网帖均得以证实。

河南春屺律师事务所主任、律师张少春分析认为,虚构事实、欺骗同学贷款后自己去赌球,小郑的做法已涉嫌诈骗罪,而受害同学报案后,警方应当立案侦查。小郑是成年人,假如本人没有财产,他父母不负有还款义务,但自愿偿还的应当从道义上给予支持。此外,对于网贷平台或其他机构的小额贷款问题,分两部分解决:如果系学生自愿与网贷平台等机构签订书面贷款协议并借款给班长的,这些同学应当还款;如果系班长代签或仅凭学生证就放款,没有直接与同学签书面合同的,网贷平台等机构本身存在审核把关不严的过错,这些学生不用还款。

---

① 以 28 名同学名义贷款 58 万 大学生微信留遗言后跳楼[EB/OL].人民网,2016 年 3 月 17 日 10:35,来源:大河报,http://he.people.com.cn/n2/2016/0317/c192235-27955342-3.html.

二、选择交友对象，保证交友安全

现代社会交往的平台越来越多，认识朋友的环境也变得更加复杂多变，从传统的认识领域拓展到网络信息等多个领域。因而，对交友的安全问题提出更高的要求保障。

首先，必须慎重选择交友对象。通过网络平台认识的朋友，有些背景非常的复杂，很难认清人物的真实面目，不要随便约见。

其次，必须选择合适的交友场所。在交友时，尽量找自己熟悉的场所，那些不顾一切，去陌生城市见陌生网友的行为常常可能引发人身安全等诸多问题。

【案例8-3】

15名女大学生被大叔骗财骗色①

15名女大学生被大叔骗财骗色，财色兼失后悔不已，一位四十多岁的无业游民能在15个女大学生之间周旋，这是怎么做到的？一四十多岁的中年大叔，谎称自己是清华北大双硕士，公司CEO，成功诱惑15名女大学生上钩。

15名女大学生被大叔骗财骗色，有人被骗几十万元，有人还为其流产，连受过高等教育的大学生都能骗到，可见这位大叔泡妞手段之高超。

而且同时与15位女孩交往，还要让对方都对他死心塌地，愿意给他钱甚至与其发生性关系，相互之间是要很信任的，那么这位大叔又是怎么骗取这些女孩的信任呢？

从受害人的描述中，这位大叔特别善于甜言蜜语，且见面即和女生发生关系，使其变为其名副其实的"女朋友"，并以结婚为诱饵，让女生觉得不借钱都不好意思。

四年间，15名女子与其见面并确立恋爱关系，田福生骗取其中8人35.4万元。这些受害者多是20岁左右的女大学生，甚至有两位受害人还是一个宿舍的同学。

【案例8-4】

一女大学生被邓州男子拍下裸照威胁 沦为性奴②

2012年7月，邓州市五旬男子刘某用演双簧的方法，在网上虚构了"倪俊波"和"倪朝正"两个身份。通过上网聊天，认识了刚好失恋的南阳理工学院女大学生高某。刘某以"倪俊波"的身份，自称中国人民大学金融系研究生，在网上与高某逐渐建立了恋爱关系，并称其大叔在北京是高官，小叔"倪朝正"在邓州市二高中教学，办有辅导班。

---

① 15名女大学生被大叔骗财骗色[EB/OL]. 中国青年网，http://picture.youth.cn/qtdb/201506/t20150617_6763043.htm, 2015-06-17.

② 一女大学生被邓州男子拍下裸照威胁 沦为性奴[EB/OL]. 中国日报网，http://henan.china.com.cn/news/2015/0319/196540.shtml, 2015-03-19.

2013年1月9日,刘某又以"倪朝正"的身份,借口给高某介绍工作,将高某骗至邓州市新华路老造纸厂家属楼二楼其租赁的房屋内,非法限制人身自由10多天。期间,刘某采用电警棍电击、殴打等手段,多次强行奸淫高某,并拍摄下高某裸照及强奸其过程的视频。

随着春节临近,高某家人不断打电话催其回家过年,刘某扣下高某的身份证、手机、笔记本电脑,并以裸照、视频相威胁,让其承诺不报警,方让高某回家。2013年2月至2013年4月2日期间,刘某一方面以"倪俊波"这个男朋友的身份安慰高某原谅其小叔,不要报警,先稳住他,不能让其乱发裸照把事情扩散,否则婚事告吹;另一方面以"倪朝正"的身份,用散播裸照、视频相威胁,先后6次迫使高某来邓州,将其拘禁在同一地点,多天多次对高某强行奸淫,并用手机拍摄下视频及照片。

2013年3月12日,为达到长期控制被害人目的,刘某持匕首并以散播裸照、视频相威胁,逼迫高某写下一个30万元的借条及保证书,保证"分批分期还款,随叫随到;如果违约,再增加30万元给对方作为补偿"。同时,为显示"公平",刘某也给高某写下一个保证,保证"如果高某能够按期还款,保证不散播裸照视频,让其平平安安;否则,愿返还高某60万元作为补偿。"

2013年4月3日早晨,不堪忍受非人折磨的被害人高某,趁其不在,穿着内衣、裹着被子从后窗冒死跳楼,虽然脚脖严重扭伤,但总算逃出魔窟。之后,刘某不但不收敛,反而变本加厉,更加嚣张!居然又多次向高某家里打电话、发短信,催逼所谓的30万元欠款,及"散播其裸照、视频让其家破人亡"等相威胁,对高某父母进行敲诈。终于,高某及家人走投无路,选择了报警。

接警后,警方立即组成了抓捕小组。为引蛇出洞,掌握有力证据,高某假装恳求刘某别发裸照,自己已经回心转意。狡猾的刘某非常警惕,再三试探,但色心不改,最终约定与高某见面。

2013年4月11日上午,经过几番周旋,警方在约定地点终于将刘某抓获。在其车上搜出了高某的笔记本电脑、手机以及作案用的匕首、电警棍等物品。电脑里还存有高某大量的裸照和不雅视频。

河南省邓州市人民法院以强奸罪、敲诈勒索罪、非法拘禁罪、猥亵妇女罪,数罪并罚,判处被告人刘某总和刑期有期徒刑20年,决定执行有期徒刑18年,剥夺政治权利2年,并处罚金20000元。

从以上案例来看,在校大学生因为阅历较浅,很难辨别社会上形形色色的复杂人物,所以在交往时,务必要慎重,不要被对方的花言巧语所蒙蔽。另外,若遇到伤害,则应毫不犹豫地选择报警,拿起法律的武器保护自己。一些人,因为怕丢脸、怕没有面子,选择隐忍。结果,被犯罪分子进一步威胁,麻烦不断。

三、重视细节与技巧,保持合理的交友尺度

俗话说"细节决定成败",细节的重要性已经不言而喻,注重细节在交友中同样显得特别的重要,一方面影响友谊的发展,另一方面还关乎安全。如果在交友中重视一些细节和技巧则能为我们的友谊加分。反之,不注意交友的尺度,不在乎交友的细节,则有可能使原本健

康的友谊蒙上灰暗的色彩。所以,在安全交友中务必把握以下几个原则:

第一,重视衣着与妆容细节,保持朋友间的良性互动。同学们从高中的埋头苦读到今天精彩的大学生活,对自己的穿着打扮也逐渐重视起来,在摸索自己的衣品的过程中,也会遇到一些小尴尬。如烈日炎炎,女大学生超短裙、吊带低胸装、露背露脐装等清凉夏装走进公众的视野时,那"一低头的温柔"、"一弯腰的疏忽",常常也让人尴尬不已,有时还可能滋生一些是非,威胁到自身的安全。所以,女大学生在衣着与妆容方面要注意以下一些细节:

1. 化妆

平时上课时,尽量不要化妆,保持清新与自然的面容。在面试时,建议化淡妆,这样既尊重别人,又尊重自己,同时让自己的五官精神起来,增强自信。

2. 发型

在日常生活中,注意清洁自己的头发,保持自然的颜色,即使要染发也以自然一些的颜色为好,不要太夸张。面试时,发型要干净利落把头发扎起来或盘起。

3. 服装

在校园里,保持衣着的干净整洁,可以有个性,但是切莫过于非主流。面试时,建议穿套装,不论年龄,一套剪裁合体的套装会让人看起来干练而自信。

4. 色彩

在日常生活中,保持衣着色彩的和谐搭配,面试时,建议素色和深色,如黑色、藏青色、灰色;带有细纹面料也可以。深色通常会让面试官觉得人成熟、稳重、踏实。

5. 配饰

女孩常常爱一些配饰,但不要太复杂。建议佩戴一两件小巧配饰。小型耳环,有小坠子的短项链或珍珠项链,别致胸针,装饰戒指都是体现个人品位的较好选择。选择配饰的原则是大方无华,要画龙点睛,不能画蛇添足。

6. 手袋

平时生活中背各种形状的包也没有特别的要求,如果面试时,可以选择简单大方,不要太女性化的提包,公文包较好,可以把简历和证明文件平整放入,体现较强的专业感。

7. 仪态

第一,在日常学习中就要注意个人气质的培养。保持自信的笑容、亲切的问候、优雅的步伐,使自身的气质浑然天成。

第二,重视语言的艺术,保持朋友间的和谐关系。和朋友在一起,还要懂得语言的艺术,特别是当朋友犯错时,劝导的艺术显得尤为重要,不仅关系到朋友,还关系到彼此间的友谊。

第三,恪守底线,保持朋友间的适当距离。俗话说"距离产生美",和朋友相处也要保持适当的尺度。这个尺度涉及沟通的范围,哪些问题朋友间可以无所顾忌,哪些话题则尽量避开。还有身体接触的尺度,即便是男女朋友,也都必须有自己的尺度,何况不认识、不熟悉的网友!

在校女大学生失恋也好,还是考试失败也好,都不能失去理智,和朋友交往要保持合理的距离,以帮忙找工作为由接近自己甚至提出满足对方身体需求为条件,要保持清醒,并想办法逃离危险境地。

第二节 社团安全

一、认识社团的性质及社团活动的内容

大学生刚刚踏进大学的校园,很快就发现大学与高中有很大的不同,其中最吸引人注意的就是各种不同的社团。如计算机协会、乒乓球协会、环保协会等,各种名目繁多的协会都在学校的某个固定场所,搭台设点,进行宣传。这着实让初来乍到的大学生感到有些茫然。所以,有必要给新来的大学生就社团的性质以及活动的内容进行一个全面的介绍。

(一)认识、了解社团

大学社团是中等学校和高等学校的学生在自愿的基础上自由结成的群众组织。这些社团可打破年级、系科及学校的界限,团结兴趣爱好相近的同学,发挥他们在某方面的特长,开展有益于学生身心健康的活动。

学生社团的形式多种多样,如学术问题、社会问题的讨论研究会,文学艺术、体育、音乐、美术等方面组成的活动小组,如文艺社、乒乓球协会、足球队、模特队、军乐队等。

学生社团的活动以保证完成学生的学习任务和不影响学校正常的教学秩序为前提,以有益于学生的健康成长和有利于学校各项工作的进行为原则。学生社团组织和活动的目的是活跃学校的学习气氛,提高学生自我管理的能力,丰富学生的课余生活。学生社团可以根据学校的不同情况,利用学生的课余时间开展各种形式的活动。

(二)选择、参与社团

大学社团是具有共同兴趣爱好的志同道合者的集结,选择参加什么样的社团,最主要是从自己的兴趣爱好出发,寻找适合自己发挥才能的舞台。当然不同的学生参加社团的目的也不尽相同。如为了锻炼自己身体素质的同学可能倾向于选择体育相关的协会社团,为了锻炼自己某方面专业知识的同学可能会选择与专业有关的协会,如计算机协会、英语协会等。

【案例 8-5】

老师,我该参加几个社团?

张老师是某大学的马克思主义中国化的教研室主任,多年来一直坚守在大学政治理论课的一线教学岗位上,每年在与新生接触的过程中,总有学生提出:"老师,我该参加几个社团?"之类的疑问,现在张老师又遇到了这样的问题。一次下课后,有位很瘦弱的同学来到张老师身边,怯生生地对老师说:"老师,我想参加学校的几个社团,但不知道该选哪几个?""你对哪些社团比较有印象呢?"张老师问道。这位同学抿了一下口水,看了一眼张老师又低下头说道:"我的胆子有点小,想参加演讲协会锻炼一下,还想参加学校的羽毛球协会,可以加强体育锻炼,还想参加英语协会,把口语提高一些。当然,我最想参加的是文学社,我一直比较爱看一些文学的作品,但班上同学们都觉得那样的学社很酸腐,呵呵,所以……"张老师听完这位同学的回答后,看了看这位瘦弱的学生,根据自己的判断建议他参加两个协会:一个是羽毛球协会,把身体锻炼好,另外,再挑一个这男生最喜欢的文学社,毕竟兴趣是最好的老师。不过,张老师在后来的课堂上,也常常采取一些激励的政策,鼓励学生锻炼自己的口才和胆量。

从上述案例来看,参加的社团数量要控制在合理的范围内,毕竟一个人的精力是有限的,如果投入过多的时间与精力,那么学业上必然会受到影响。选择了某些社团之后,有许多服务广大学生的事情需要处理,并且都是不带薪酬的无偿服务。在这里,需要注意处理好课堂时间与业余时间的关系。有许多学生在为社团工作时常常占用了上课的时间,某些公共课程常常缺席、逃课,这种行为则是得不偿失。

合理安排好时间后,在社团就要大显身手了。社团工作的类型很多,既可以在班集体里担任班干部,又可以到院系团总支、学生会或学联担任其他工作。每个学期初,都有许多社团招聘纳新的宣传海报,可以抓住机会主动应聘。通过在社团的工作,大学生可以结交很多朋友,锻炼自己的胆量和处理各种人际关系的能力,还能加强服务社会的精神,所以适当地参加一些社团组织非常的有意义。

当然,大学社团毕竟是一个自愿性、自发性和群众性的组织,进入或退出协会都有很大的自由,除了少数一些社团有比较严密的组织和严格的纪律,大多数大学生参加或退出社团组织都比较容易。

(三)避免参加一些庸俗的"小团体"

大学生进入大学后,要根据自己的兴趣和特长选择加入适合自己的社团,积极倡导先进文化,对丰富课余生活有积极作用。但有少数同学进校后,盲目加入一些庸俗小团体,结果使自己陷入矛盾和纠纷之中。

比如,在一些学校里曾经出现过的同乡会,就是大学生不能组织的,也是不能加入的。同乡会主要是由学生中的老乡组成的,其成员跨班级、跨系科,算是一个"小集体",这个"小集体"缺乏必要的手续,未经学校党政领导和保卫部门批准同意,不是一个合法的组织。有些同乡会为了扩大自己的影响,不惜"招兵买马",扩大队伍,这样就沾染了"帮派"气息。这些"帮派"之间摩擦和争斗不可避免,会给学校的治安和管理带来许多麻烦。更大的隐患是,这些"同乡会"容易被利用和操作。所以,尽量避免参加这些庸俗的"小团体"。

二、规范社团管理,营造良好的社团环境

随着大学社团组织规模的不断扩大,影响和效果的不断提升,社团的问题也逐渐浮出水面。如有的社团组织结构松散,会员流动量大,缺乏组织纪律约束,容易受到一些非马克思主义思想的侵扰;有的社团缺乏骨干,成员仅凭兴趣凑集,无计划活动;有的社团的成立不合法定程序,内部管理也较为混乱等。为此,必须从以下三个方面加以调整:

(一)规范社团管理,坚持四项基本原则是前提

四项基本原则是立国之本,任何单位和个人都不能无视它的存在。大学社团不是什么政治团体或政治派别而是以兴趣为基础而建立起来的组织,着重培养学生的兴趣爱好,以丰富大学生活为主要目的。所以,有责任、有义务拥护和支持四项基本原则,并且要和一切非马克思主义思想做斗争。

【案例8-6】

明辨真伪,树立科学的世界观

一天,某校英语协会的张某在学校门口遇到一位中年妇女向他走来,原以为要向他打听什么,没想,这位妇女四周张望一下,神情诡异地从口袋掏出几张宣传单,便匆匆离去。张某看到上面印着有关于基督教的图片和一些介绍,并附上了相关的网站。事后,张某觉得这事较为严重,虽然信教自由,但是宣传地点只能是指定地方,而大学校园是坚持马克思唯物主义的思想阵地,不能受到非马克思主义思想的侵扰,便将这事报告了学校保卫处,并在英语协会的内部会议上就此事提醒会员要注意,避免受到一些社会上不正当的思想的影响。

(二)规范社团管理,培养合格的干部是关键

社团干部是社团的主心骨,只有合格的社团干部才能让所在的社团朝气蓬勃,充满活力。所以,培养合格的干部是规范社团管理的最关键一步。

(1)选择合格的社团干部。社团干部一般都来自社团组织,对社团的工作非常熟悉,在社团从事干事时,表现积极,热心为社团成员服务,具有良好的人际关系,有一定的组织和管理能力。另外,能够合理安排学习与社团活动的时间,学习成绩优良。符合以上的社团成员可以通过申请、推荐等方式,最终通过民主投票,成为社团干部。

(2)培养合格的社团干部。选定社团干部之后,要对其进行培养。社团干部来到一个全新的岗位,需要指导老师给予适当的指点,通过一个试用期,来加强管理能力的实践性培养。

(3)定期考核社团干部。对社团干部每年要进行一次考核,考核分为优秀、良好、及格与不及格。经考核,对那些优秀的社团干部颁发荣誉证书,对影响不好的社团干部给予批评,严重者撤销其职务。

(三) 规范社团管理,加强程序化建设是重点

规范社团管理,其程序上的管理主要体现在社团的成立的程序上和社团活动的程序。

1. 社团成立过程中要注意的程序问题

目前很多高校社团缺乏专业指导和有效管理,大学生社团成立时没有正确的方向性和严格的组织性,立团、废团随意性很大,社团潜藏着非法性等安全隐患。为此,大学社团成立必须遵循合理、合法的程序:

(1) 向学校相关学生社团管理部门了解有关规定。

(2) 向学校的社团管理部门提供相关的申请材料,包括社团名称、宗旨、活动内容、活动范围、组织机构和负责人以及成员情况、经费来源和其他需要说明的事项等。

(3) 提交申请,经学校有关职能部门审批同意后才可成立社团组织,社团负责人必须在规定的时间内到有关部门注册。

(4) 社团干部、负责人必须按照自荐、成员选举和学校考察的方式产生,确保其能有效地领导、组织社团活动。

(5) 社团成员入团必须经过该团负责人的审核批准,登记注册后发给其会员证,并规定成员的权利和义务。

2. 社团内部管理中的程序问题

(1) 遵守社团活动审批程序。任何活动开展都不得影响学校的正常秩序。

(2) 确保活动经费的来源合法化。大学生社团活动经学校批准后,应该视其性质向学校有关部门申报,或者从社团成员的会费中筹集,一定要确保其来源的合法化。

(3) 务必注意活动场地的财产安全和活动安全问题。

(4) 社团编印刊物必须经学校批准并接受学校管理。每期刊物都应报管理部门备案,并且只限于校内张贴、散发。在校内张贴刊物、海报和通知也应按照学校相关管理办法张贴在指定的地方。

三、重视社团外联活动,保障社团成员安全

社团的外联活动实际上就是为社团活动筹集资金,也就是拉赞助,这项工作对学生来说,具有极大的挑战性,是学生接触社会、了解社会、融入社会的重要锻炼过程。但是,在"小社会"向"大社会"的迈进中,还是需要完善的社团规章制度为社团成员的安全护航。

(1) 计划向公司申请赞助前,先通过网络、电话了解赞助公司的基本情况,以免被一些假冒公司欺骗。

(2) 外出拉赞助时需要向社团负责人申请,经同意后方可。

(3) 外出联系时最好有两名以上人员一同前往,并携带相关证件,同时确定目的地地址和乘车路线,确保人身安全。

(4) 条件谈妥后要签署协议,并确保单位负责人盖章,避免社团活动结束后单位拒绝支付赞助费。

(5) 拉到赞助后必须向学校相关部门汇报,得到批准后才可举行活动。

第三节 聚会安全

一、选择安全聚会场所,避免与社会人员发生纠纷或误入歧途

大学生相处在一起,聚会成为大学生活中最平常的一件事情。如同学生日聚一聚,通过考试聚一聚,还有得了奖学金、论文发表等都是聚会的理由。当然,还有寒假、暑假回家,和过去高中、初中等不同层次同学的各种聚会。聚会的形式也是多种多样,最常见的是聚餐,其次还有去 KTV 唱歌,去野外郊游等。尽管大学生的聚会是一件司空见惯的集体活动,但并不是每一次聚会都是一次愉快的经历,有些聚会常常伴有某些危险因素,甚至威胁到大学生的生命安全。

【案例 8-7】

达州女大学生参加聚会后失联疑陷传销:被成功解救[①]

在 2016 年春节期间(1 月 31 日),达州市大竹县永胜乡黄安村人小霞(化名)去大竹县同学那里参加完高中同学聚会后,就一直没有回家,也没跟家人联系。

"小霞你在哪里?你爸爸妈妈到处找你!"2 月 20 日下午,大竹县一则寻人启事在微博、贴吧流传,四川新闻网记者获悉该信息后,立即向当地警方求证,初步确定了小霞在陕西省商洛市陷入传销组织。

据陕西广播电视台报道,经过连续几天的全力搜寻,商洛警方虽然捣毁了一些传销窝点,但一直没有四川女大学生小霞的消息。"直到 24 日中午 12 时许,在商洛和四川两地警方的配合下,成功将被拐至商州的女孩已经成功解救出来。"

"那是我在网上认识的一位朋友,对方叫她过去做化妆品网络营销。"当天下午,小霞在接受陕西广播电视台记者采访时表示,她是 2 月 1 日到达商州后,就被安排住到附近城中村的出租屋中,一间房有十几人混住,还让她交 2900 元钱,可她并没有交。

在媒体报道的解救现场,四川新闻网记者注意到,在一间出租屋内铺满了泡沫地垫,上面杂乱的摆放着衣物等生活用品。而在该房间的角落处,一个红色的面盆里放了多个洗漱用具,旁边还堆放了一大堆新鲜的白萝卜、红薯。

"他们(传销组织)知道公安机关在找你不?"面对记者的提问,小霞坦言,她是迫于公安机关的压力,传销组织的人才让她离开的。但她在传销组织的 20 多天里,却并没有想着回家。

从以上的案例可以看出对聚会安全不能掉以轻心,要重视聚会的安全,特别是聚会的地

---

① 达州女大学生参加聚会后失联疑陷传销:被成功解救[EB/OL]. 四川新闻网, http://news.163.com/16/0225/20/BGMQ18DR00014AEE.html,2016-02-25.

点要选好,春节期间聚会特别密集,伴随浓浓的节日氛围,常让我们忽略安全问题的存在,所以要从以下几个方面提高认识:

第一,尽量选择学校内部的安全聚会场所。现在的大学校园为了满足大学生生活交友的需要,一般都设有商业一条街,这里的餐饮与休闲场所管理相对比较严格,又是设在校园内部,社会上复杂人员较少,如果聚会在校园之外,则选择口碑不错的聚会场所。

第二,用谦和礼让的态度化解矛盾。在聚会的时候时常会有一些突发事件,如碰撞了他人、酒后胡言乱语等,这些都有可能引发冲突与矛盾,聚会的同学们一定要想办法用真诚的态度去化解。否则,小则一顿口角,大则伤及无辜。

第三,针对不同年级阶段的同学聚会,还是要保持警惕。毕竟在大学和过去的朋友长时间的不太交往,过去的记忆和现在人物的实际情况也会有所差别,及时了解朋友们的现状和动态,可以让聚会少点尴尬和意外。

总之,选择安全的聚会场所能够帮助同学们建立良好的友谊,谦和礼让的态度则能最大限度地化解各种危机,多观察和了解过去的朋友也能让聚会更加安全、愉悦。

二、避免过度饮酒,防止造成各种意外

酒精是中枢神经的抑制剂。少量饮酒会让人表现出轻度愉快、言语增多、行为轻浮、情绪失控等症状,随着饮酒量的增加,酒精对中枢神经的抑制作用也会逐渐增强,从而引发言语无度、行为失控、极度兴奋等症状。特别是过度饮酒,损害的不仅是个人的身体健康,还有可能酒后的一些行为,给他人带来伤害,在社会造成恶劣的影响。

【案例8-8】

大学生聚会后醉驾被查受重罚①

同学聚会,把酒言欢,但狂欢之后酒后驾驶就要冒风险了。目前,大学生在读生田某某就栽在聚会之后的酒驾上。

2016年2月17日23时30分许,在胶州市澳门路与福州路检查点,执勤民警发现一辆车牌号为鲁B牌福田小型客车自东向西晃晃悠悠跑着"S"路线,司机看到交警后,缓缓靠边停下来。交警发现车辆形迹可疑,便将车辆拦下来例行检查。

当民警请驾驶员出示证件时,该驾驶人神情慌乱,对民警的询问支支吾吾,不敢面对民警,细心的民警闻到驾驶室内一股酒味,经酒精呼气检测,酒精含量151 mg/100 ml。经了解,驾驶人田某某是一名在读大学生,春节过后与同学聚会,开怀畅饮,一直玩到11点多,感觉头脑还清醒,考虑到这个点路上车少,也不可能有交警,就怀着侥幸的心理驾车回家,没想到快12点了,还被交警抓个正着。

民警将田某某血样进行检测,经酒精含量检测报告,田某某血样中乙醇含量为184.94/100 ml,超过了醉驾标准的两倍还多。最终,田某某因涉嫌危险驾驶罪于2016年2月18日被依法刑事拘留。

---

① 大学生聚会后醉驾被查受重罚[EB/OL].大众网,http://help.3g.163.com/0402/16/0220/06/BG8FJD770402001B.html,2016-02-20.

从上面的案例来看,过度饮酒的危害绝对不容忽视,作为大学生首先应该了解酒精对人体的伤害,认识饮酒,特别是过度饮酒引发的后果。其次,在聚会时要相互提醒和相互照顾。尽量不要选择高度白酒,对平时不胜酒力的同学不要强行劝酒,同时可以选择一些饮料、牛奶之类的饮品替代酒水。最后,一旦有同学醉酒了,务必安排妥当,绝不能侥幸驾车,否则害人害己。

三、保持清醒头脑,防止"性骚扰"

性骚扰指以性欲为出发点的骚扰,以带性暗示的言语或动作针对被骚扰对象,引起对方的不悦感,通常是加害者肢体碰触受害者性别特征部位,妨碍受害者行为自由并引发受害者抗拒反应。性骚扰在人群中的表现主要有领导性骚扰、同事性骚扰、亲戚性骚扰以及来自公共场所的性骚扰。性骚扰的受害者不只是女性,男性同样也可能被骚扰。但由于两性的差别和社会地位的不同,女性受害者往往多于男性,特别是年轻靓丽的女大学生更是难以幸免。女大学生在做家教时、在求职应聘时、在影楼拍照时、在公共汽车上、在游泳池里,经常会受到不同程度的骚扰。而大学生在聚会时所遇的性骚扰很多时候是来自熟悉的同学、朋友,所以在各种聚会场所始终要保持清醒的头脑,警惕各种超越同学友谊的举止。

【案例8-9】

女大学生频繁遭遇性骚扰　高校里的"狼"早来了①

2016年4月5日,南京大学大二女生赵梦在校园里遭遇惊魂一刻。下午3点左右,她正走在去往仙二教学楼的路上。突然,一个骑车男子拦住她,说自己的脚扭了,问她能不能帮他扭回来。赵梦起先很警惕,但当对方说起熟悉的学校地名,加上周围人来人往,防备的心松弛下来

赵梦随他走到四食堂旁边,对方脱下鞋子。男子说,"不介意的话,用脚踩也可以。"赵梦弯起腰正考虑如何操作时,对方突然抓住她的小腿。赵梦惊得后退,男子解释自己是"足控",还提出要求,"能不能找个袜子给我绑一下。"赵梦没有理睬,转身时踩了男子一脚,赶紧跑到教学楼里。后来她在微信里跟小伙伴说,"还好是白天,心有余悸。"

随后两天,陆续有南大女生遭遇同样的事情。南大女生的遭遇,恰好跟突然爆发的"和颐酒店女子遇袭事件"处于同一时间段。当女性安全再次成为一个社会热点议题时,不为人知的是,大学校园里的女生也在遭遇各种安全威胁。《中国妇女报》曾报道,全国妇联一项针对北京、南京等城市15所高校大学生的调查发现,经历过不同形式性骚扰的女性比例达到57%。

轻的有露阴癖,重的有性侵,甚至奸杀。学校的处理一般都是维稳,不让受害者声张,于是每个学校都有保研路(一般是指高校偏僻幽静的道路,女学生走在那条路上容易被

---

① 女大学生频繁遭遇性骚扰　高校里的"狼"早来了[EB/OL]. http://www.infzm.com/content/116453,2016-04-14.

骚扰。一旦发生恶性事件时,学校为了名声都会答应给那些女孩子很大的好处比如保研,因此有人戏称那条路是'保研路')的各类传说。"女权主义者肖美丽告诉南方周末记者。在开放的大学空间中,女大学生就像没有围栏的牧场里的羊,那些意图实施性骚扰的人无疑便是"狼"。让人吃惊的,高校里的"狼"早就来了。

性骚扰在偌大的校园发生的概率有,但毕竟少,而在一些公共场所则时有发生,如公交车、地铁等人多拥挤不容易发觉的地方,另外在许多聚会上,特别是醉酒后的性骚扰更是屡见不鲜。所以要在日常生活要加强性骚扰的预防和提高性骚扰的应对能力。

(一) 性骚扰的预防

(1) 要清楚哪些行为已经构成了性骚扰。性骚扰就是超越了可以接受的亲密界限。如果对方行为已经超越了我们的接受范围,对我们造成了心理上的排斥和行为上的反感时,就要及时表明自己的态度以及可以接受的底线了,请对方予以尊重,也可以借故赶快离开。当然,对待性骚扰要冷静处理,也莫过于敏感。

(2) 面对性骚扰要表明自己的态度。隐瞒或者置之不理会让对方误认为我们是接受。另外拒绝的态度也要前后一致,否则会引起对方的探究兴趣,以为我们喜欢这种行为,只是半推半就而已。

(3) 要及时和师生家长沟通。遇到性骚扰要及时和家长以及学校里值得信赖的同辈、老师和辅导员沟通,可以寻求支持和帮助,以及在遇到此事时如何应对的妥善办法等。

(二) 性骚扰的应对

性骚扰的应对的方法有很多,例如,聚会的场所,有人对自己的身材和外貌以有关性方面的评价时,并且言语暧昧伴有性挑逗时,可以抽身离开,或者用眼神表示自己的不满,严重时可以找警察处理。还有遭遇电话性骚扰时,可以以"你打错电话了"为由挂掉。总之,面对性骚扰要冷静沉着,灵活处理,摆脱困扰。

第四节 公共活动安全

一、了解大型公共活动特点,重视公共活动安全

这里所说的公共活动一般是指比较大型的公共活动,如搞联欢会、迎新会、大型会议等,这些公共活动丰富了大学生的生活,也开阔了学生的视野,但这些大型公共活动中的安全也是一个不容忽视的重要问题,需要对其进一步了解。

(一) 大型公共活动的特点

了解大型公共活动的特点,对防范大型公共活动的安全问题至关重要,一般来说,大型公共活动具有以下几个显著特点。

(1) 人员数量较多。大型公共活动一般是有组织、有计划、有领导的集体活动。例如，每年学校组织的迎新晚会,在室内举行的人数至少在200人以上。有时干脆在露天举行,让每个新生都能参加,人数也激增到几千人,甚至上万人。如此多的参与人员,各种纠纷与摩擦也会随之而来。

(2) 人员结构复杂。学校在室内场所搞的大型活动,参与的人员主要是老师和学生,但还有些是在较为开阔的场所举办的活动,参与人员就较为复杂了。有家属、朋友与还有来自周边附近的居民、社会青年等。所以在管理上有一定的难度。

(3) 人员集中、活动范围受限。多数情况下,大型公共活动是在一定区域内举行的,众多的参加人集中在有限的范围内,一旦发生意外情况,人员混乱拥挤,疏散不便,秩序难以控制,对人身安全就会形成较大威胁,严重者还会造成各种伤亡事故。

(二) 大型公共活动中常见的安全问题

(1) 火灾事故。重大火灾事故一般发生在相对封闭的场馆或室内,火灾的诱因也多种多样,其中不乏众多的人为因素,一方面,是消防管理薄弱,防范工作不到位,从而导致火灾隐患在某种条件下演变为火灾;另一方面,个别参加大型活动的人安全意识不强,违反安全管理制度也可能成为引发火灾事故的原因。因此,大学生在参加大型公共活动中,一定要严于律己,遵纪守法,这不仅能够发展大学生的文明形象,同时也是保证自己和他人安全的大事情。

(2) 黄肌瘦群体纠纷。群体纠纷可分为个人与群体的纠纷、群体与群体的纠纷两大类。尤其是群体与群体的纠纷,在大型公共活动中比较常见,危害后果更为严重。

二、做好审批、策划与预防工作

在了解大型公共活动特点之后,在策划、组织包括审批方面都要严格进行,确保参与人员的人身与财产的安全。

(一) 大型活动审批、策划和组织工作中应该注意的事项

(1) 学生准备组织大型活动前,应按学校规定进行申报审批手续,上报活动的目的、任务、要求、名称、主办和协办单位、规模、形式、时间、地点、安全措施和负责人姓名等内容。大型活动审批实行一事一报制。邀请校外团体、个人来校开展活动,组织者必须提供被邀请者的详细情况。

(2) 如经审查,活动不符合安全要求而不予批准,主办者不得擅自组织开展。

(3) 大型活动的安全工作坚持"安全第一,预防为主"的方针,按照"谁主办,谁负责"的原则,由主办者对安全工作全面负责。

(二) 大型活动中的安全问题预防应注意的事项

(1) 考察场地,做好安全部署。举行大型的公共活动,要对举办场地进行实地考察。首先,看场地设施是否符合安全要求。例如,消防设施配备是否齐全,能否正常使用,活动场地出入通道是畅通,还有夜间活动是否有足够的照明设备及停电应急措施等。其次,考察完成之后,要对有安全隐患之处进行整改。例如,对安全出口、安全通道做好标示,张贴一些温馨

提示,必要之处要派安保人员进行管理等。

（2）加强活动组织人员的安全意识与沉着应对突发事件的能力。大多数事故都有突发性,使人猝不及防。无数经验证明,事到临头,临危不惧,保持冷静的头脑和理性的状态是能否化险为夷、转危为安甚至死里逃生的重要主观条件。以火灾为例,火灾的发生往往都是瞬间的、无情的、残酷的。根据火灾现场调查,在各种恶性火灾事故中,80%的死者都是因烟熏窒息而死的。所以,作为活动的组织者能够在突发事件发生时,保持清醒头脑,引导参与活动的人员用正确的方法自救,并紧急疏散,逃离危险区域,成为安全预防中重要的一个环节。

（3）加强对参与活动的学生进行安全教育。学校的大型活动参与者的主体都是学生,在参加活动之前,各班辅导员或班主任要对学生进行安全意识的教育,学会一些常见的自救与逃生的办法,一旦发生紧急情况,可以避免慌乱,更好地配合指挥人员的管理。

（4）加强安检工作,严禁携带危险品入场。在公共活动中要特别重视安全检查工作,发现带有刀具和易燃、易爆、剧毒等违禁物品一律禁止入内。同时,对于破坏公共物品、打架斗殴等都要加以制止,发现一些潜在的危险后要立即排除。

总之,只要做好活动前的充分准备,把一些细节方面都考虑妥当之后,大型公共活动中的安全问题可以降到最低限度,即使有突发事件发生,也能够及时、有效地应对。

思考与讨论

（1）谈谈女大学生与网友见面要注意哪些安全问题?
（2）如何把自己培养成为一名优秀的社团干部?

第九章
网 络 安 全

第一节 计算机与网络病毒

一、计算机病毒概述

"计算机病毒"与医学上的"病毒"不同,它不是天然存在的,是某些人利用计算机软件、硬件所固有的脆弱性,编制具有特殊功能的程序。2011年1月8日,我国对1994年颁布的《中华人民共和国计算机信息系统安全保护条例》实施了修正,在《条例》第二十八条中明确指出:"计算机病毒,是指编制或者在计算机程序中插入的破坏计算机功能或者毁坏数据,影响计算机使用,并能自我复制的一组计算机指令或者程序代码。"此定义具有法律性、权威性。其能通过某种途径潜伏在计算机存储介质(或程序)里,当达到某种条件时即被激活,它用修改其他程序的方法将自己的精确拷贝或者可能演化的形式放入其他程序中,从而感染它们,对计算机资源进行破坏的这样一组程序或指令集合。

网络是计算机病毒主要传播渠道,通过网络传播计算机病毒,也称"网络病毒"。随着移动互联网的发展,"网络病毒"在手机等移动互联端成蔓延趋势。

计算机病毒的特点是人为的特制程序,具有自我复制能力,很强的感染性,一定的潜伏性,特定的触发性和很大的破坏性。病毒存在的必然性在于计算机信息需要存取、复制、传送,从而使病毒作为信息的一种形式可以随之繁殖、感染、破坏,而当病毒取得控制权之后,它们会主动寻找感染目标,使自身广为流传。

计算机病毒的产生不是来源于突发或偶然的原因。一次突发的停电和偶然的错误,会在计算机的磁盘和内存中产生一些乱码与随机指令,但这些代码是无序和混乱的,病毒则是一种比较完美的、精巧严谨的代码,按照严格的秩序组织起来,与所在的系统网络环境相适应和配合起来,病毒不会通过偶然形成,并且需要有一定的长度,这个基本的长度从概率上来讲是不可能通过随机代码产生的。计算机病毒是人为的特制程序,现在流行的病毒是人为故意编写的,多数病毒可以找到作者信息和产地信息,通过大量的资料分析统计来看,病毒作者主要情况和目的是:一些天才的程序员为了表现自己和证明自己的能力,出于对上司的不满,为了好奇,为了报复,为了祝贺和求爱,为了得到控制口令,为了软件拿不到报酬预留的陷阱等。当然也有因政治、军事、宗教、民族、专利等方面的需求而专门编写的,其中也包括一些病毒研究机构和黑客的测试病毒。

二、计算机病毒的危害

第一,电脑运行缓慢。病毒运行时不仅要占用内存,还会抢占中断,干扰系统运行,这必然会使系统运行缓慢。

第二,消耗内存以及磁盘空间。很多病毒在活动状态下都是常驻内存的,如果没有运行多少程序时却发现系统已经被占用了不少内存,这就有可能是存在病毒;一些文件型病毒传染速度很快,在短时间内感染大量文件,每个文件都不同程度地加长了,还有些病毒会不断地自我复制,造成磁盘空间的严重浪费。

第三,破坏硬盘以及电脑数据。引导区病毒会破坏硬盘引导区信息,使电脑无法启动,硬盘分区丢失。有些病毒会将某些磁区标注为坏轨,而将自己隐藏其中,例如 Disk Killer 会寻找 3 个或 5 个连续未用的磁区,并将其标示为坏轨。

第四,狂发垃圾邮件或其他信息。造成网络堵塞或瘫痪的蠕虫病毒发作的一大症状是疯狂向外发送毒邮件,蠕虫病毒还能向外发送大量数据,严重的导致网络堵塞或瘫痪等现象。而利用即时通信软件狂发信息,这则是近来这些蠕虫病毒的另一种传播新途径。

第五,窃取用户隐私、机密文件、账号信息等如今已是木马大行其道的时代,据统计,如今木马在病毒中比较已占七成左右。而其中大部分都是以窃取用户信息,以获取经济利益为目的,如窃取用户资料、网银账号与密码、网游账号与密码等。一旦这些信息失窃,将给用户带来不少经济损失。

第六,计算机病毒给用户造成严重的心理压力。病毒的泛滥使用户提心吊胆,时刻担心遭受病毒的感染,而一旦出现诸如计算机死机、软件运行异常等现象,人们往往就会怀疑这些现象可能是计算机病毒造成的。感染病毒可能带来极大的时间、精力以及经济上的损失,这使人们对病毒产生恐惧感,计算机病毒像"幽灵"一样笼罩在广大计算机用户心头,给人们造成巨大的心理压力,极大地影响了现代计算机的使用效率,还会影响到一些诸如网络银行等网络应用的普及,由此带来的无形损失是难以估量的。随着网络应用在日常工作生活中的重要性越来越高,这种危害只会越来越大。

【案例 9-1】

2015 年电脑病毒感染突破 48 亿次 病毒成敛财工具[①]

近日,腾讯安全发布《2015 年度互联网安全报告》(以下简称"报告"),报告中腾讯电脑管家统计数据显示,2015 年病毒感染量达 48.26 亿次,腾讯安全云共检出恶意网址 3.87 亿条,多为冒充银行和运营商。电脑管家反病毒实验室专家表示,病毒破坏性增强,传播时利用普通人猎奇等心理进行伪装,十分难以防范,网民要进一步提高安全意识,充分利用安全工具帮助识别。

---

① IT 之家,http://www.ithome.com/html/it/203804.htm.

报告显示,2015年反病毒实验室新发现的电脑病毒数为1.45亿个,较2014年增加了5%。病毒感染量达48.26亿次,流氓软件感染量达3.70亿次,盗号木马感染量达0.80亿次。电脑管家反病毒实验室相关数据还显示,2015年电脑端感染最多的病毒类型为广告推广类木马。木马传播渠道中,网站下载占比36.40%为最大的传播途径,流氓软件的推广占25.50%,邮箱传播占13.60%,各种云盘的推广和普及后,通过该渠道传播的木马数仅占总数的1.90%。

针对2015年电脑病毒数量增多的现象,电脑管家反病毒实验室木马分析专家刘钊表示,网络安全威胁已经从过去的黑客攻击模式转化成为犯罪分子的敛财工具和商业竞争手段,呈现出明显的集团化、产业化趋势,上游是广告主,下游是一些非正规网站的"黑色产业链"已经形成。

值得注意的是,报告还指出黑客制作和传播病毒比普通网民想象的更狡猾。除了仿冒网址钓鱼欺诈转变成与短信、欺诈电话、手机木马等手段相结合的复杂欺诈,利用网民对热门事件好奇心,借助体育赛事、热门影视剧等热点传播病毒的方式开始增多,迷惑性更强,带来的危害也更严重。病毒破坏力方面,单个病毒危害增大的趋势也令人担忧。2015年已经出现对抗杀毒软件和病毒防护工具的电脑病毒,并且实现短时间产生大量变种,一旦感染很难彻底查杀。

三、计算机病毒的预防

(1) 使用正版软件。虽然盗版软件及破解软件在网上到处可见,但是殊不知很多盗版软件中都有潜在的木马程序,会给我们的电脑带来感染病毒的潜在机会。

(2) 及时升级补丁。虽然我们使用了正版的操作系统,但是软件仍旧会有一些小的bug需要修复,而正是这些bug可以给病毒和黑客有可乘之机,所以我们要及时升级操作系统补丁。

(3) 安装杀毒软件。在使用正版软件的基础上,要在我们的计算机上及时安装杀毒软件,并及时查杀病毒,减少感染病毒的机会。

(4) 安装防火墙软件。不仅仅只安装杀毒软件,因为我们的电脑无论是上互联网还是上内网,都有被病毒入侵的机会,有了防火墙就好像给我们的电脑装了一道门。

(5) 使用移动存储时先查杀病毒。如非必要,不要使用U盘、移动硬盘等移动存储设备。在必须要使用的场合,则建议先用杀毒软件进行病毒查杀确保其干净后,方能使用。

(6) 不接收陌生人的文件。无论是使用QQ还是使用邮件,都不要接收陌生人发送的文件,特别是后缀名为.exe、.com、.bat等可以执行的文件,更不要在下载后立即双击它。

(7) 不上不熟悉的网站。不要上一些不正规或者自己也不熟悉的网站,因为这些网站上往往会隐藏了木马程序,在我们浏览或者下载程序时,就会不知不觉地被种下木马。

第二节　网络交往安全

一、网络交往概述

随着我国信息化水平的提高,特别是移动互联网的发展,在大学生社会生活的各个领域发生着越来越大的影响,作为一种新的传播与交流工具,网络对大学生的生活方式和生产水平都有巨大的作用。网络在给大学生带来大量的信息与新闻的同时,也给大学生带来了虚假与糟粕。网络对大学生的深刻影响,最直接地体现在大学生的沟通、交流、联络和聚集方式上。在实践中我们深切地感受到,网络使得当代大学生的人际交往方式发生了新变化,进而对他们的成长成才产生了很大影响。因此关心和研究大学生的网络交往及安全问题至关重要。

（一）网络交往的特点

1. 虚拟性

网络的世界是一个虚无缥缈的世界,人们在网络上的交往没有性别的限制,没有年龄的差距,也没有高低贵贱的区别。在网络中,虚幻的电子空间代替了现实的社会空间,大学生在人际交往时可以隐藏自己的真实身份与姓名而通过一个网络代号来与其他人区别开来。这种虚拟性使得网络上的亲密网友在现实中可以没有任何联系。这就给人一种镜中花水中月的模糊感和咫尺天涯的梦幻感,网络交际的这些新奇性与隐匿性对这些花季雨季的大学生来说充满了诱惑和吸引。

2. 平等性

在网络的世界里,没有现实社会明确的等级制度,没有高低贵贱的尊卑之分,网上的活动都是靠一个公平公正的游戏规则去维护。任何人都可能成为好朋友,无论一个人现实中有多么伟大,当他化身于网络之中时,没有人可以分辨出他的与众不同,他只是小小的普通的一员。这符合大学生的逻辑,他们没有现实生活带来的负担,这使得交往的双方都处于相互独立的对等位置,便于他们放心地交往,实现他们在现实中难以企及的理想的平等状态,是他们乐于接受的交往方式。

3. 间接性

网络交际并不是一种直接的交往,具有间接性。在网络交际中,人与人之间以电脑为中介进行沟通与交流,改变了面对面交流的局势,够不着、摸不到。网络交际是通过网络游戏、BBS论坛、QQ聊天、微信、社交平台、电子邮件等途径,将交际主体所要表达的中心内容与信息以网络文字与形象的图像反映出来以实现人们间的交往。通过简单的文字符号来表达思想感情,缺乏现实情感的体验,人与人之间的交往变得比较形式化。而且网络交际的间接性为大学生提供了一个自由想象的空间,他们可以大胆说话,表达自己的观点,能够满足他们在现实生活中得不到满足的社交需要,因而被广大大学生所接受。

4. 自主性

在现实社会中,人们必须遵守法律法规和特定行为规范;但网络就不同了,网络跨越了不同的国家、地区、民族和文化,人们拘谨较少,没有烦琐的制度要求。在这里,大学生只要不传谣造谣、不触及法律,就可以谈天说地,随时随地发表自己的观点,甚至杜撰一些故事。这样,大学生潜意识中被打压的部分可以得到释放,身心也可以得到舒展,他们可以自主地选择交往对象、交往时间以及聊天用的软件,并且每个主体都有权利终止本次交往或以后的交往,他们没有现实生活中认识的忧虑。

5. 全球性

由于互联网的传播范围之广,传播速度之快,使得全世界都被连在同一张网中。网络突破了种族、国家、地域等的空间限制,使得在全世界任意一个角落的人通过网络,就可以产生联系,很多网友相距千里,见面机会几乎为零。但在人际关系发展过程中,缺乏必要的身体接触和交往,同时交往中也缺乏规则。这是网络人际关系不可能代替现实人际关系的根本问题。

(二)网络交往的种类

1. 在线聊天

在线交谈是当前应用最为广泛的人际交往方式,它是最为接近面对面交谈的一种交流方式。比较常见的有QQ、微信、陌陌等社交软件,由于这些软件可以免费使用,又广为人知,并且某些软件的设计非常人性化,可以视频、音频聊天,被广大大学生所青睐。特别是移动互联网的发展,在线聊天越来越广泛。在所有的网络交际方式中,在线聊天所占有的比例最大,拥有最多的成员,"聊天"几乎成为"网络在线聊天"的代名词。

2. 微博、空间等

微博,即微型博客(MicroBlog)的简称,也即是博客的一种,是一种通过关注机制分享简短实时信息的广播式的社交网络平台。微博是一个基于用户关系信息分享、传播以及获取的平台。用户可以通过WEB、WAP等各种客户端组建个人社区,以140字(包括标点符号)的文字更新信息,并实现即时分享。微博的关注机制分为可单向、可双向两种。微博作为一种分享和交流平台,其更注重时效性和随意性。微博更能表达出每时每刻的思想和最新动态,而博客则更偏重于梳理自己在一段时间内的所见、所闻、所感。微博包括新浪微博、腾讯微博、网易微博、搜狐微博等。

空间具有博客的功能,自问世以来受到众多人的喜爱。在空间上可以书写日志、写说说,上传用户个人的图片,听音乐,写心情,通过多种方式展现自己。除此之外,用户还可以根据个人的喜爱设定空间的背景、小挂件等,从而使每个空间都有自己的特色。当然,空间还为精通网页的用户还提供了高级的功能:可以通过编写各种各样的代码来打造个人主页。目前主要有QQ、人人网、开心网、微信朋友圈等主要空间。

第九章　网络安全

随着智能手机的广泛应用,大学生可以在自己的微博或空间发表自己的心情、自拍照片,分享自己看到的观点和文章,好友可以进行及时的互动、分享,使得社交更具有"短、灵、快"的特点。

3. 网络游戏

当然,在这个网游(包括电脑网络游戏和手机网络游戏)很受大学生欢迎的时代,网游、手游游戏者在玩游戏过程中的合作与交流也是网络交际的一种特殊手段。在游戏世界里,大家相互配合,为了游戏中的一个特定的目的而相互关心、帮助,并且相互交流心得。网游也成为当前大学生网络交往的一种方式。

4. 电子邮件

电子邮件(E-mail)是网上交流最普通的方式,由于电子邮件具有价格低(甚至免费注册使用)、容量大、不易丢失等特点,使得电子邮件拥有许多稳定的用户。这种交流方式在大学生之间更加流行,他们利用电子邮件传递文件、共享资料,遇到节假日的时候,为好友发电子贺卡表示节日的问候。这种网上交流方式不仅在某种程度上增加了同学们之间的友情,而且很大程度上提高了大学生的社会交际能力。

5. 论坛、贴吧等

论坛是上网者利用电子公告板(BBS)发帖进行沟通交流的一种方式,大学生们可以在BBS上面发帖留言来阐述自己的观点,当某一个人根据自己感兴趣或关注的话题如校园文化、国家教育、休闲娱乐、朋友情感等在BBS上发表自己的看法时,会有很多志同道合、兴趣一致的人跟帖或留言。对于经常上同一个BBS的网友,大家互相之间视其他成员为自己的家人或朋友,大家发表文章或观点,无形之中增加了个人对这个集体的认同感,网友们在不经意之间已经建立了友谊。

6. 弹幕

在观看网络视屏时,大量"吐槽"评论从屏幕飘过时效果看上去像是飞行射击游戏里的弹幕,所以网民将这种有大量的"吐槽"评论出现时的效果称为弹幕。弹幕可以给观众一种"实时互动"的错觉,虽然不同弹幕的发送时间有所区别,但是其只会在视频中特定的一个时间点出现,因此在相同时刻发送的弹幕基本上也具有相同的主题,在参与评论时就会有与其他观众同时评论的错觉。弹幕也越来越受到大学生欢迎。

二、网络交往对大学生的影响及原因

(一)网络交往对大学生的影响

1. 积极影响

网络的诞生可以说是一场新的技术革命,大学生作为接受能力最强、好奇心最大的群体,受网络的影响是巨大而深远的,无论在学习上还是在生活中,从个体的内在心理到外在的人际交往都是受影响最大的,网络增强了人际交往的主动性、互动性,使得人际交往更广泛、更快捷,丰富了大学生的生活,为大学生提供了流露情感、展现自我的空间,在一定程度上也满足了大学生人际交往的需求,同时也培养了大学生的创新精神和创造能力,推进了大学生个体社会化的进程。

从对大学生人际交往的影响来看,网络的积极影响主要体现在如下几个方面:

(1) 网络交往有利于大学生的充分自由交流。网络为大学生提供了一个超越现实局限和个性束缚的平台,营造了一个方便大学生交流与学习的空间,同时,网络所具有的隐匿性使大学生敢于敞开自己的心扉,大胆流露自己内心深处隐藏的秘密。大学生处于踏入社会的关键时期,思想体系正在成长,他们有大于青少年群体的压力而不具备成年人的沉着冷静,这就更加需要有这样一个充分交流的平台让思想自由翱翔。

(2) 网络交往有利于信息沟通,提高人际认知能力。网络是一种载体,上面有丰富的信息和新闻,而且具有公开化的特点,网络把整个世界联系到了一起,实现了信息全球化,所有使用网络的人可以实现信息资源共享,这样拓展了大学生的视野,扩大了他们的认知范围,储备了更多的信息,开阔了眼界。大学生在进行人际交往时除了可以了解到大量的信息外,还能与其他网络主体互动,完成社会化。这种网络交往可以有力地激发和提高大学生的人际认知能力,促进大学生的人际交往实践。

(3) 满足大学生交往需求,增加表达情绪情感的渠道,促进人际关系的和谐。每一个大学生都有强烈的交往需求,渴望自己有一个很好的人际关系,并且企图建立自己的人脉关系网络。他们渴望自己被更多的人认识与了解,网络则成为满足他们这些需要的重要场所之一。当大学生在现实中无法完成自己的人际交往时,他们常常通过网络来填补这方面的空白,网络为他们找到许多知心朋友,帮助他们排忧解难。而且,如果大学生的情绪受到压抑,还可以通过网络的方式进行宣泄,排解心中的不愉快。网络拓宽了大学生的人际交往关系,把自己放在更加广泛的社会生活中去,扩大了自己的人际交往圈和社会支持系统,让自己得到多元化的、全面的发展,而且可以获得来自于不同社会层面的帮助和关怀,使自己的人际关系积极发展与进步。并且当前网络上许多关于人际交往的专业网站既为大学生提供广阔的交往空间又增添了人际交往的方式和途径,使大学生获得良好的人际交往氛围。

2. 消极影响

有人说,网络是一把双刃剑,它虽然带给了大学生无数的信息与便利,但也带来了不少消极影响,有部分大学生因迷恋网络而拿不到学位证,甚至于患上了心理疾病,严重影响大学生的身心健康。网络对大学生的消极影响主要体现在以下几个方面:

(1) 破坏课堂纪律,影响学生学业

网络越来越方便,网络社交的成本也越来越低,很多大学生往往沉溺于网络交往之中,不能很好地控制网络交往时间。特别是随着移动互联网的发展,在大学课堂上出现大量"低头族",上课不带课本必带充电宝,每隔几分钟就刷刷微博、朋友圈,课堂上学生"低头族"、"手指控"见惯不怪,学生玩得开心,却忽略了老师的感受,对相对枯燥的课本知识没有兴趣,只顾自己低头玩手机。课堂是教师组织教学的场所,是教学的一个很重要的环节,而课堂秩序的好坏又直接影响到教师的授课效果,影响到教师与学生之间的言语和表情交流。在课堂上教师的情绪好,积极性受到激发,讲课的内容可能比原来备课时要多,可能会讲得有声有色;相反,如果教师的情绪差的话,讲课的时候就有可能敷衍教学,能过则过,最终吃亏的还是学生本人。同时,课堂秩序的好坏还影响着学生听课的效率,手机在大学校园出现后,课堂环境就不再显得那么安静了。

【案例9-2】

触屏时代的大学生"低头族"[①]

上课时边听课边低头刷微博,聚餐时边聊天边低头聊QQ,睡觉前低头玩Pad看视频,无聊时低头看看微信……随着智能手机、平板电脑等移动设备走入人们的生活,我们进入"触屏时代"。触屏时代,一种由于对这些触屏产品的过分依赖而形成的现代心理依赖症状也愈发明显,严重的则被称作媒介依存症。

调查发现,70%的学生认为使用触屏产品可以让他们获得信息,开展社交。50%的学生认为如果看到同伴低头玩手机,自己不会去打扰,他们往往会拿出手机加入"低头族"的行列。有11%左右的学生表示触屏产品对他们大学学习利大于弊。75%的学生意识到了"低头族"的危害,但大多数人无法拒绝触屏产品。

调查发现"低头族"的症状主要表现为:离开手机便发慌、紧张、心神不宁,总是惦记有没有短信没看,有没有微博、微信的新动态。超过80%的学生认为,长时间低头会造成眼睛疲劳、颈椎问题,手机游戏、聊天等还会很大程度地分散注意力,降低学习、工作的热情。

(2) 阻碍大学生个性心理的健康发展

大学生处于一个身心全面发展的关键时期,在这个特殊时期应该注意培养自己的个性心理健康发展。许多大学生到网络上浏览一些不健康的信息,造成他们心理认知上的错误,使他们的心理扭曲,出现畸形,朝着不健康的方向发展。与此同时,由于网络的模拟功能,将大学生脑中虚幻的东西,模拟成现实,致使大学生们不愿离开网络,网络成为他们的精神鸦片,一旦离开网络就会精神恍惚,无法接受现实的残酷,如此下去往往导致大学生选择逃避现实。从这方面看,网络不利于大学生个性的发展,甚至成为他们健康成长与前进的阻力。

(3) 使大学生更加孤独

在现实生活中,有很多大学生性格孤僻,不善于与他人交往,把自己封锁在一个很小的范围之中,厌恶世俗社会的虚假和丑恶,但他们却对网上这种隐姓埋名的网上交流情有独钟。他们经常向自己的网友吐露自己的不满,宣泄自己的情绪,讲述自己的遭遇,使心情在一定程度上得到放松,从网友那里得到一些精神依托和心理支持。随着科技的发展,手机更新的频率很快,手机一代更比一代强,无论从画面设计,还是从功能上讲,都有很大的改观,有更大的吸引力。只有面对手机那小小的屏幕,用拇指轻轻点着小小的文字和数字。只有在这时候,他们才精神焕发,自信、豪放顿时涌上心间,一旦关掉手机,感觉浑身无力,手足无措,好像少了什么似的,只好又重新打开手机继续沉浸其中。这样的时日多了,渐渐地,他们

---

① 青春网,http://qcw.cnhubei.com/portal.php?mod=view&aid=4223.

竟然无法面对这个世界,无法用语言与同学、朋友正常地交流,渐渐发现和身边的同学、朋友距离疏远了,不是空间的距离,而是心理的落差。孤独、抑郁、封闭不利于学生的身心健康的发展。

(4) 使大学生出现诚信危机和道德沦丧

网络交际是通过语言、文字、符号和图像等进行交流与沟通的,由于网络具有虚幻性和匿名性,大学生上网通常不用自己的真实姓名,不把自己的真实情况放到网上,网络上的匿名性和隐蔽性是弱化大学生道德意识的最主要原因。由于这种匿名性的存在,大学生认为无须对自己的语言和行为负责,有可能发展到毁谤他人等道德沦丧的程度。这样长此以往,回到现实的世界中,大学生们观念中诚实守信的道德准则也就大打折扣了。

(5) 造成大学生网络成瘾,网络交际成瘾

网络成瘾范围很广,最为常见的是网络游戏成瘾,当然也有网络聊天成瘾、网络色情成瘾等其他的形式。有的大学生不能把握好网络世界与现实生活的差异,长时间沉迷于网络生活,浪费了大量的学习时间和宝贵的青春,造成网络成瘾和网络交际成瘾。严重的会引起大学生视力下降,肩背肌肉损伤,缺乏睡眠,睡眠质量下降,免疫功能衰退等,对自己的身体和心理造成伤害。

(二) 网络交往对大学生产生影响的原因

网络人际交往对大学生的影响甚远,促使大学生向新的领域拓展。把自己融入网络中的大学生,也将在网络空间进行新的学习与生活,进行新的人际交往,建立新型人际关系。那么,网络为什么会成为大学生人际交往如此重要的渠道呢?

首先,大学生是一个从青春期到成人期的过渡阶段,在这个阶段,大学生个体逐渐成长起来,他们的价值理念和为人处事的方式都有一个大的飞跃。他们的思想体系逐渐成熟起来,有独立的思考能力和判断正误的逻辑。他们好奇心强,思维敏捷,缺乏工作和生活的压力,渴望扩大人际交往圈,大学生是即将从校园进入社会的群体,他们的人际交往意愿超过所有其他人,他们感觉只有交往,自己才不会空虚。一方面,网络给大学生提供了一个维持原有同学关系的平台;另一方面,网络是一个新世界,可以帮助大学生建立新的人际关系,满足大学生交往的需求。

其次,从网络交往方式的特殊性方面来看,网络社会具有虚拟性、隐匿性和无责任性,在网络人际交往中,大学生可以把自己放到一个"套子"里,以"假面目"示人,把自己真实的而又不想让别人知道的一面隐藏起来,对自己说过的话、做过的事可以不用承担任何责任。但在隐匿自己的同时,这种不顾责任后果的交往又阻碍着网络人际关系朝更深的方向发展,限制了交往的深度。

三、网络交往的安全办法

(一) 社会方面

建立和健全网络立法和打击不良网站的力度,建立常态化的管理机制。政府应该找出网络存在的漏洞,健全法律机制,用法律手段维护广大网民的合法权益。随着科学技术的进步和网络的飞速发展,网络之中出现越来越多的安全隐患,如果不采取有效的手段与措施加

以控制,必定会引起社会的动荡和秩序的混乱。尤其对青少年的健康成长非常不利,这是关系到国家长远发展的严重问题。

(二) 学校方面

校园课堂之中应该增加关于网络人际交往的课程,引导大学生正确认识和了解网络对人际交往的影响,让大学生懂得网络人际交往并不是人际交往的全部,它只是现实人际交往的补充,让大学生重视现实的人际交往。提高大学生现实交往的能力,利用网络上的人际交往对自身进行塑造。同时还要让大学生文明使用网络,提高网络交往的安全性,提高安全意识。

(三) 家庭方面

家长要经常与自己的子女沟通,了解子女的精神需求,引导子女更多地与现实中的社会群体交往。大学生一般都在外地上学,远离自己的父母,父母应该多与他们沟通,走进他们的内心世界,鼓励他们接触现实世界。家长要了解子女上网的主要用途,防止他们接触到不良网络信息。

(四) 大学生自身方面

(1) 树立正确的人际交往观念,正确认识网络对自己交往影响的利与弊,让自己去掌控网络,而不沉溺于网络。能认识到我们应用网络的最终目的是什么,什么事应该积极做,什么事不去做,把握好应有的尺度与分寸。

(2) 锻炼自己的人际交往能力,以现实人际交往为主,网络人际交往为辅,拓展人际交往范围,使自己在人际交往之中树立模范,给人们带来好的印象。

(3) 网络交往中加强安全防范意识,毕竟在相对虚拟的世界当中,人们无法完全彻底地了解对方,总是以话语的欺骗为手段来达到伤害别人的目的,这是涉世未深的大学生们应该注意的,尤其要注意的几个原则:"占小便宜吃大亏"、"色字头上一把刀"、"网络交往不见面"、"提到钱字要警惕"、"感情投入不要多"。

【案例9-3】

无业大叔对15名女大学生骗财骗色,诈骗35万[①]

据京华时报报道,河北41岁的无业男子田福生冒充清华、北大研究生,自称做奢侈品生意,通过网上聊天与15名女大学生谈恋爱,4年来骗得35万多元,其中一所大学同一女生宿舍的2名女生更是同时沦陷。昨天上午,田某因涉嫌诈骗罪在北京市房山区法院受审,当庭否认诈骗指控。

---

① 新浪网,http://news.sina.com.cn/o/2015-06-18/081431964190.shtml.

在2010年手机交友平台还未兴起之时,田福生便利用网络社交平台,将诈骗目标瞄准了在校女大学生。他平日打开电脑里的聊天软件,将年龄、性别、地区等搜索条件一一限定在跟女大学生接近的范围,发送好友申请。接下来,田福生便将自己各种虚构的身份一一发送给同意了交友申请的对象:我叫田北冥,今年28岁,是清华大学及北京大学的双硕士,自己公司的CEO,经营红木等奢侈品……而实际上他只是个离异的无业中年男性。

从2010年至2014年的四年时间里,有15名女子和田福生确定了恋爱关系,她们多次奔来北京,与田福生在其租住的农家院见面并发生关系。这15名女子中,有14名是来自全国各地大学的本科生,让人吃惊的是,这些被害人有的还是同一个学校的校友,甚至有两位是一个宿舍的同学。而后在交往的过程中,田福生以做生意周转、偿还债务等理由骗取被害人钱财。自2010年至2014年6月,田福生采取上述方式骗取张某、安某某、周某某等8名女生共计35万余元。后因其同时交往的两个女友见面发现男友竟是一人露出马脚,两人联系到了其他受骗的女孩,众人遂选择了报警,被告人田福生于2014年6月17日被公安机关抓获归案。

第三节 "网瘾"

一、"网瘾"概述

网络成瘾有多种学术概念,1994年美国纽约精神病医生Goldberg借用《美国精神疾病分类与诊断手册》DSM-IV中关于药物成瘾的判断标准,提出了"网络成瘾综合"(Internet Addic2tion Disorder,IAD),或称"网络依赖";匹兹堡大学KimberlyYoung提出"病态网络使用"(Problematic Internet Use,PIU)的概念;还有学者提出了"网络行为依赖"(Internet Behavior Dependence,IBD)。依凡·葛尔柏格(Ivan Goldberg)将其定义为在无成瘾物质作用下的上网行为的冲动性失控,表现为由于过度使用网络而导致个体明显的社会、心理功能损害,产生学业荒废、人际关系疏远等不良后果。他提出了诊断网络成瘾的十条标准:(1)下网后总是不忘网事;(2)不满足上网时间;(3)无法控制上网的冲动;(4)一旦减少上网时间就会烦躁不安;(5)总是想借助于网络缓解压力;(6)视上网比学业更重要;(7)为上网而不惜失去重要的人际交往和工作;(8)不惜支付巨额网费;(9)不愿向亲友吐露频频上网的真相;(10)下网后有焦虑、失落感。只要满足以上10条中的5条,就可以诊断为网络成瘾。

据中国互联网络信息中心(CNNIC)发布第37次《中国互联网络发展状况统计报告》(以下简称为《报告》)。截至2015年12月,中国网民规模达6.88亿,互联网普及率达到50.3%,半数中国人已接入互联网。从学历层次上看,大专及以上学历的网民占很大一部分。4000多万在校大学生中,95%以上是网民,大学生网络成瘾率达到9%以上。现在的"低头族"也是网瘾的表现之一。

"网瘾"的症状表现为:成瘾者的思维、情感和行为都被上网这一活动所控制,上网成为其主要活动,在无法上网时会体验到强烈的渴望;如果停止使用网络可能会产生激怒、焦躁和紧张等情绪体验;成瘾者必须逐渐增加上网时间和投入程度,才能获得以前曾有的满足感;在不能上网的情况下,会产生烦躁不安等情绪体验;网络成瘾行为会导致成瘾者与周围环境的冲突,如与家庭、朋友关系淡漠,工作、学习成绩下降等。

"网瘾"可以分为:网络色情成瘾;网络交际成瘾;网络信息成瘾;计算机成瘾;网络强迫行为。

二、"网瘾"的成因及危害

(一)"网瘾"的成因

1. 网络特性

网络的"去抑制性"等成瘾特性;网络能满足人们的交往、归属和尊重等基本需要;网络可能是其他成瘾行为的一个中介媒体等。

2. 个体自身因素

(1)求知欲,强烈的好奇心,探索新的知识与认知水平的矛盾影响,即信息需求量大,而传统的信息获取通道无法满足引起的心理作用。青少年认知活动的自觉性及思维活动品质已经有了明显的发展,表现出强烈的求知欲和探索精神,加之在网络上,能最大限度地调动和满足人们的求知渴望。网络是一位百问不厌的教师,是一座全天候的图书馆。网络的功能齐全、信息丰富、雅俗共赏、自由开放等特性正好可以满足大学生的求知需要。许多青少年经常访问大量网站获取多种信息,并参加一些兴趣话题的讨论。同时,也由于青少年认知发展的不成熟性,面对大量的网络信息,往往不加选择地接受,这样就走入了误区。如果过度迷恋这些活动,就会导致网络成瘾。

(2)在心理封闭下的情感缺失形成强烈的交友愿望。网络可以相对安全地以比较低的交际成本来满足人们的社会交际的需要。对于一些性格内向、不善现实交际的同学而言,在虚拟世界里,他们可以重新塑造一个形象,一个隐藏自身缺点、增加更多优点、能够吸引他人的形象,可以抛开现实生活中他们对社会交际的焦虑。一些调查研究表明,社交焦虑越高的大学生其网络成瘾的倾向性越高。

(3)现实与理想冲突下的假象。青少年由于向往未来,想象比较丰富,往往离开自己的现实条件构想未来的前景,其理想与实现差距过大,或求之过急,两者处于矛盾之中,无法自拔。

(4)从众。由于在同辈群体当中,青少年的地位、年龄、价值观和人的生活都十分接近,因而大多数人的行为和观点在此群体中便有了一定的影响力。青少年时期还没有形成稳定、科学的人生观和世界观,其行为很容易受到同辈群体的影响。由于网络的广泛普及,各种娱乐节目和精彩的网络游戏便成了同学之间交流与议论的主题。如果对此一无所知或没有兴趣,就会发觉自己不能与同学之间正常交流,越发孤立。在大多数人的影响下逐渐地上网成瘾,甚至一发不可收拾。

(5)逆反心理。青年时期,由于正处于自我意识和心理发育的成熟阶段,追求独立个性和自由的空间,青少年强烈的自我意识和叛逆心理表现尤为突出。生活和学习的压力越大,这种逆反心理就越强烈,使得青少年极易在轻松的网络环境中寻求解脱与满足。网络因此为青少年展现自我提供了平台,充分满足了对于自我的认识和因为叛逆而带来了快乐体验,使青少年得到极大的心理满足。

3. 外部客观因素

(1) 家庭因素

① 父母本身品行。在成长的过程中,如果父母有着不良的行为,会对孩子的成长产生极其恶劣的影响。逐渐承载的青少年已不满足这种压抑的家庭环境,就容易在网络的虚拟世界里寻找家庭的温馨和朋友的关爱。

② 家庭和谐与否。父母关系不和,经常吵架,甚至会把孩子作为发泄不良情绪的对象。这种不协调的关系破坏了青少年健康成长所必需的和谐的家庭气氛,使其难以在家庭成员中进行正常的沟通与交流,性格上也会变得自卑、内向,只能在网络中寻求精神上的寄托和成就感,这为孩子沉迷于网络提供了机会。

③ 过度控制家庭。中国父母倾向于将子女视为他们的私有物和附属品,而对子女具有更明显的操纵、控制和惩罚行为。在这种情况下,青少年极易导致抑郁情绪产生、网络成瘾,甚至会发生极端行为。

④ 过度放纵家庭。在农村,这种家庭的孩子主要指那些留守儿童、青少年。在城市当中,一些父母由于忙于工作、应酬等无暇顾及其他,这样无形中放任了子女的教育。这种情况下的大学生极易沉迷于网络,受其不良影响而误入歧途。

(2) 社会因素

网络无处不在,同时网络监管也应该完善。不良网络公司具有刺激性的网络游戏和网上聊天等对学生有着强大的诱惑。也有一些不良网吧经营者,不顾社会责任,甚至引诱大学生网络成瘾。

(二)"网瘾"的危害

大学生网络成瘾的危害主要有:

(1) 危害大学生的身心健康。网络成瘾,容易使人的新陈代谢、正常生物钟遭到破坏,使人身体虚弱,严重网瘾者还会出现神经紊乱、免疫功能下降,同时还会引发焦虑症、忧郁症。

(2) 导致学习兴趣下降。网络成瘾容易挤占原本属于学习的时间,容易出现厌学、逃课等现象。

(3) 导致人际交往能力下降。网络成瘾者在网络中充分张扬个性,获得心理满足,认为现实人际交往可有可无,拒绝融入社会。

(4) 导致道德意识、法律意识弱化。网络成瘾者容易在网络游戏和暴力、色情网站中放纵自己,弱化道德意识,甚至走上违法犯罪的道路。

(5) 导致人生观、价值观扭曲。网络内容复杂,良莠不齐,不同意识形态、价值观念的信息杂陈于网上,容易使辨别力较弱的网瘾者出现人生观、价值观扭曲错位。

【案例9-4】

大学生痴迷上网辍学流浪　被当成小偷送回父母身边[①]

据江淮晨报报道,2013年8月14日,也许是19岁的黄某半年来最舒服的一天。一个月来他终于洗了一次澡,美美地睡了一觉。谁都不会想到,他曾是一名大学生,因为上网成瘾他在街头流浪了半年。

8月13日20:30左右,肥西县公安局桃花派出所辖区某工地保安正在上班。突然,他们发现工地附近有一个黑影,怀疑对方是小偷,几名保安上前将其抓住。被抓住的黑影是个小伙,他称:"我不是小偷,我是一名大学生。"

经桃花派出所民警审查,该男子自称叫黄某,19岁,确为某学院的大一学生,但目前已离校。据黄某讲述,其于2012年9月入学,迷恋起上网。2013年寒假过后,他带着父母给的三四千元生活费来到学校,继续上网。生活费很快用完了,能卖的东西也卖了,他不敢向家人要钱,就开始捡废品。

从年初到现在近半年的时间里,他靠捡废品来换钱上网、吃饭,身上的衣服是从外面拣的,晚上基本睡在大街上、破房子里,经常一个月都不洗澡、不换衣服。长期不上课,他不敢回学校;担心父母责罚,他与父母断绝联系。

当日23:00左右,民警拨打了黄某父母的电话,夫妻俩立即从肥东家里赶到肥西桃花派出所。

黄某的父亲说,儿子是他的独子,高中对儿子管教甚严,根本不允许儿子上网。儿子读大学后,因无人管教,迷恋上网从而一发不可收拾。儿子失踪的这段时间,家人都快急疯了。

8月14日凌晨,民警查证,认为黄某并不构成盗窃,在对其进行批评教育后,让黄某的父母将其领回家。

黄某的父亲表示,回去会先让儿子休养一段时间,紧接着想法戒掉孩子的网瘾,最后让孩子继续完成学业。

三、"网瘾"的预防和治疗

(一)"网瘾"的预防

(1)高校作为防控大学生网络成瘾的主阵地,针对大学生的身心发展特点,加强对大学生的网络文明教育;要加强教育教学改革,提高课堂教学的趣味性;要组织丰富多彩的校园文化活动,增强大学生的人际互动;对有网瘾的大学生,不能歧视,要积极地对他们进行心理辅导和心理治疗。

(2)建设和谐家庭,是防控大学生网络成瘾的重要手段。家长应多与孩子沟通,了解孩

[①] 中安在线,http://ah.anhuinews.com/system/2013/08/16/005995919.shtml.

子的理想和兴趣,与孩子平等相处,引导孩子合理利用互联网;不要对孩子提出不切实际的过高要求,以免给孩子造成难以承受的心理压力;发现孩子有网瘾症状或其他心理疾病时,应及时与学校和有关部门联系,采取必要的救助措施。

(3) 优化网络环境。政府有关部门应加强对网络媒体的监管力度,明确网络媒体在网络建设中的主体职责;有关部门应加强对网络信息的监控过滤,营造健康的网络环境;国家要建立和健全网络管理的法律法规,用法律形式规范网络行为。

(4) 提高大学生的自身素质。树立远大理想,积极参加社会实践,培养广泛的兴趣爱好和乐观向上的生活态度,养成良好的意志品质,增强抵御网络负面影响的能力。

(二)"网瘾"的治疗

1. 构建优良的校园网络环境

(1) 培养一支既懂思想政治工作艺术又懂信息网络技术的新型思想政治工作队伍。这支队伍不仅应具有正确的价值观、道德观,还要具有较高的网络技术水平,能够使用和驾驭网络,使用网络做宣传工作并且善于把握网上信息,合理地应用、取舍,并树立高尚的信息道德,自觉地在网络社会中树立高尚的信息道德规范,系统分析网络环境所面临的道德问题。

(2) 加强网德教育。在校园网上建设网络道德教育网站,进行系统的网络道德教育,在高校中组织网络道德的宣传活动,如辩论赛、演讲赛、辅导报告、座谈会等文娱活动,营造浓烈的正面宣传氛围,造成强有力的正确舆论态势,对上网学生的思想形成一种大趋势的引导。

(3) 完善机制,重视心理咨询建设。应进行深入细致的调研,通过有针对性的心理调查问卷,提高对学生心理问题的警惕和重视,及时发现典型化的"网络性心理障碍"学生,及时掌握其思想动态、心理状况等,并认真分析原因,寻找解决的途径。

2. 干预学生网络心理行为

(1) 加强对学生的精神关怀。

"网瘾者"长期沉溺于网络不能自拔,情绪低落、举止失态,甚至产生心理疾病。这些学生更需要我们关心,我们可以多倾听学生的心声,理解学生的喜怒哀乐,关心学生的日常生活,经常与学生聊他们感兴趣的话题,分析学生的现状,把网络沉溺的利弊讲得入情入理,将他们的求知欲引导到正常的轨道上来。帮助患有不同程度"网络沉溺症"的学生尽快走出困境,回到正常的生活与学习中来。

(2) 开展丰富多彩的课外活动。

学校经常性地开展各种文体活动,针对学生的特长与兴趣,长期举办各种特色活动及特色活动培训班,组织兴趣小组,积极鼓励有网瘾的学生参加各种形式的文体活动和社会实践活动。健康、和谐、丰富的学生活动有利于增强人与人之间的感情,有利于化解个别同学的孤僻、以自我为中心等不良心理倾向,让每一个学生融入到各种集体活动中,不使学生沉迷于网络。

（3）在家庭和学校建立起有意义的监控系统。

学校有意识地控制爱上网的学生的作息时间，家长主动和老师、班长或同班同学联系，了解自己孩子的学习、生活、精神状况，以便及时协助老师纠正学生的不良生活、学习习惯，为学生构建一个良好的外部环境。

思考与讨论

（1）在网络交往中，大学生如何保证自身安全？

（2）大学生如何防止网络成瘾？

第十章
求职安全

第一节 防范求职陷阱

随着大学毕业生数量的增加和就业压力的不断增大,大学生的就业焦虑越来越高,求职心情更为迫切。一些别有用心的人很容易利用大学生求职心切的心理,设置陷阱诱使大学生求职上当,导致求职受骗现象屡屡发生。面对这些问题,全社会要动员起来。政府部门应加强人力资源市场的监管,严厉打击各种违法活动;各类中介公司、学校就业工作部门应严格审查各类招聘信息,验证招聘单位资质,防止不良企业混入,学校同时还要加强毕业生的求职安全教育。作为大学毕业生,在由学生身份转变为职业人的过程中,更应防范求职陷阱,增强安全自我防范意识,实现顺利就业。

一、大学生求职时的常见陷阱

求职陷阱一般是指犯罪分子利用人们求职心切而采用的手段,用于骗取求职人员的财物、个人信息或者低廉甚至免费的人工。大学生要避免掉入求职陷阱,首先要了解用人单位常用的欺骗手段。

(一)招聘陷阱

1. 网络招聘陷阱

网络招聘,也被称为电子招聘,是指通过技术手段的运用,帮助企业人事经理完成招聘的过程。即企业通过公司自己的网站、第三方招聘网站等机构,使用简历数据库或搜索引擎等工具来完成招聘过程。

由于网络招聘省时省力,还更具针对性和实用性,现已成为众多学子寻找工作的重要途径和方式,然而网络是一把双刃剑,它在给毕业生提供大量就业信息,拓宽就业渠道的同时也埋下了诸多的安全隐患。近年来,网络成为黑职介猎取求职者的主要栖息地。他们以人力资源中介为名,发布的招聘信息为著名企业的招工广告,薪资待遇丰厚,要求职者先交一笔咨询费(如劳务信息费、岗位保证金、职业培训费等)再推荐工作。事实上具有合法资质的职介机构为公益性质,不会向求职者收取"求职中介费"。除此之外,网络招聘虚假信息还有以下特点:招聘单位联系地址不详细或根本不留;联系电话为手机,没有固定电话;招聘条件不高,工资待遇却不低。对此类招聘信息,求职者要慎之又慎。

【案例 10-1】

应聘"淘宝客服"也有诈[①]

就读于大四的小艾不久前刚被58同城上"淘宝客服"的岗位骗了钱。小艾在58同城上看到"日结专区",工资每天结算,就点开了一个淘宝客服的招聘链接。据招聘要求,应聘者只需有购物经历、会聊天、打字快即可。此外,招聘还指出,求职者可利用业余时间工作,每小时20元,每日结算,听起来颇有诱惑力。当天下午,小艾就和招聘方取得了联系,对方让她交保障金300元。她一听到要交钱,第一时间就觉得遇上了骗子。但对方信誓旦旦表示,保障金只是为了让商家安心,工作10天不出错即可退还,小艾思忖后还是交了钱。"我做完第一笔后,就没人理我了。培训老师继续要求我们刷信誉,拉新人入会,根本就不是像招聘上写的客服工作。几个资历比较深的会员偷偷告诉小艾,我们是被骗了,只能靠着继续拉人入会弥补损失。"小艾说,她也不想昧着良心"坑"别人,一天后就退出了群,也没拿回保障金。

2. 虚假招聘陷阱

虚假招聘,既包括骗取求职者钱财、免费劳力的黑招聘及招聘陷阱,又包括正规用人单位常年虚增岗位只收简历,从不面试,招而不聘的行为。

在严峻的就业形势下,经常有不良企业以招聘之名欺骗求职者的事件见之于报端。有一些企业招聘时,对求职者要求很一般,但待遇却不错。面试时先让求职者购买他们的产品出去推销,限定时间推销完了就回来复试。即使在限定时间里完成推销,复试也是通不过的,因为他们只是利用求职者免费帮他们销售。

有一类实力不强的企业,为了达到扩大销售、招商等目的,通过招聘来虚张声势,全面包装企业,让求职者感觉企业发展前途良好。但他们总是以已完成招聘工作来答复求职者,细心观察会发现在一段时间里他们一直在做招聘广告,其实对他们来说招聘只不过是做广告,只要达到宣传的目的就行了。

有一些学校、培训单位,以招聘之名行招生之实。他们以招聘引起求职者注意,再慢慢往招生、培训的方向来引导求职者,大肆宣传经过他们培训的人前途如何如何光明。这类招聘者很好识别,因为他们本身就是一些学校或培训单位。

还有一些单位在招聘时按照职位招聘,但毕业生报到后却被安排到其他岗位,或是高调向社会公开招聘,实则是人选早已内定。

[①] 叶佳琦.应聘"淘宝客服"也有诈[EB/OL].[2014-12-14]. http://sh.eastday.com/.

【案例 10-2】

粉饰职位信息 骗取劳动力[①]

北京青年政治学院的毕业生小薛同学时,她向记者述说了自己求职受骗的经历。一天,小薛接到太平人寿保险公司的电话,竟然被告知她已被该公司录取为"储备经理人"。小薛在兴奋之余不免纳闷,自己从未向该公司投送过简历呀? 他们怎么会知道自己的电话?

但小薛还是兴冲冲地来到该公司,可去过方知,原来是该公司从某招聘网站上的公开资料里"选"中了自己。而所谓的预先被录取的职位"储备经理人"则被换成了"理财专员"。经过一番培训后,小薛才知道,原来该公司把自己招来就是做保险业务员。小薛所学的专业是"网络编辑",与保险业没有任何关系,而不善言谈的小薛竟然被业务经理夸成了"他见过的最适合做保险的毕业生,不做保险将是终身遗憾",真是令人哭笑不得。

业务员一职需求量大,工作辛苦,常常成为各家企业招聘缺口最大的岗位,越来越多用人单位打着虚假职位的幌子招聘业务员。这类招聘信息一般比较简单,涉及细节方面的东西都未明确注明,比如没有岗位职责和应聘条件等。因此求职者应聘时要搞清楚职位的具体内容和细节,认真考虑后再做打算。

3. 设计成果招聘陷阱

设计成果招聘陷阱又称智力陷阱,是指以招聘为名无偿占有应聘者程序设计、广告设计、策划方案、文章翻译等创意,甚至包括知识产权等。

有一些企业在发展过程中遇到难题,他们缺乏解决方案,于是想出歪招,利用学生找工作心切的心理,假借招聘免费使用劳动力,以此解决企业难题。这类企业在招聘广告时总会许以高薪水、高职位、好前途等,求职者关心的问题他们会描绘得天花乱坠,以此引诱求职者上钩。在面试时,以考察毕业生专业能力为借口,让应聘者完成某项工作,如写个策划案、编一个小程序、设计一个广告、改造一个工艺流程等。这些企业往往故作高姿态,说招聘竞争激烈,企业要慎重选择,于是打发求职者回家等录取通知,结果高手应聘者众多,但无一人录用,因为求职者只是这类企业解决问题的一枚棋子而已。对这类企业,求职者记住:没有被企业真正录取,绝不参与招聘企业任何实质性工作。

[①] 2015 应届毕业生求职宝典.粉饰职位信息 骗取劳动力[EB/OL].[2015].http://baodian.yjbys.com/2015/9-3.html.

第十章 求职安全

【案例 10-3】

免费翻译骗局[①]

英语专业毕业的林同学在某知名招聘网站发现一家外资企业正在招总经理助理,条件是英语口语熟练,能翻译,待遇不错。于是,她便向该公司发了份求职简历。第二天,该公司回复称,为考察她的英语翻译能力,要求她在两天内翻译一份公司的材料(大约2万字)。为了证明自己的能力,林同学花费一天一夜时间把该材料翻译成中文交给对方。正当林同学满怀信心,充满期待地准备上班时,该公司却回复称该职位已经招到合适人选。但是,林同学随后却发现,该公司又以另一名称在该网站招同样的职位,联系邮箱没有变,林同学这时才恍然大悟自己上当,自己网上求职竟被当成免费劳力。

求职者在不能判断招聘单位真实意图,又想取得工作的情况下,求职者可通过下列方式进行自我保护:一是提交策划案等劳动成果时要准备两份,一份提交,另一份自己留存,在留存份上要求招聘单位签字确认,以便将来能够证明劳动成果内容;二是提交策划案时附上"版权声明",并要求招聘单位签收。这份声明应该提及:任何收存和保管本策划案各种版本的单位和个人,未经作者同意,不得使用本策划案或者将本策划案转借他人,也不得随意复制、抄录、拍照或以任何方式传播。否则,引起有碍作者著作权的问题,将可能承担法律责任。

4. 个人信息招聘陷阱

个人信息招聘陷阱是指不法分子利用求职者急于找到工作的心理,通过互联网或其他媒体刊登待遇诱人的招聘广告,诱骗求职者的个人信息(如身份证号码或复印件、个人联系方式甚至银行账户等)进行非法活动,如诈骗、直接盗用账户、冒名高额透支甚至专门做起倒卖个人隐私的生意。

大学生在求职过程中常常面对两难选择。一方面,毕业生在求职过程中往往要填写一些表格,其中涉及很多个人信息,从个人电话号码,到家长姓名、家庭住址、家庭电话、父母情况一应俱全;另一方面,又要提防个人信息被别有用心的人蓄意使用。近期以来,社会上一些不法分子套取并利用求职者信息进行诈骗的案件屡见不鲜。

【案例 10-4】

大学生身份证被应聘公司盗用办信用卡 透支 3 万[②]

2013 年年初,李明突然接到了银行的催款单。银行称,他使用该行信用卡消费 3 万余元,至今没有归还,如果逾期再不及时归还,银行将以诈骗罪向公安机关报警。

---

① 免费翻译骗局[EB/OL].[2015]. http://www.wdjl.net/zhichangzixun/daxueshengjiuye/1353759.html.
② 大学生身份证被应聘公司盗用办信用卡 透支 3 万[EB/OL].(2013-06-19)[2016-04-14]. http://www.chinanews.com/fz/2013/06-19/4944124.shtml.

李明来到银行查询,发现办理银行信用卡资料中所使用的身份证复印件确实是自己的,可其他信息都与自己无关。另外,信用卡办完邮寄的地点也不是他家的地址。李明按邮寄地址找来,终于发现了线索。原来,2012年时,李明曾来这里应聘过。李明向公安机关报了警,警方一路追查到了公司法定代表人张某。

经审,张某先后借用李明等10余名求职者的身份证复印件,从多家银行骗取办理了信用卡。

至案发时,张某已拖欠多家银行10万元。沈河区人民法院审理认为,张某的行为已构成了信用卡诈骗罪,依法判处有期徒刑5年。

求职者到一个工作单位去应聘,不管是当时说录用还是回去等回音,都不要随意留下自己的身份证或复印件等重要个人信息。即使迫不得已要留下,也要在复印件上面写上"招聘专用"等字样。

(二)收费陷阱

某知名招聘网站曾发布3·15招聘陷阱特别调查,调查显示,近五成职场人遭遇过招聘陷阱,收费陷阱居最常见陷阱之首。据统计,有48.3%的人曾经遭遇过职场陷阱。同时,在遭遇的各种职场陷阱中,收取各种不合理费用,如押金、保证金、培训费、服装费等居于招聘陷阱之首,占到了70.9%;其次为街头"高薪"广告,占到了66.9%;再次为黑中介诈骗,占52.8%。

在应聘过程中,凡是草草面试就宣布求职者被录用的招聘企业,往往重视的是求职者的钱财而不是才能。求职者应聘时要掌握好一个原则,即不要在应聘的过程中向招聘单位缴付任何形式的费用或抵押证件。在劳动保障部颁布的《劳动力市场管理规定》中明确规定:禁止用人单位向求职者收取招聘费用;向被录用人员收取保证金或抵押金;扣押被录用人员的身份证等证件;以招用人员为名牟取不正当利益或进行其他违法活动等行为。由此看来,用人单位要求就业者在签订合同的同时,缴纳保证金、风险金等以防止就业者违约的做法是不合法的。如果遇到招聘单位违反规定收取各种费用,求职毕业生有权拒绝,不要相信单位给出的适时退款的承诺。若求职者已缴纳了此笔费用,有权在进入用人单位后随时要求予以返还,也可以通过申请劳动争议仲裁,或向劳动监察投诉、举报,依法维护自己的权益。另外,即使确认了企业资质没有问题,也应当在缴纳费用时保存好收据等凭证,写明费用明细,以备日后维权时使用。与此同时,也应当认清自己的实力,面对非常容易得到的高薪、高职位许诺要保持清醒。

(三)试用陷阱

1. 薪酬陷阱

所谓薪酬陷阱,就是针对薪水中的一些不确定收入,进行虚假或模糊的承诺,最终不能兑现,或者"缩水兑现"。

【案例 10-5】

"三金"协商放弃,假高薪陷阱①

正忙于四处求职的学生小张对记者说,他在通过一家私营公司的最后一轮面试后,人事主管对他说:"我们和公司的员工协商一致,都不缴纳'三金',因为,几年来公司没有一名员工离开公司后失业,失业保险费都是白缴。而且,公司给员工的工资都很高,里面就包括这部分钱。所以,希望你也能与公司达成一致。"

在大学生求职招聘中,一些单位声称高工资,以此为诱饵,但却以不给职工交纳社会保险为条件。通常他们会解释说公司给员工的工资都很高,里面本身就包括"三金"的部分,实质上却是为了剥夺求职者的权利;有些企业在招聘信息中打出对大学毕业生非常有诱惑的五六千元的月薪,并且随着业绩的增加,工资将逐月上浮。这种高薪一般固定工资部分很低,高薪主要来自业绩提成;或者工资开得很高,可是求职者在进单位后实际拿到的工资与协议书约定的工资数额相比大大缩水,原来公司从中代扣各种有关费用;或者任意延长工作时间,增加工作量。更多应聘销售岗位的毕业生就被公司的责任底薪忽悠了,干完一个月有时连工资都领不到。因为无法完成故意拔高的指定的工作业绩,反而被说成是求职者能力不够,这也是无良公司故意混淆工资报酬的惯用伎俩。以上这类招聘似乎都不设门槛,面试程序非常简单,天上不会掉馅饼,大学生在签就业协议前不要忘了与用人单位进行充分的沟通。

2. 合同陷阱

随着新的《劳动合同法》的贯彻实施,一般的单位在录用大学生时都会主动签署劳动合同。达成意见后,双方的约定要以书面合同条款明确下来以维护自身的权益,不能只有口头协议。有的毕业生害怕失去工作机会不敢提及合同,或者相信企业的各种借口而不能签约;还有的同学以为签了《高校毕业生就业协议》和《全国普通高等学校毕业生就业协议书》就是签订了劳动合同。常见的合同陷阱通常有以下几种:

(1) 口头合同

由于就业形势比较严峻,求职者往往轻易相信用人单位的口头承诺,没有签订书面正式文本。

(2) 霸王合同

合同条款不与劳动者协商,也不向劳动者讲明。合同中,只从企业的利益出发规定用工单位的权利和劳动者的义务,而很少或者根本不规定用工单位的义务和劳动者的权利。

(3) 生死合同

一些危险行业用人单位为逃避应该承担的责任,常常在签订合同时,要求应聘方接受"生死协议",即一旦发生意外,企业不承担任何责任。一旦劳动者签订了这样的合同,也并

---

① "三金"协商放弃,假高薪陷阱[EB/OL]. [2015]. http://www.sqrcw.com/html/Article/article-newsid-33982.html.

不是真的就生死由命了,用人单位也不能因此而免责。因为这类合同与我国法律的规定相抵触,也违背了法治的精神,是无效合同。

《中华人民共和国合同法》第53条明确规定:"合同中的下列免责条款无效:(一)造成对方人身伤害的;(二)因故意或者重大过失造成对方财产损失的。"我国《安全生产法》第44条也明确规定:"生产经营单位不得以任何形式与从业人员订立协议,免除或者减轻其对从业人员因生产安全事故伤亡依法应承担的责任。"

求职者在签订合同时,一定要认真阅读,了解条款的含义,否则易陷入陷阱合同。一旦发生劳动争议,合同中一些用人单位免责的条款,将对劳动者十分不利。如果发生劳动争议进行仲裁或诉讼时,劳动合同里违法的条款是无效的,劳动争议仲裁委员会和法院是不会支持的。当然,合同里的部分条款无效,并不必然导致整个劳动合同无效,劳动合同的其他条款仍然有效,仍然可以证明劳动关系的存在。

3. 试用期陷阱

劳动合同试用期是劳动合同的一个重要组成部分。新近颁布的《劳动合同法》对我国劳动合同试用期制度进行了全面的改革和完善,合法、合理的劳动合同试用期限对于保护用人单位和劳动者的合法利益都能够起到积极的作用。但在实践中,由于劳动者对劳动合同试用期了解不多,一些用人单位乘虚利用试用期对劳动者设置重重陷阱,损害劳动者的合法权益。

(1)试用期与劳动合同分离

某些单位在与求职者建立劳动关系时,先订立一份试用期合同,在试用期满后再订立所谓"正式"的劳动合同。事实上这份单独订立的试用期合同,其实质是将应当包含在劳动合同期限之内的试用期人为地分离出来,使得试用期与劳动合同期限成为彼此相互完全独立的两个阶段。

《劳动合同法》第19条第四款规定:试用期包含在劳动合同期限内,劳动合同仅约定试用期的,试用期不成立,该期限为劳动合同期限。从这一规定可以看出,在签订正式劳动合同之后,双方才可以约定试用期,而不是试用期满后再签订劳动合同。也就是说,没有正式合同便没有试用期,更不存在单独的所谓"试用合同"。相当一部分用人单位利用求职者法律知识匮乏的弱点,以试用期为由,不与劳动者签订劳动合同,以达到随时解聘和在发生劳动争议时使劳动者"空口无凭"的目的。

(2)无限期试用

《劳动合同法》第20条规定:劳动者在试用期的工资不得低于本单位相同岗位最低档工资或者劳动合同约定工资的百分之八十,并不得低于用人单位所在地的最低工资标准。由此可以看出,试用期人员底薪比正式员工低,劳保用品、物质奖励、各种保险和其他福利等又不与正式职工享受同等待遇。因此一些用人单位为降低人力成本,大量招募短期员工。例如,一些房地产公司和广告公司在销售黄金期到来时会利用"试用期"的幌子使用廉价劳动力;一些从事药品、保健品、化妆品的销售公司借设办事处之名,以高薪招聘"市场部经理"或"业务经理",引来众多的应聘者,有的应聘者好不容易熬够试用期,公司就以各种各样的借口予以解雇;有一些企业会与求职者签合同,但签订的合同中有求职者绝对不可能完成的任务指标。企业利用求职者不了解企业情况这一点,在试用期里不发工资或发很低的工资,或者试用不合格就自动解聘。实际上无非是企业利用招聘来获取廉价劳动力,并再一次以很少的薪水继续招聘同样也不会熬过试用期的新人。周而复始,以此来降低企业运营成本。企业的这些行为严重地侵害了劳动者的合法权益,扰乱了正常的人才市场和用工秩序,使求职者在选择单位时顾虑重重、举步维艰。

4. 色情陷阱

在面临人才市场供需不平衡和企业重男轻女考验的同时,现如今还需提防重重叠叠的招聘陷阱,而针对女大学生不怀好意的恶意招聘就是其中的一种,从某种程度上说,这种招聘甚至带有些色情的意味。这类工作通常以招聘公关、陪唱或侍应生为名,而在广告上更会标榜工资特高,月入过万,无须经验,可观薪金等,以吸引求职者。一旦签约后就会逼女大学生去陪酒或从事色情交易,如果拒绝就可能会骚扰家人,甚至控告女大学生毁约而要赔偿。因此,千万不要以贪图高薪而鲁莽签约。

【案例 10-6】

毕业后求职心切 女孩掉进色魔陷阱[①]

2013年12月的一天,20岁女孩万某在网上聊天认识了被告人黄某,得知万某的情况后,黄某称自己可以帮万某介绍一份工作,并约万某出来面谈一下。12月20日22时许,万某来到被告人黄某的住处面谈,后被告人黄某不顾被害人万某的挣扎反抗,强行与其发生性关系。

在这个案例中,万某轻信网上认识的网友介绍工作,只身赴约去面试,不料却遭对方强奸。女大学生在求职时,在与招聘单位初次接触或还没有对其有更多了解的情况下,要尽可能地避免与男性招聘者单独相处。对于求职所做的付出,应该要有心理底线。要把握好自我,不能失去判断,尤其是不要有依赖心理,谨住"自强、自立、自尊、自爱",切不能为了一时的就业,放弃了自己的人格和尊严。

二、求职安全防范策略

为了避免陷入求职陷阱后给自身造成损失,大学生求职者应加强自我防范意识,总体来说,应从以下几个方面提高防范能力,维护自身权益。

(一) 过滤就业信息

1. 正规渠道找工作

毕业生求职时要选择正规渠道获取招聘信息,例如政府部门批准设立的大型人才市场和就业服务机构举办的现场招聘会、学校组织的校园招聘会等。到职介所求职时,应仔细地

---

① 毕业后求职心切 女孩掉进色魔陷阱[EB/OL]. [2014]. http://news.ifeng.com/gundong/detail_2014_03/29/35258596_0.shtml.

核实中介机构的资质,查看该机构是否悬挂有"三证"、收费标准及相关退费规定。必要时保存好求职相关资料,如收款收据、推荐函及其他材料等,以便被骗后能有效地维护自己的合法权益。网络应聘时,获取招聘信息的渠道应该是那些有影响力、口碑好、信息更新快的人才网站,各级政府人事人才、劳动、教育部门主办的人才网站。由于目前国内许多网站技术能力的限制,无法对每条信息的真伪一一辨认,很多信息其实只是无效的垃圾信息或不实的虚假广告,千万不要依靠短信、QQ、E-mail等不可靠的方式。

2. 信息查证

当有求职意向时求职者可通过多种途径进行信息查证。比如,登录有关部门的网站查看该招聘单位的相关资料,注意招聘单位的营业执照等相关证件;也可向区、街道的劳动服务部门咨询有关企事业单位的招工情况;或与亲朋好友、老师、同学请教,他们会为我们提供更多有价值的信息和建议;也可以发帖询问的方式看看该公司是否被列入黑名单之中;在有条件的情况下可进行实地考察。

(二)保护个人信息

1. 简历的投放

在招聘会上,经常可以看到一些求职者的简历被随意丢弃在地上。这些简历上面有着详细的个人信息,一旦被不法分子恶意获取,就可能惹来许多意想不到的麻烦。因此,大学生要提高信息资料安全意识,在择业过程中注意以下几点:首先,在招聘现场,不要随意发放自己的简历,特别是招聘方式不合规范的单位不要投递简历;其次,不要将个人所有的联系方式都提供给招聘单位,一般提供手机号码和电子邮件即可,最好不要留家庭住址、电话,固定电话可以提供辅导员或院系负责就业工作老师的办公电话,接到陌生人的电话,不要轻信其花言巧语,应拨打114进行核实;最后,在网上登记注册个人信息时,应选择一些信息监管较规范、知名度较高的大型人才招聘网站,不要在网上轻易填写过于翔实的个人信息,要注意留下用人单位的固定电话,必要时拨打查询电话进行核实。

2. 面试环节的应对

对求职者来说,面试是一个重要的环节。在接到招聘单位的面试邀请电话时要进一步核实企业的资料。如果对方是用手机联系的,必须索取对方的固定电话。面试前要认真确认面试地点,正规单位招聘一般会将招聘地点设在单位的办公室、会议室。如果是从其他渠道获得的信息的用人单位约到指定的宾馆或其他非公开、非正式场合见面,绝对不能贸然前往。面试时最好有同学陪同前往,并备有适当的防范器物。尤其是女性,要避免夜间到荒僻的地点面试。如果无法结伴而行,至少要将自己的行踪告知辅导员或同学,最好是让辅导员或同学知道面试的时间与地点。如果有不安全、不对劲的感觉或不正常的状况,要以某种借口来迅速离开该单位为宜。

(三)劳动合同的签订

大学生与用人单位签订劳动合同是大学生在求职中取得的阶段性成绩,为了保障自己

作为劳动者的合法权益,大学毕业生在签订劳动合同应注意以下几点:

1. 实地考察

在签订劳动合同前,毕业生要到应聘单位进行实地考察,看看工作地点、生产车间、营业执照等,详细了解企业性质、工作环境、工作岗位、社会保险、劳动报酬、工作时间、吃住安排等,以便判断单位的实际情况和招聘的真实性,防止上当受骗。

2. 及时签订劳动合同

劳动合同应在求职者上岗、试用前与用人单位签订,而不是试用合格后。用人单位与劳动者存在劳动关系未订立劳动合同,劳动者要求签订劳动合同的,用人单位不得解除劳动关系,并应当与劳动者签订劳动合同。如果用人单位与劳动者建立劳动关系故意拖延不订立劳动合同,劳动者有权向劳动监察机构举报,由劳动监察机构责令用人单位限期改正;对劳动者造成经济损失的,用人单位应承担赔偿责任;劳动者与用人单位存在劳动关系而未订立劳动合同的,除非职工严重违反劳动纪律符合开除、除名、辞退条件,用人单位不得解除劳动关系。

3. 谨慎签订劳动合同

与用人单位签订合同是要注意"三看":一是看企业是否经过工商部门的登记以及企业注册的有效期限,否则所签的合同无效;二是看合同字句是否准确、清楚、完整,不能使用缩写、替代或含糊的文字表达;三是看劳动合同是否有一些必备的内容。劳动合同的一般内容包括:(1)合同期限;(2)工作内容;(3)劳动条件和劳动保护;(4)劳动报酬;(5)劳动纪律;(6)劳动合同终止的条件;(7)社会保险和福利待遇;(8)违反劳动合同者应承担的责任;(9)双方认为需要规定的其他事项。其中前8项为法定条款,必须具备;第9项为协商条款。根据现行的法律和政策规定,劳动合同可以约定试用期,试用期最长不得超过6个月。劳动合同在两年以下的,应按合同期限的长短来确定试用期,即劳动合同期限在6个月(半年)以下的,试用期不得超过15天;劳动合同期限在半年以上一年以下的,试用期不得超过30天;劳动合同期限在一年以上两年以下的,试用期不得超过60天。如果劳动合同期限在两年以上,可以在6个月内约定试用期。需注意的是,试用期包括在劳动合同期限内。当劳动合同涉及数字时,应当使用大写汉字。劳动合同至少一式两份,双方各执一份,毕业生应妥善保管。用人单位事先起草了劳动合同文本,要求毕业生签字时,一定要慎重,对文本仔细推敲,发现条款表述不清、概念模糊的,及时要求用人单位进行说明修订。签订协议的时候一定要把单位承诺的待遇写上去,以确保自己的利益。

(四)敢于维护权利

大学生在就业时认真学习法律法规,遭遇各类伤害时要敢于维权,善于维权。这不仅能保护自己的合法权益,而且能协助有关部门有效及时地惩处一些不法分子,净化人力资源环境。

1. 认真学习法律法规

求职者在签订劳动合同之前,应主动学习一些劳动法规和相关政策方面的知识。例如,合同双方当事人的权利义务,劳动合同的订立、履行、变更、终止和解除,法律责任等规定,这样求职者才有利于争取一些对自己有利的权利和义务,或者一旦日后用人单位违反合同规定,求职者就可以利用法律武器来维护自己的权益。

掌握用人单位违反有关规定时应该承担的责任,有利于毕业生争取主动权。比如,劳动合同的试用期超过规定期限的,当事人可以要求变更相应的劳动合同期限,或者要求用人单位对超过的期限,按照非试用期工资标准支付工资。按照规定,劳动合同只约定试用期,未约定劳动合同期限,当事人要求约定期限的,用人单位应当与当事人协商确定劳动合同期限。双方当事人就劳动合同期限协商不一致的,则应按劳动合同期限与试用期对应相关的规定确定劳动合同期限。

2. 遇事主动求助

在求职过程中,遇到可疑事宜应当主动拨打当地有关的热线电话或向当地行动保障监察机构进行投诉,或向当地争议仲裁委员会提出申诉,由其进行查处;一旦遇到招工诈骗情况,应及时报警,通过法律手段维护自己的权益;也可通过各大招聘网站、论坛、博客等方式披露其中内幕,给更多的人以提醒,防止更多的人受骗。如出现劳动纠纷,双方可以依照签订的《劳动合同》条款协商解决,协商达不成一致意见的,可到劳动监察部门投诉或到人事、劳动仲裁部门申请仲裁。

第二节 防止误入传销组织

一、正确认识传销

在部分国家,直销分单层次直销与多层次直销。单层次直销有实际产品,多劳多得,没有中间环节的销售模式;直销企业招募直销员,由直销员在固定营业场所之外直接向最终消费者推销产品的经销方式。多层次直销又称传销,是人员发展上线、下线、金字塔式,限制人权与自由的非法模式。

在我国,2005年颁布的《禁止传销条例》规定多层次直销是传销,也就是说在当前的中国,多层次直销属违法行为。传销的组织者更是犯了"组织领导传销罪"。

(一) 传销

在国家颁发的《禁止传销条例》中,对传销进行了一个概念的定义:传销是指组织或者经营者发展人员,通过对被发展人员以其直接或者间接发展的人员数量或者销售业绩为依据计算和给付报酬,或者要求被发展人员以交纳一定费用为条件取得加入资格等方式牟取利益,扰乱经济秩序,影响社会稳定的行为。

根据国家工商行政管理总局、公安部、人民银行《关于严厉打击传销和变相传销等非法经营活动的意见》的规定,传销或变相传销行为的特征主要有:

(1)经营者通过发展人员、组织网络从事无店铺经营活动,参加者之间上线从下线的营销业绩中提取报酬的;

(2)参加者通过交纳入门费或以认购商品(含服务)等变相交纳入门费的方式,取得加入、介绍或发展他人加入的资格,并以此获取回报的;

(3)先参加者从发展的下线成员所交纳费用中获取收益,且收益数额由其加入的先后顺序决定的;

(4)组织者的收益主要来自参加者交纳的入门费或以认购商品等方式变相交纳的费用的;

(5)组织者利用后参加者所交付的部分费用支付先参加者的报酬维持运作的;

(6)其他通过发展人员、组织网络或以高额回报为诱饵招揽人员从事变相传销活动的。

(二)直销与传销的区别

直销是销售人员以面对面的说明方式而不是固定店铺经营的方式,把产品或服务直接销售或推广给最终消费者,并计算提取报酬的一种营销方式。不同的公司,这些直接销售人员被称为销售商、销售代表、顾问或其他头衔,他们主要通过上门展示产品、开办活动或者是一对一销售的方式来推销产品。两者区别如下:

1. 推销员加入的方式不同

直销企业的直销员无须缴付入门费,也不会被强制认购商品。而在传销中,参加者要通过缴纳高额入门费或被要求先认购一定数量的产品以变相缴纳高额入门费作为加入、介绍或发展他人的资格的前提条件,一般入门费标准在数百元到数千元不等,有的甚至高达数万元。

2. 营销管理不同

直销的目的是多销产品多获利,直销员之间权利平等,不存在上下线不平等的关系,公平竞争。而传销的目的是无限制地发展下线,千方百计地多拉人头多捞钱。传销通过多个"上线人员"与"下线人员"之间的网络结构不断发展人员、扩大网络,其销售人员的结构往往呈现为"金字塔"式,谁先来谁在上,且先参加者要从发展的下线即后加入者所缴纳的入门费中提取收益,收益数额由其加入先后顺序决定,先加入者收入永远领先于后加入者。直销员的报酬只能按其本人销售额来计算。而传销的销售报酬并非仅仅来自商品利润本身,它要按发展下线的"人头"或者下线销售的所谓业绩为依据来计算提成。

3. 推销的商品不同

直销的产品大都为一些有影响力的品牌,在国内外市场上有一定的认知度。对于直销而言,其产品基本上是物有所值的,产品优良与否是决定产品销量的根本原因,因为产品要通过直销员直接销售到广大最终消费者手中。而传销依托的产品往往是无价值或低价值但高价格的产品,一套几十块钱的化妆品可以标价为几百元甚至上千元。其销售方式是采取让入门的所有传销人员认购产品,但这些产品不在市场上流通,只作为拉进下一个入门者的样本或宣传品,最后的结果是所有传销人员人手一份,产品根本没有在市场中流通。因为产品不流通,其公司的利润主要靠入门费或变相的入门费来维持。

4. 根本的目的不同

直销必须遵守换货退货制度、信息报备披露制度以及保证金缴纳使用制度,这三大制度能充分保障消费者及直销员的合法权益。并在其从事直销活动的地区,公开设立了便于并满足消费者、直销员了解产品价格、退换产品以及企业依法提供其他服务的服务网点。传销的根本目的是无限制地发展下线,千方百计通过扩大下线来赚钱。

(三) 传销的危害

非法传销以"洗脑"为先导,鼓吹通过非法传销迅速致富的歪理,迷惑人们的判断力,改变参与者的思维方式、道德观念、行为方式,调动参与者的情感与情绪,激发内心的欲望,使人们对非法传销由怀疑到深信不疑,不仅认同其价值观,而且对其产生经济依赖、心理依赖、情感依赖直至深陷其中而不能自拔。传销严重扰乱社会正常的经济秩序,危害社会稳定,对商业诚信体系和社会伦理道德体系也造成了巨大破坏。

1. 社会危害

(1) 扰乱市场经济秩序,侵害多个法律客体

传销已不是普通的经济犯罪,而是集诈骗、精神控制、非法拘禁、邪教学说、非法聚集、非法集资为一体的违法犯罪行为,有的还伴随虚假广告、生产、销售伪劣商品、非法吸收公众存款、绑架勒索敲诈、煽动暴力抗拒法律实施、聚众扰乱社会秩序、聚众冲击国家机关、传授犯罪方法、危害公共卫生、行贿罪、伪造居民身份证、伪造国家机关公文、编造国家领导人讲话、非法出版销售传销书籍等。严重破坏社会主义市场经济秩序,尤其破坏金融管理秩序,侵犯国家、集体和个人财产权。传销利用几何倍增的原理发展网络,传销活动、涉案人员多、涉案金额大、发展速度快。例如,江西红花国人案涉及 30 个省,山东蝶贝蕾涉案人员 50 万,涉案金额 20 亿元,北京亿霖木业案敛财 16.8 亿元。

(2) 引发刑事犯罪,给社会稳定带来危害

传销致使大多数参与者血本无归,无家可归、无业可就,因此也会引发他们参与偷盗、抢劫、械斗、跳楼、强奸、卖淫、聚众闹事等违法犯罪活动,破坏社会稳定。传销还会引发大量复杂的社会问题。

(3) 对社会道德、诚信体系造成巨大破坏

传销的基本方式是"杀熟"。它要求利用原有的社会关系"从商",即在社会网络中建立商业网络。这样,传销商业网络的欺诈行为,会迅速弥漫成整个社会网络的不信任危机,导致人们之间信任度严重下降,导致亲友相骗,朋友反目,父子相向,信用受伤。

2. 个人危害

(1) 身心受害

这些大学生是带着良好的愿望进入传销,对自身提高、事业前途都有较高的期望值,当传销本质暴露时,其中大部分学生心理受到严重打击。

（2）道德沦丧

非法传销组织是以欺骗手段不断地发展新成员达到非法聚敛钱财的目的。要实现这样的目的，主要头目就必须利用各种方式对已受骗参与的成员进行精神控制和组织控制，向他们鼓吹、灌输不择手段地去追求个人最大利益、实现个人价值最大化的极端自私和损人利己观念，瓦解、摧毁受骗人员正常的价值观和道德观。于是就出现了受骗的大学生置亲情、友情于不顾，去欺骗自己的亲人、同学、同乡等恶性循环。在这样的恶性循环中，深陷其中的大学生的人生态度发生了巨大改变，价值观念体系和人格发生了严重蜕变，精神上和心理上都受到严重伤害，同时也失去了诚信，失去了人格尊严。

（3）难以回头

传销者在加入时都会缴一定数量的"基础金"。当"基础金"缴纳后，若想不做会让人觉得自己亏本很不划算。在行销欺骗的过程中把赖以生存的社会关系基本消灭殆尽，信任严重透支，曾经的豪言壮志与无情的悲惨现实之间巨大的反差对自己又是沉重的打击，无法面对亲朋好友，其后果是一蹶不振，甚至走上犯罪道路，成为社会不安定的因素。

【案例 10-7】

传销组织洗脑一个大学生只需七天[①]

小李今年夏天刚从江西九江学院土木工程专业毕业，刚刚踏出校门的他，一心想干一番事业。偶然的机会，他在网上看到了一家企业正在招聘，对方许诺的美好发展空间，让小李心中激情难耐，收拾好行李，就杀到余姚，准备大干一场。

到了余姚后，让小李没想到的是，他所进入的是一家传销组织；然而让小李事后更感意外的是，只过了7天，他就被这个传销组织彻底"洗脑"，从一开始的抵触反抗，变成了主动追求"财富梦"，一头扎进"年薪百万"的白日梦中，开始拉亲朋好友入伙。

直到警方找上门，小李的发财梦才宣告破灭，而他也开始清醒过来。

昨天，余姚警方向记者通报了这一系列专项整治活动的案情：一举取缔了传销窝点28个，抓获组织成员320多名。

而在这些传销组织中，像小李这样满怀抱负的大学生不在少数。通过小李的笔录，我们大概知道了小李是如何在7天之内，被洗脑的。

第一天 见面：同事大打亲情牌。

第二天 动摇：这地方其实挺不错。

第三天 麻醉：我做传销其实不违法。

第四天 上课：低调行事很重要。

第五天 说服：你什么损失都没有吧。

第六天 美梦：总有一天年薪百万。

第七天 入伙：开始想拉更多人进来。

[①] 传销组织洗脑一个大学生只需七天[EB/OL]. [2014]. http://www.cssn.cn/zx/shwx/shhnew/201410/t20141021_1370203_2.shtml.

案例中的传销组织跟风热门概念,套着"电子商务"、"私募基金"等外壳,把人先骗过来。要识破是否是传销组织,其实很简单:有入门费,或者要认购商品才能取得加入资格;需要发展下线,通过下线的加入才能获得自己的利益;没有真实可靠的产品或者服务项目。

二、大学生误入传销的几种常见原因

大学生参与传销的原因是多种多样的,总的来讲主要表现在以下几个方面:

(一)就业压力大

近几年来大学生就业压力大,正规职介机构和各种招聘会提供的就业岗位与大学毕业生的就业需求有较大差距,部分学生只有通过非正规渠道就业,客观上为传销向大学生发展提供了空间。有的学生为了及早找到合适的就业岗位,挣到人生的第一桶金,便病急乱投医,在受到传销宣传时,抱着锻炼自己,捞一把就走的想法开始了传销。实现创业理想是当代大学生的普遍愿望,而非法传销组织更是利用了这一典型心理特征,以创业的名义诱骗了众多求职者加入其中。

(二)责任意识缺乏

责任意识是个体对角色职责的自我意识及自觉程度,它包含两方面内容:一是人们的行为必须对他人和社会负责,二是人们对自己发生的行为必须承担相应的责任。责任能力,是指一个人生活在世界上对自己的言行承担法律上和道德上的责任的能力。大学生参与传销,是他们责任意识的弱化,责任能力的下降,是对自我、对他人不负责任的体现。人对自我负责,即是对自己的人生历程负责,其基本的要求就是珍惜生命,并追求有价值的生命。表现在传销中的"信任透支"实质上缘于这些学生对他人负责任能力的欠缺。另外一些大学生失去了对法律的敏感和畏惧,法制观念淡薄。某些大学生,基本法律常识他们都了解,但在处理具体事情时,往往无视法律的威严,根本没有意识到自己的行为已经违法。

(三)"暴富"思想作祟

大学生在学习改造客观世界科学文化知识的同时,忽视了对主观世界的改造,受社会转型期各种错误思想观念的影响,"有钱就是成功"的暴富心态左右了他们的价值观念;传销快速致富的宣传迎合了大学生的心理,在"高薪、暴富"诱惑面前,往往控制不住,很容易陷入传销泥潭。

(四)传销链的控制

大学生一旦进入传销链条,身份证、现金、通信工具等都被收走,传销组织天天对其进行"洗脑",让他们相信那些天花乱坠的说法。在非法传销的组织中,他们刻意营造良好的氛围,提出平等、互爱等虚拟的东西,组成"家庭传销组织",实行"亲情管理",一起分享感受,使求职者对非法传销组织这个"家庭"产生心理依赖,部分满足了他们的情感需求。

三、避免误入传销的方法

非法传销有"经济邪教"之称,其威力可见一斑。大学生更要分清是非,避免受到伤害。广大学生要增强防范意识,树立正确的成才观念和择业观念,避免落入非法传销的陷阱。

(一) 增强防范意识

1. 增强法律意识

大学生要加强法律知识的学习,特别是加强国家对禁止传销、规范直销法规规章的学习,认清传销的严重危害和经济邪教本质,提高防范、抵制传销的能力。当有人特别是亲朋好友向我们邀约加入所谓加盟连锁、网络倍增、新型营销等高额回报活动时,一定提高警惕,不要轻信天上掉馅饼的好事。拿不准时,主动向工商、公安等机关咨询,千万不要碍于情面,抱着试试看的心理盲目加入。否则,一旦陷入迷局将不能自拔。

2. 提高辨别是非的能力

目前,非法传销又向着中小城市发展,并把招聘大学生作为一个重要的内容。这种发展是极其隐蔽的,大学生要了解传销结构,掌握非法传销的规律,认清非法传销的本质,只要是以拉人入会为盈利目的的组织,就要及时退出。对主动联络求职者的招聘信息要谨慎处之,不要轻易相信任何来路不明的招聘信息。大学生在应聘前要审查公司的资质,一般可以结合以下方式来证实:①从网上查询;②从其营业地的工商部门查询;③要求对方出示营业执照和组织机构代码证书;④要求对方出示开户许可证书;⑤要求对方出示税务登记证书和代理授权书。

3. 树立正确的财富观

古人云:君子爱财,取之有道。取之有道的"道",就是通过社会允许的正当手段和个人努力的工作与奋斗去获得财富。要坚守做人的基本准则,再苦再穷,也不能去做伤天害理的事情,不能去搞传销骗人。要树立正确的价值观、就业观、致富观,戒除急功近利、投机暴富的心态,立足个人实际,诚信做人,诚实劳动,合法经营,勤劳致富。一旦被骗进入了传销组织,要设法摆脱,千万不能为了挽回自己的损失,置良知、道德于不顾,成为传销组织的帮凶。否则,必将受到法律的严惩。

(二) 迷途知返

1. 设法自救

大学生一旦陷入传销陷阱,要保持理智,自己保管身份证和钱财,并与传销分子斗智斗勇。要记住传销组织的活动规律和传销窝点的具体位置,想方设法与家人取得联系,或利用外出上课、上街购物、传销人员带到外面打电话向家人要钱等机会逃离魔窟,向社区的门卫、保安、村干部和周围群众求救,或拨打110或12315,向公安机关、工商机关举报、求救,经常见诸报端的跳楼等伤害身心的手段不足取。

【案例 10-8】

大学生陷入传销机智逃脱[①]

23岁的温州小伙小赵大学毕业后一直在找工作,他在网上看到一个在阜阳的招聘,工资很高,专业也对口。小赵坐着火车赶往阜阳。火车一到站,就有人站在出站口等小赵了。接下来,他被带到了一处狭小的民房,手机和身份证被搜走。接下来几天的遭遇,小赵才渐渐明白,自己可能陷入传销了。这天,传销人员让小赵给家人报平安。当拨通妈妈的电话后,他灵机一动,用温州话跟家人交流,他一边报平安,一边告诉家人,他被骗入传销窝了,快报警。

打完电话,传销人员似乎听懂了什么。于是,他们决定将小赵转移到位于合肥的另一个传销窝点。凌晨,小赵在两名传销人员的带领下,来到了阜阳火车站的安检口,准备进入候车室。"杀人啦,杀人啦!"正在执勤的火车站派出所民警听到一阵喊叫,民警迅速上前,将他控制住,询问情况。小赵告诉民警,自己陷入传销,寻求警察解救。

2. 积极举报

发现传销行为,应当向传销行为地的工商行政管理机关和公安机关举报。对将他人骗往异地、限制人身自由从事传销的,向传销行为地公安机关举报。举报传销时,应当尽可能了解掌握传销活动的详细线索,包括上课的具体地点、时间、传销头目、骨干和参与人员的住宿地点、传销活动的公司名称、其具体运作的方式及书证、物证等,以便执法机关更加及时、准确、有效地打击传销行为。同学之间要珍惜情谊,相互提醒,相互关心,要教育帮助自己的家人和同学、朋友识别和抵制传销,积极参与打击经济邪教的正义斗争。

思考与讨论

(1)大学生求职过程中应注意哪些问题?
(2)怎样加强对非法传销的识别能力?

---

① 大学生陷入传销机智逃脱[EB/OL].[2015].http://ah.anhuinews.com/system/2015/10/09/006978204.shtml.

第十一章 国家安全

第一节 国家安全的概念及内容

一、国家安全的概念

国家安全是指一个国家处于没有危险的客观状态,也就是国家既没有外部的威胁和侵害,又没有内部的混乱和疾患的客观状态。这是国家安全的基本含义。

首先,国家安全是国家没有外部的威胁与侵害的客观状态。

所谓外部的威胁与侵害,主要是指处于一国之外的其他社会存在对本国造成的威胁和侵害。从威胁和侵害者看,这种外部威胁和侵害包括:①其他国家的威胁;②非国家的其他外部社会组织和个人的威胁,如某些国际组织或地区组织对某国的威胁和侵害;③国内力量在外部所形成的威胁和侵害,如国内反叛组织在国外从事的威胁和侵害本国的活动。

其次,国家安全是国家没有内部的混乱与疾患的客观状态。

危及国家生存的力量不仅来源于一个国家的外部,而且还时常来源于一个国家的内部。国内的混乱、动乱、骚乱、暴乱,以及其他各种形式的疾患,直接都会危害到国家生存,造成国家的不安全。因此国家安全必然包括没有内部混乱和疾患的要求。仅仅是没有外部的威胁和侵害,国家并不一定就会安全。

最后,只有在同时没有内外两方面的危害的条件下,国家才安全,因此,只有这两个方面的统一,才是国家安全的特有属性。

二、国家安全的主要内容

国家安全是国家及其所建立的社会制度的生存和发展的保障。它包括国家独立主权和领土完整以及人民生命财产不被外来势力侵犯;国家政治制度、经济制度不被颠覆;经济发展、民族和睦、社会安定不受威胁;国家秘密不被窃取;国家工作人员不被策反;国家机构不被渗透等。任何境外机构、组织、个人实施或者指使他人实施的,或者境内组织、个人与境外机构组织、个人相勾结实施的危害中华人民共和国国家安全的行为均视为危害国家安全的行为。

国家安全主要内容包括国民安全、领土安全、经济安全、主权安全、政治安全、军事安全、文化安全、科技安全、生态安全、信息安全等方面。

三、我国当前的国家安全形势

(一) 国土安全面临复杂挑战,形势不容乐观

我国有2万多千米陆地边界线、1.8万千米的海岸线周边分别与14个国家接壤与7个国家隔海相望,属于陆地地缘政治国家地理环境复杂面临的军事威胁逐渐增多。世界上25支最大军队中7支在我国周边。世界三大火药桶之一的南亚次大陆、热点问题最集中的中东和东北亚地区也分布在我国周围。我国及周边地区人口总数超过30亿,是世界人口最稠密的地区。其中许多国家政局动荡、恐怖主义泛滥、大国势力角逐,都对我国安全和发展利益造成影响和威胁。其次,核不扩散形势不容乐观。近年来,随着国际安全形势发生深刻复杂的变化,国际核不扩散机制也面临严峻挑战。中国是最早承诺不首先使用核武器的国家,却面临着周边严重的核威胁。再者,领土争端问题越来越突出。近年来,中国同许多国家通过平等协商的方式解决了陆地边界的领土争议问题,但仍有一些国家在蓄意恶化同中国的陆地领土的纷争问题;同时,中国的海洋领土与海洋权益受到了前所未有的威胁和挑战。

(二) 恐怖主义与分裂主义威胁日益严重

最近几年,"疆独"、"藏独"是中国最大的恐怖主义威胁。2008年3月14日一群不法分子在西藏自治区首府拉萨市区的主要路段实施打砸抢烧,有18名无辜群众被烧死或砍死,受伤群众达382人,其中重伤58人。这起严重的暴力犯罪事件是由达赖集团有组织、有预谋、精心策划煽动的,是由境内外"藏独"分裂势力相互勾结制造的。2009年7月5日,在境外东突恐怖分子的煽动下,新疆乌鲁木齐市爆发了骇人听闻的、严重恐怖打砸抢犯罪事件,造成无辜平民死亡140人,受伤达800多人。2014年3月1日21时20分左右,在云南省昆明市昆明火车站发生了一起以阿不都热依木·库尔班为首的新疆分裂势力一手策划组织的严重暴力恐怖事件。一伙暴徒持刀具肆意砍杀无辜群众,共造成31人死亡,141人受伤。当前,恐怖主义活动的特点是境外策划、煽动、遥控指挥,境内制造恐怖事件。所以,不仅要在国内加大打击恐怖主义力度,还有在国际上联合有关国家和国际反恐组织,采取有效手段来遏制那些支持境外恐怖分子的外国势力。

(三) 社会问题凸显

中国改革开放30多年来,取得的巨大成就,这是全国人民共同努力的结果。通过改革开放,推动我国实现了三大社会经济转型:即从封闭半封闭社会向开放社会转变,从农业社会向工业社会转变,从高度集中的计划经济体制向充满活力的社会主义市场经济体制转变,走上了现代化、市场化、城市化、全球化的发展轨道。由此,经济体制、政治体制、文化体制和社会体制相应发生了深刻变化。然而,社会经济转型期也是矛盾凸显期,市场化改革也积累了许多问题,使当前社会发展面临一些难题。比如环境污染、食品安全、城乡拆迁、基层民主等问题,这些问题如果处理不当,容易酿成群体事件,对社会稳定造成不利的影响。

第二节　牢固树立国家安全意识

一、什么是危害国家安全的行为

《中华人民共和国国家安全法》(2015年7月1日施行)所称危害国家安全的行为,是指境外机构、组织、个人实施或者指使、资助他人实施的,或者境内组织、个人与境外机构、组织、个人相勾结实施的危害中华人民共和国国家安全的行为。根据危害国家安全的行为的不同主体和不同情况,危害国家安全的行为分为五种:

(一)阴谋颠覆政府,分裂国家,推翻社会主义制度的行为

(1)"阴谋颠覆政府"是指阴谋推翻政府,篡夺国家领导权的行为。颠覆的手段可以是公开进行的,也可以是秘密进行的。此外,人民政府的范围,应扩大理解为不仅包括各级政府行政机关,而且包括各级权力机关、军事机关、司法机关等。

(2)"阴谋分裂国家",是指阴谋推翻地方人民政府,拒绝中央领导,割据一方,分裂统一的多民族国家的行为。我国是统一的多民族国家。国家的统一,各民族的团结,是社会主义必定胜利的基本保证。因此,国内外的敌对势力和敌对分子才千方百计地破坏国家的统一,制造分裂,实行封建割据,以破坏我国的社会主义建设。所以这是危险的危害国家安全的行为。阴谋分裂国家的活动,也可以采取不同的方式和手段。如利用所窃取的权利和地位公开发动政变,对抗中央,实行地方割据,或者利用民族矛盾,煽动地方民族主义,策动叛乱,企图建立独立王国。

(3)"阴谋推翻社会主义制度",主要是指以各种方式改变人民民主专政政权和以公有制为主体的社会主义的经济基础的行为。特别是在我国实行政治改革和经济改革的今天,一些国内外敌对势力、敌对分子利用进行改革、支持改革的幌子大肆进行推翻我国社会主义制度的活动,具有必须对此行为进行严厉打击惩处的紧迫性和必要性。

(二)参加间谍组织或接受间谍组织或代理人的任务的行为

(1)"参加间谍组织"是指行为人通过履行一定的手续加入间谍组织,成为间谍组织成员的行为。所谓的"间谍组织",主要指外国政府或境外的敌对势力建立的,旨在收集我国各种情报,进行颠覆破坏活动等危害我国国家安全和利益的组织。

(2)"接受间谍组织和代理人的任务"是指已参加间谍组织的人或未参加间谍组织,受间谍组织的命令、派遣、指使或委托为间谍组织代理人工作,从事危害我国国家安全的活动。所谓"间谍组织代理人"是指接受间谍组织或其成员的指使、委托、资助,进行或者授意、指使他人进行危害国家安全活动的人,包括自然人和法人。

(三)窃取、刺探、收买、非法提供国家机密的行为

所谓"窃取"是指行为人采取秘密非法手段取得国家秘密的行为。所谓"刺探"是指行为人通过合法途径和公共手段非法探知国家秘密的行为。所谓"收买"是指行为人采取以提供

财物或其他物质利益的方法收买国家持密人员向其提供国家秘密的行为。所谓"非法提供"是指国家秘密的持有人,将自己知悉、管理、持有的国家秘密非法出售、交付、告知其他不应知悉该密的人的行为。

"国家秘密"分为三级:绝密、机密、秘密。密级的确定由保护国家安全法所规范,不能任意规定。"国家秘密"是指关系国家安全和利益,依照法定程序确定,在一定时间内只限一定范围的人知悉的事项。具体的内容包括:国家事务的重大决策中的秘密事项;国防建设和武装力量活动的秘密事项;外交和外事活动中的秘密事项;以及对外承担保密义务的事项;国民经济和社会发展中的秘密事项;科学技术中的秘密事项;维护国家安全和追查刑事犯罪中的秘密事项;其他经国家保密工作部门确定应当保守的国家秘密事项以及政党秘密事项中符合保守国家秘密法规定的事项。

【案例 11-1】

哈尔滨一高校学生向境外出卖情报被批捕[①]

挡不住金钱的诱惑,在不到两年的时间里,哈尔滨一大学航天领域硕士研究生常某某为境外人员搜集情报及内部资料 50 余次,接受"经费"20 余万元。8 月 5 日,常某某被黑龙江省人民检察院农垦区分院批准逮捕。

2012 年 10 月,为减轻家庭经济压力,哈尔滨某高校研究生常某某在网上找兼职家教工作,并留下联系方式。有人主动与常某某联系,要他帮助搜集一些半公开的资料。常某某答应了,对方很大方,每次都是先付款,动辄数千元,让常某某很不好意思。

几次交往后,对方开始要求他利用学习期间便利条件搜集情报及内部资料。常某某明知是犯罪行为,却没有抵挡住金钱的诱惑。期间,对方曾一次给常某某 20 万元。在对方的资助下,常某某曾带女友去国外旅游。常某某还利用到海南旅行的机会,拍摄敏感军事图片传到境外。

经查,2012 年 10 月至 2014 年 6 月间,常某某向境外人员发送情报资料 54 次共计 60 余份,接受境外人员提供的"经费"20 余万元,给国家安全带来严重威胁。

案发时,常某某已考上博士研究生,他对自己的行为追悔莫及,但为时已晚。8 月 5 日,黑龙江省人民检察院农垦区分院依法对常某某批准逮捕。

(四) 策动、勾引、收买国家工作人员叛变的行为

所谓"策动"是指策动、鼓动他人叛变的行为。策动叛变,即过去常指的"策反"行为。所谓"勾引"就是指勾结、引诱他人叛变的行为。所谓"收买"是指以金钱、财物或者其他物质利用诱使他人叛变的行为。

[①] 梁书斌. 哈尔滨一高校学生向境外出卖情报被批捕[EB/OL]. (2014-08-06)[2016-02-18]. http://news.xinhuanet.com/legal/2014-08/06/c_1111963950.htm.

（五）进行危害国家安全的其他破坏活动的行为

除以上四种具体行为外，在实践中，发生的和未发生的严重危害国家安全的行为是多种多样的。并且随着社会、经济、科技的发展，新形式、新内容的危害国家安全的行为会不断出现。因此，国家安全法规定"进行危害国家安全的其他破坏活动的行为"包括：

(1) 组织、策划或者实施危害国家安全的恐怖活动的行为；
(2) 捏造、歪曲事实，发表、散布文字或者言论，或者制作、传播音像制品，危害国家安全的行为；
(3) 利用设立社会团体或者企业事业组织，进行危害国家安全活动的行为；
(4) 利用宗教进行危害国家安全活动的行为；
(5) 制造民族纠纷，煽动民族分裂、危害国家安全的行为；
(6) 境外个人违反有关规定，不听劝阻，擅自会见境内有危害国家安全行为或有危害国家行为重大嫌疑的人员的行为。

二、公民维护国家安全的义务和权利

（一）公民维护国家安全的义务

由法律规定的公民和组织的义务，是国家运用法的强制力保障实施的，是不能放弃而又必须履行的。违者，就可能要负法律责任。新《国家安全法》对公民和组织维护国家安全作如下七个方面的义务规定，内容包括：

(1) 遵守宪法、法律法规关于国家安全的有关规定；
(2) 及时报告危害国家安全活动的线索；
(3) 如实提供所知悉的涉及危害国家安全活动的证据；
(4) 为国家安全工作提供便利条件或者其他协助；
(5) 向国家安全机关、公安机关和有关军事机关提供必要的支持和协助；
(6) 保守所知悉的国家秘密；
(7) 法律、行政法规规定的其他义务。

任何个人和组织不得有危害国家安全的行为，不得向危害国家安全的个人或者组织提供任何资助或者协助。

（二）公民维护国家安全的权利

一切法律权利都会受国家的保护，一旦受到侵害，享有者有权向有关部门申诉和请求保护，情节恶劣者，可要求追究其刑事责任。

《国家安全法》规定："国家机关及其工作人员在国家安全工作和涉及国家安全活动中，应当严格依法履行职责，不得超越职权、滥用职权，不得侵犯个人和组织的合法权益。""公民和组织对国家安全工作有向国家机关提出批评建议的权利，对国家机关及其工作人员在国家安全工作中的违法失职行为有提出申诉、控告和检举的权利。"

权利是法律赋予的，只有依法行使，才能受到保护，如果故意捏造或者歪曲事实进行诬告陷害的，要依法惩处，构成犯罪的还会被追究刑事责任。

三、大学生如何维护国家安全

有国家就有国家安全工作,古今中外,概莫能外。无论处于什么社会形态,或者实行怎样的社会制度,都会视国家利益为最高、最根本的利益,将维护国家安全列为首要任务。所以,每位大学生都应当成为国家安全和利益的自觉维护者。

(1) 做"总体国家安全观"的践行者。习近平总书记指出:"必须坚持总体国家安全观,以人民安全为宗旨,以政治安全为根本,以经济安全为基础,以军事、文化、社会安全为保障,以促进国际安全为依托,走出一条中国特色国家安全道路。"国家安全涉及的国家社会生活的方方面面,是国家、民族生存与发展的首要保障。科学技术是没有国界的,但知识分子不能没有自己的祖国。大学生要做一个"总体国家安全观"的践行者,把国家安全放在高于一切的地位。

(2) 努力掌握维护国家安全的有关法律、法规。改革开放以来,我国先后制定了大批有关国家安全和国家安全工作的法律、法规、规章及其他规范性文件,初步形成了较为完整的我国国家安全法律的体系框架,为依法开展国家安全工作,防范、制止和惩治危害我国国家安全的违法犯罪行为提供了有力的法律武器。大学生应努力学习、掌握维护国家安全的有关法律、法规,明确什么是危害国家安全的行为、公民和组织维护国家安全的义务与权利,以及危害国家安全的法律责任等,进一步增强法律意识和国家安全意识,增强维护国家安全的责任感、义务感和荣誉感。

(3) 密切关注国际斗争形势,增强敌情观念和防范意识。大学生应站在国家利益与国家安全的高度,学会运用马克思主义辩证唯物主义和历史唯物主义的立场、观点和方法,从纷繁复杂的国际斗争形势中认清敌对势力对我们进行渗透、颠覆和破坏的险恶用心与真实面目。大学生特别要做到文明上网、安全上网,保持高度的国家安全的敏感性,充分认识泄密的严重后果,坚决抵制不明来源的所谓"资助"和金钱利诱。

【案例 11-2】

大学生为境外间谍搜集情报①

广东省航海学校专科生徐某的父母都在农村,家里生活不宽裕。2012年4月,当徐某考入某重点大学时,他在QQ群里发了一条求助帖——"寻求学费资助2000元"。

不久,一网民为"Miss Q"的人回帖,然后表示愿意提供帮助。徐某喜出望外,把银行卡号告诉对方,第二天就收到2000元人民币汇款。"Miss Q"自称是"一家境外投资咨询公司的研究员",需要为客户"搜集解放军部队装备采购方面的期刊资料",希望徐某协助搜集,作为资助学费的回报。徐某痛快地答应了,但没能在航海学校的图书馆找到相关资料。

---

① 洪奕宜.网络泄密案多发 间谍盯上大学生[N].南方日报,2015-04-20,A06版.

第十一章 国家安全

> 2012年5月,徐某主动联系"Miss Q",对方向他提供了一份"田野调研员"的兼职,月薪2000元。徐某所在的广东某大城市有一个军港码头和一家历史悠久的造船厂,他的"调研"工作就是到军港拍摄军事设施和军舰,到船厂观察、记录在造在修船舰的情况,并将有船舰方位标识的电子地图做成文档,提供给"Miss Q"。
>
> 23岁的徐某后来承认,做"调研员"不久,就意识到对方是搜集我军事情报的境外间谍,曾因内心极度不安主动放弃了学校的一些荣誉,但利诱当前,又难以拒绝对方。2013年5月,徐某被国家安全机关依法审查。

(4) 积极配合国家安全机关的工作。国家安全机关是国家安全工作的主管机关,是与公安机关同等性质的司法机关,分工负责间谍案件的侦查、拘留、预审和执行逮捕。大学生应当按照《国家安全法》赋予的七条义务的要求,认真履行职责。尽力为国家安全机关提供便利条件或其他协助,如实提供情况和证据,做到不推、不拒,更不以暴力、威胁方法阻碍执行公务,还要切实保守好的国家安全工作的秘密。

思考与讨论

(1) 公民有哪些维护国家安全的义务?
(2) 谈谈大学生如何维护国家安全。

第十二章
预防犯罪

第一节 大学生犯罪的现状

一、大学生犯罪预防的含义

从法律意义上,犯罪是指达到了对社会构成严重危害程度的违法行为,必须加以惩处,绳之以法。

关于大学生犯罪预防的概念,目前还没有一个大家公认的统一的概念,一般而言,有狭义和广义两种理解。狭义上,所谓的大学生犯罪预防,是指在大学生犯罪行为发生之前,利用社会上的一切积极因素,约束、抑制、消除诱发和导致大学生犯罪的各种消极因素,及时制止、减少和避免大学生犯罪的发生。广义上,是指大学生犯罪后,司法部门开始有条件地执行"暂缓执行"制度,那么对犯罪后的大学生进行挽救,防止他们再犯罪也是大学生预防的范畴。①

二、大学生犯罪的特征

在我国犯罪学研究中,对青少年的界定是14~25周岁,而在校大学生的年龄一般是18~25周岁,因此,大学生群体是青少年群体的组成部分。从20世纪70年代开始,青少年犯罪呈现逐年上升之势,近年来占到了刑事犯罪的80%,大学生犯罪占到了青少年犯罪的17%,占高校总人数的1.26%。据有关资料透露,近年来青少年犯罪总数已经占到了全国刑事犯罪总数的70%以上,且以年平均2%~3%的速度上升,大学生犯罪在其中所占比重也越来越高,增长趋势十分明显。据国家统计局统计,2014年,全年研究生招生61.1万人,在学研究生179.4万人,毕业生51.4万人。普通本专科招生699.8万人,在校生2468.1万人,毕业生638.7万人。随着大学生数量的增加,大学生犯罪人数也不断增多,大学生犯罪日益严重化。

从大学生犯罪案件涉及的类型以及大学生自身的特点来看,其犯罪既有相同于一般犯罪的性质,又区别于其他犯罪,有着其自身的特征和规律。总的来说,近年来,大学生犯罪主要体现在以下几个方面:

---

① 颜小冬.当代大学生犯罪问题研究[M].北京:中国检察出版社,2004:286.

（一）从犯罪主体上看

（1）犯罪主体层次越来越高，来自重点大专院校甚至名牌院校的犯罪大学生明显增多。据上海一项关于"校园犯罪"的调查，在犯罪的51名大学生中有16人来自重点院校，占了总数的31%。学历已不再是影响大学生犯罪的主要因素，很多高学历的人正在跨入犯罪的行列，其中不乏硕士生和博士生。

（2）在犯罪主体性别上，女大学生犯罪比例增加。其中，财产型犯罪与性犯罪所占比重较大，表明在拜金主义和享乐主义的影响下，少数女大学生追求虚荣导致堕落。

（3）在犯罪主体人数上，集体团伙性作案呈现出明显趋势。许多过程复杂的犯罪中往往出现大学生犯罪团伙。这些团伙往往以老乡会、同学会、学生社团为掩饰，甚至勾结社会闲杂人员组成严密的组织，有计划、有组织地实施犯罪。这在诈骗罪与抢劫罪中表现尤为突出。在大学校园里，集体团伙性的打架斗殴现象越来越突出，并且这种犯罪团伙经常伴以社会成员。由于大部分大学生都是异地求学，远离父母，涉世未深，易受社会不良风气的影响，很容易出现所谓的"哥们"义气，以及结识不良社会青年的现象，一旦个别人有了不良动机或是犯罪意图，便会出现连锁反应，造成很坏的影响。

（二）从犯罪种类上看

大学生犯罪涉及罪名多，主要以财产型犯罪为主。财产型犯罪主要表现为盗窃，在大学生犯罪比例上居于首位，据相关资料显示，盗窃案件约占大学生犯罪案件总数的50%。盗窃案发地点集中，主要集中在教学楼的自习室、图书馆、宿舍等学生主要活动区，犯罪嫌疑人趁这些地方无人或少人之际下手。较多盗窃案件的犯罪嫌疑人，存在多次实施盗窃的行为。绑架、杀人、伤害、强奸等暴力型犯罪日益突出。此外，随着经济发展和科学技术的进步，社会的多元化趋势增强，新型犯罪层出不穷，例如，网络犯罪、毒品犯罪、传销、贩卖考试答案等。

（三）从犯罪手段上看

大学生犯罪手段上一般相对简单，主要表现为"顺手牵羊式"。利用对周围环境、同学的熟悉，对被害人物品存放位置的了解，几乎不用采取特别的犯罪方法，就能轻易地将钱、物控制在手。犯罪对象主要为同学的现金、手机、银行卡、电子产品等物品。特别是盗窃银行卡这类犯罪案件中，行为人往往事先知道被害人的银行卡密码，或者通过被害人生日、家庭电话号码等方式就能把密码猜中，从而轻松获取现金。但是当前大学生犯罪手段呈现暴力化和智能化倾向。一方面，大学生暴力犯罪增多，如故意伤人、故意杀人、绑架等；另一方面，大学生利用自身所学习的知识和技能，利用网络等高科技工具进行智能化犯罪。如网络信息窃取、制造恶意病毒破坏他人信息系统、网络诈骗等。由于接受过高等教育，智商水平比较高，知识面广，从而使得他们作案手段比较狡猾、隐蔽，更甚的有些大学生还会使用高科技反侦察手段，妄想避开法律的制裁。

【案例12-1】

"男扮女装"微商平台诈钱财①

2014年11月,松江大学城某校学生小蒋通过手机陌陌软件,搜索到一个隔壁院校的学生自称是"Mary"的用户。加为好友后两人聊了几句,又加了微信好友。小蒋发现"Mary"的头像是个甜美的女生,她的朋友圈时不时地挂出自拍照,还有一些衣服鞋子等物品的售卖信息。然后"Mary"开始向小蒋推销鞋子。小蒋当月的生活费已经花光了,跟"Mary"说下个月再考虑。

2014年12月,"Mary"再次找到小蒋,向其推销鞋子。小蒋不好意思再推托,就订购了一双600元的休闲鞋。"Mary"要求先付款后发货,小蒋立即到ATM机上将钱转给了她。"Mary"承诺过两天给小蒋安排发货。过了几天,"Mary"又发来消息,说之前订购的鞋子价格弄错了,需要900元,让他补300元差价。小蒋当时手头并不宽裕,只要换一款同价位的鞋子。

第二天,小蒋的朋友想买苹果6手机,他想起"Mary"也卖苹果6手机,便问其是否有货。"Mary"开价5100元,小蒋的朋友觉得价格也挺合理,于是双方满意地成交了。小蒋又通过ATM机给"Mary"转去了5100元。"Mary"也满口答应尽快发货,却没了后续消息。等小蒋再联系"Mary"时,才发现这个人已凭空消失了,微信没有任何回复。小蒋这才反应过来自己被骗了,赶紧去派出所报了案。

上当的不只小蒋一人,在2014年10月至12月间,这个"Mary"的神秘女子以出售苹果6手机为由,骗取了在校生小芸4200元、小蕾2400元。根据银行卡转账记录等线索,民警很快锁定了犯罪嫌疑人。到案后的"Mary"竟然是松江大学城某院校一男学生,据他所述,自己被朋友圈的售卖信息骗过,给卖家汇去了4000多元购买苹果6手机,却没了下文。于是他产生用同样方法把钱骗回来的想法,一单接一单,他通过虚构的女性身份骗取了12300元。他的行为已涉嫌诈骗罪,将为自己的错误行为付出应有的代价。

(四)从犯罪动机上看

大学生犯罪,特别是暴力伤害犯罪,往往事先并无预谋,一般是在受到某一事态的强烈刺激后实施的突发性、短暂性、难以抑制性的行为。我国在校大学生正处于青春活力旺盛期,普遍具有争强好胜、思想偏激、容易冲动、易走极端等特征,加之社会阅历浅,对现实生活中的一些事情没有比较客观的认识以及批判接受的能力,当受到某一件事情的强烈刺激后,明知自己的行为会造成危害社会的恶果却希望或放任它发生,对自己的行为缺乏控制力,来不及更多的思考,也没有考虑的余地,便着手实施犯罪了。所以很多大学生就因为一念之差走上违法犯罪道路,事后追悔莫及。因此,大学生犯罪的主观目的都比较单一、盲目,多为偶发性和冲动型犯罪,除了一些盗窃案和个别案件外,大学生犯罪,初犯、偶犯居多,累犯较少。

---

① 新浪新闻. http://sh.sina.com.cn/news/s/2015-08-19/detail-ifxfxrai2193250.shtml.

(五) 从犯罪后果上看

犯罪后果一般不严重。例如,涉嫌盗窃罪的大学生们下手目标多是移动性强的个人物品,如书籍、服装、自行车、被褥等日常用品,以及手机、银行卡、相机、手提电脑等高档物品和大额现金,且涉案金额大小不一,但多数都在千元左右,顺手牵羊式的实例比较普遍;而故意伤害罪的犯罪情节一般轻伤为多,严重者则是将受害人身体某部位致残。但是也出现一些严重犯罪行为,比如故意杀人、恶性抢劫、重大诈骗等。

三、大学生犯罪的主要类型

根据大学生犯罪行为所具有的某些特征以及主客体方面的某些特征,可以将大学生犯罪类型划分为:侵犯财产型犯罪、暴力型犯罪、性犯罪、智能型犯罪、特殊类型的犯罪。

(一) 侵犯财产型犯罪

侵犯财产型犯罪主要表现为:盗窃、诈骗以及窝藏、购买和使用赃物等犯罪形式。据统计,在大学生违法犯罪案件中,侵财类案件占一半以上。其中,盗窃罪是这类犯罪类型中所占比例最大的,大学生参与盗窃犯罪,一般侵害目标是学生,在学生宿舍、饭厅、教室图书馆等处则是盗窃案件的多发地点。大学生也有结伙到其他高校和社会上行窃作案的。

大学生参与抢劫、诈骗等侵财违法犯罪,侵害目标主要是社会上人员。例如,七名大学生利用委托某广告公司制作了"财经在线"广告节目在浙江卫视、云南卫视、甘肃卫视等电视台播放,谎称本公司有专业操盘老师为客户炒股、收益高,诱使不明真相的股民与之联系,通过收取服务费、操盘费、保密费等理由,最后骗走股民上百万元。

此外,大学生此类犯罪还表现在窝藏、购买和使用赃物上,一些同学为了一己私利或哥们儿义气,帮助保管赃物,购买、使用赃物,有的甚至销赃,最终走上违法犯罪道路。根据《中华人民共和国刑法》第312条规定,明知是犯罪所得的赃物而予以窝藏、转移、收购或者代为销售的,处三年以下有期徒刑、拘役或者管制,并处或者单处罚金。

(二) 暴力型犯罪

暴力型犯罪主要表现为故意伤害、故意杀人、抢劫、绑架等犯罪形式。其中以因为恋爱感情问题而引发的故意伤害和故意伤人案件所占比例比较高。大学生暴力犯罪案件的数量仅次于大学生侵财违法犯罪,居第二位,但后果和影响十分严重,个别案件的性质比较恶劣。近几年暴力型犯罪案件有很多,比如:

2014年9月,兰州石化职业技术学院一名大二学生因情感纠纷,当街杀两人后自杀身亡。

2014年年底,厦门市集美区某高校学生杨某与同学外出就餐时,因结账问题与餐馆老板发生争执,杨某一怒之下将餐馆老板打成轻伤。

2015年11月,松江大学城一大学的在读研究生小陆,因不满同学劝架拳脚相加,对曹某一顿拳打脚踢,导致其脾脏破裂,最终实施脾脏摘除手术。

(三) 性犯罪

性犯罪也是大学生违法犯罪的主要形式之一，主要表现为卖淫、嫖娼、猥亵、强奸等犯罪形式。女大学生的身体特点和意志因素使她们较之男大学生性犯罪率明显偏高，由于家庭、物质、心理等原因进行如卖淫、性诈骗、性贿赂等犯罪。有些男大学生进行嫖娼、猥亵，甚至强奸等犯罪，主要原因是浏览黄色网站、看黄片、看黄色书籍等造成的。

(四) 智能型犯罪

为了金钱或其他私欲，一些大学生将自己学到的知识和专业技能运用到违法犯罪之中，犯罪表现出高智商、高科技含量、高隐蔽性、高欺骗性等特点，给国家和社会造成重大危害。智能型犯罪主要表现为计算机违法犯罪、信用卡违法犯罪、商业欺诈等形式。

【案例 12-2】

21 岁大学生再站法庭受审 校园网改分赚钱涉破坏计算机信息系统罪[①]

2013 年 10 月底，卢某无意间发现学校的教务系统存在漏洞，他可以通过任何一台电脑侵入系统帮"挂科"的学生修改成绩，他觉得这是一条赚钱的途径，随即打印了几份宣传单，上面注明"收钱改成绩"，并留下一个网名为"杀手"的 QQ 号，贴在学校厕所等地方，等"顾客"上门。

学生张某看到宣传单后联系了"杀手"，在卢某的"帮助"下，张某得到了自己心仪的成绩，卢某因此获利 3500 元。此后，为了扩大"客户群"，卢某联系了该校学生董某，让他为自己介绍"客户"。

2013 年 11 月和 12 月，卢某和董某分工合作，通过为多名学生修改成绩，获得了不少"收益"。与此同时，2013 年 11 月和 2014 年 3 月，该校教务处一名工作人员多次发现系统异常，遂上报学校，后向警方报案，公安机关锁定目标，卢某、董某落网。

2015 年 5 月，乌市沙依巴克区人民法院经审理，以破坏计算机信息系统罪，判处卢某有期徒刑 5 年；董某取得非法收益 20500 元，判处其有期徒刑 3 年，缓刑 3 年。因为对一审判决结果有异议，卢某向乌市中院提出上诉。董某没有上诉。

(五) 特殊类型的犯罪

特殊类型的犯罪主要表现为赌博犯罪、毒品犯罪、危害国家安全犯罪等形式。在校园里一些学生一开始从事赌博，都是小打小闹，打打扑克牌之类的，但有的最后就发展成大赌注、利用现代化工具进行赌博犯罪，而且也容易诱发诈骗、盗窃、抢劫等案件的发生。

毒品犯罪除了吸食毒品，还有走私、贩卖、运输、制造、非法持有毒品等形式，有些大学生由于交友不慎、出入不良场所等原因走上毒品犯罪道路。据了解，在大学生群体里，女大学

[①] 法制网，http://www.legaldaily.com.cn/legal_case/content/2015-06/17/content_6130292.htm? node=33812.

生进行毒品犯罪的比重比较大。

【案例 12-3】

大二女生贩毒被抓[①]

2015年10月28日,武汉市江夏区人民检察院公诉一起女大学生校园贩毒案。本案中,被告人吴某某是一名大二学生。2015年5月18日凌晨,吴某某携带四包"K粉"(主要成分为毒品氯胺酮)从老家红安县乘车到其就读的本辖区内某高校,准备贩卖给自己的同学黄某某和韩某。车行至本区庙山开发区阳光四路时被民警拦下检查,吴某某将"K粉"丢弃于路边后逃跑,被民警当场抓获,并从路旁提取了上述毒品。据吴某某交代,2015年2月份以来,其先后5次在红安县某网吧、某酒吧以及就读的校园内向其同学黄某某、韩某、鄢某贩卖毒品"K粉",获利数百元。

据了解,吴某某虽身为在校大学生,却常年混迹于网吧和酒吧内,荒废学业,受到了不良社会风气的影响,并在这些场所内结识了以贩毒为生的熊某等狐朋狗友,最终一步步走上了吸毒贩毒的犯罪道路,从青春洋溢的大学生堕落为女毒贩。根据《刑法》及司法解释规定,贩卖毒品三次以上,应当处三年以上七年以下有期徒刑,并处罚金。铁窗中的吴某某丝毫没有意识到自己罪行的严重性,甚至询问办案人员"我的案子怎么还没办完?下周学校开学了我要回去上课了"。由于对法律的无知,等待吴某某的将可能是三年以上的牢狱生活。

第二节　大学生犯罪的原因

一、大学生犯罪的客观原因

(一) 社会原因

(1) 社会竞争持续加大。现代社会竞争压力加大,大学生承受的压力也在持续加大;大学招生规模的不断扩大,大学生就业压力不断加大,出现了毕业就失业的现象,大学生在社会中越来越处于一个弱势的地位。当处在一个多变、快节奏、高信息、强竞争的社会环境中时,大学生遭到越来越多的心理压力侵袭。

(2) 我国处于社会转轨、经济转型时期,原有的社会规范、价值观、行为模式不断受到冲击,社会道德规范在某些方面不同程度地出现模糊、混乱和多元化的现象,新的社会规范、价值观和行为模式尚未完全形成,尚不能对社会成员进行有效约束,使得一些人特别是极少数青年学生在社会化过程中迷失方向,导致其越轨行为在数量、规模和强度上都有增加。

---

① 中国网,http://legal.china.com.cn/2015-10/29/content_36923761.htm。

（3）社会消极因素的影响。一方面，市场经济的负面效应显现，物质利益已经不再被人们视为是"拜金主义"的反映，盲目追求物质利益的不良风气刮进了校园，动摇了一些学生纯洁上进的思想，使得他们的价值观发生了错位，许多大学生错误地以物质利益为尺度去评价个人得失，这就诱发和刺激了极少数大学生去进行偷窃、抢劫、诈骗等违法犯罪活动，有的大学生甚至抛弃了个人的基本道德，利用性违法的手段来换取金钱。另一方面，随着改革开放的深入，西方文化思潮和价值观念以及腐朽的生活方式对学生的侵蚀和影响不可低估。享乐主义、极端个人主义滋长，渲染色情、凶杀、暴力的书刊、音像制品充斥文化市场，封建迷信活动和黄、赌、毒等社会丑恶现象泛滥，文化事业受到这些消极因素的严重冲击，危害青少年身心健康的东西屡禁不止，使一些大学生的认知产生偏差；一些警匪片、言情影视片或小说，各种传奇色彩的"黑社会"人物，以及黑网吧有害电子游戏等不良信息的侵袭，对极少数大学生也起着极坏的影响，诱导他们走上违法犯罪的道路。

【案例 12-4】

雁峰警方破获大学生蒙面持枪抢劫系列案[①]

衡阳某大学大三在校学生王某，抽高档香烟穿名牌服装，经常挥金如土。近期又沉迷于网络赌博，两个月时间输掉了 10 余万元，其越陷越深，家人寄来的钱远远满足不了需求，其在网上借贷平台贷款近 10 万元，虽然家里知道其因网上赌博欠贷款，也答应帮其还贷，但家中寄来用于还贷的钱到手之后，并没偿还贷款，而继续用于网上赌博，金钱缺口越来越大，萌生抢劫念头，踏上了违法犯罪之路。王某选择熟悉路段，对中小型宾馆前台实施持枪抢劫。从 2015 年 11 月到 12 月，连续作案 4 起，最终被湖南省衡阳市雁峰公安分局民警抓获。

当民警问到是否考虑后果时，王某交代：凌晨后半夜，路上行人稀少，宾馆内部疏于防范，尽量避开城市监控摄像头，应该不会被人发现，每次作案前后都换上黑衣并且戴帽蒙面，别人更加发现不了。

（4）贫富差距导致心理失衡。目前，因家庭困难造成经济紧张而陷入困境的大学生在大学里占有相当大的比例。据相关统计，目前高校特困生比例为 8％，超过 200 万人。高额的学费与生活开支增加了他们的心理负担，而贫困的女大学生的心理负担尤甚。经济的窘迫使一些女大学生的内心特别自卑敏感，她们不愿让同学知道自己的情况，她们的苦闷只能压抑。一旦有什么事伤及她们的自尊，导致心理失衡，她们就很有可能走上犯罪的道路，这是女大学生犯罪率偏高的一个原因。另外，"需要面前无道德，需要面前无法律"是女大学生犯罪心理的典型写照。为了满足享乐挥霍的私欲和高消费的虚荣心，一些女大学生唯利是图，甚至不惜以违法犯罪的手段达到目的。家庭贫困也是大学盗窃案频发的一个重要原因。

（5）社会交友不良，乱讲义气。大学生在与社会联系时，必然会形成一定的社会圈、交友圈，而过多和过于复杂的圈子中，一些"损友"则会出于各种目的将大学生"染黑"，甚至引入犯罪。有些大学生重友谊，讲情谊，重人情，当所谓的哥们、姐们有困难后，会义不容辞、冲锋陷阵，展示自己的义气，一不小心就有可能触犯法律。

---

① 法制网，http://www.legaldaily.com.cn/legal_case/content/2015-12/24/content_6415321.htm?node=33812.

(6) 网络科技的发展,社会不良信息传播途径广。学生利用网络越来越多,接触到不良信息也越来越多。一些黄、赌、毒的东西侵入,一些道德败坏的现象被推崇,甚至一些关于具体犯罪方法与手段的信息出现,使网络上出现美丑不分、善恶不辨、是非不明的状况,也是大学生出现道德滑坡甚至走向犯罪的一个重要因素。此外,社交网络已经渗入到人们的日常生活,其中微博、微信、QQ、陌陌、人人网、YY语音、百度贴吧等这些社交网络平台使用的主力军就是大学生,社交平台在为人们的通信提供便利的同时,也成为违法犯罪的工具和手段。近年来,大学生利用网络新媒体犯罪的案例屡见不鲜。一些人改变传统"骗术",利用社交软件实施犯罪,并采用"黑客"等手段,隐藏身份以逃避法律的制裁。

(二) 家庭原因

(1) 家庭教育错位,埋下隐患。我国的家庭教育失当现象比较严重,失当的家庭教育方法主要有溺爱型、粗暴型、放任型,其中溺爱型的教育方式在大学生家庭中最为普遍。现在,家长对孩子的教育往往容易出现两个极端,要么漠不关心,放任自流,要么过分保护与干涉;要么专制粗暴、惩罚严厉,要么偏袒和溺爱。这种极端化教育方式很难使孩子正常地社会化,往往形成不良的习惯和人格,而这些不良的习惯和人格正是犯罪的内在动因。同时,家庭教育的失当还表现在教育的内容上,在高考的压力下,家长关注最多的是孩子的分数,往往忽视孩子健康心理的发展、健全人格的培养和良好习惯的养成。

(2) 家庭结构残缺,影响成长。调查数据显示,单亲家庭(破裂家庭)出身的青少年犯罪高于正常家庭的孩子。家庭残缺使教育功能减弱,甚至失去家庭教育功能,一方面可能为了补偿而过分溺爱,另一方面又有可能造成对子女情感淡漠。在这种环境下的孩子很容易形成孤独怪僻的性格,一旦遇到挫折,无法找人倾诉,易走极端。一些单亲家庭中成长的孩子,因为缺乏父爱或者母爱容易形成自尊心强、抗挫能力弱、逃避、好强、爱面子、心胸狭隘、嫉妒心强的个性。在内心他们渴望和正常家庭一样享受父母的关爱,外表却装作冷酷无情让人难以接近。他们的心理年龄比一般同龄伙伴要偏大,在他们求学过程中,最害怕的就是别人的嘲笑和同情。一旦被同学当作取笑的对象,或者他人不小心损害了自己的利益,他们可能会报复对方,触犯法律。

(3) 时空距离导致家庭教育不力。大学生进入大学校园,在时间和空间上都与父母相对独立,与父母和亲友沟通较少。脱离了父母的监控,部分大学生就会缺乏对自己的约束、放任自流,滑向违法犯罪边缘。

【案例 12-5】

状元大学生沦为阶下囚 母亲苦寻一年终狱中相见[①]

于淮步入名牌大学的第一年,从兴奋到极度低落。由于父亲抛妻弃子,远走异乡,整个家庭只能靠于淮妈勉强支撑,仅靠以往积蓄度日。于淮连课本费都交不上,不能按时买书本。他开始自暴自弃,很快便"挂科"了,而且是很多科。于淮妈接到学校的劝退通知,从老家急赶到北京,想求学校保留学籍。刚见到母亲,于淮转身便跑出了校园。

---

① 央视网,http://www.legaldaily.com.cn/legal_case/content/2015-12/24/content_6415321.htm?node=33812.

于淮妈到派出所报了案,她在北京找了一年多,没找到。2015年3月,于淮被海淀法院判处有期徒刑1年5个月。

经过数次开导和交谈,于淮才逐渐打开心扉。他说,出走后自己打过小工,因没有身份证,老板答应月付3000元,却只给了300元。钱花光后,又无身份证,只能睡在街边、桥下,风餐露宿,捡拾垃圾,流浪街头一年多。饥饿难耐时,他想到了去偷。

盗窃地点是北京市一些大学校园篮球场。于淮趁打篮球的人不注意,捞走他们临时放在场下的手机或百十元现金。9个月里,他盗窃十余次,直至2014年3月被警方抓获。

为什么即使露宿街头、多次盗窃,于淮也不愿返校回家、向母亲求助?对此母子俩说法不一。于淮妈提及儿子上高中时家有变故,于淮爸爸做生意不景气,夫妻又发生矛盾,后来于淮爸干脆离家,于淮成绩一落千丈,没考上好的大学,第二年重考才成为"状元"。而于淮对母亲也有不满:"以前父母经常吵架。爸爸走后,我妈也不能接受我的思想,无法交流。"他认为自己做什么事,母亲都不理解,她总将自己的意志强加给他,发现他高中早恋后,就强制干涉。

(三)学校原因

(1)我国是个以应试教育为主的国家,考试作为区分人才的一种重要手段,造成了大量不能适应这种考试的"差生"。随着我国高等教育的扩招,一部分成绩不理想的学生进入大学校园,这部分学生往往感到学习压力加重,有的产生厌学思想,逃学严重,甚至混迹社会,不能自拔。另外,应试教育也造成在学校教育管理中,忽视对大学生宽容、理解、爱心、诚信、责任等良好道德观念的培养,导致部分大学生缺乏公德心、责任感和是非观念。

(2)大学生全面素质教育和培养不够。马克思主义认为人的全面发展应该是体力、智力、道德品质及个性的充分、自由、和谐的发展。但现实中,许多学校还没有实现从"应试教育"到素质教育的根本转变,我国高等教育重智育轻德育、重自然科学轻人文科学、重书本轻实践、重教学轻科研等情况普遍存在,导致大学生素质教育与培养偏离轨道,部分大学生道德水平低下、人文精神匮乏、法制和纪律观念淡漠,容易走向违法犯罪的道路。

(3)学校管理不善,制度不健全。在我国现行教育体制下,在学校管理制度方面,行政管理色彩过重;由于扩招和后勤社会化,学校人员混杂,影响学生看待社会的方式,产生仇视,也给学校带来了治安隐患;由于缺乏科学的管理机制,有的学生夜不归宿、逃课旷课、赌博醉酒等也无人过问;由于未做到防微杜渐,导致个别学生自觉性越来越差,自我控制能力越来越弱,很容易突破道德和法律的防线而走上犯罪歧途。

(4)部分教师僵化式教学,照本宣科,形式单一,内容乏味,难以形成师生之间的良性互动。还有部分教师人情冷漠,与学生交流少,使学生想借助教师解决的心理问题难以解决,其结果就是教师应付、学生反感,起不到对学生正面引导的作用。

(5)校园文化建设落后,大学文化生活单一、枯燥,不能完全满足大学生精神文化需要,部分大学生走向社会寻求精神满足,受到社会不良环境影响,自觉或不自觉地走向违法犯罪道路。

二、大学生犯罪的主观原因

尽管社会、家庭、学校在对大学生教育管理方面都存在一些亟待解决的问题,但是我们不应该忽视极少数大学生参与违法犯罪的主观因素。

(1) 世界观、人生观、价值观出现偏差。树立科学的世界观、人生观、价值观是大学生成长成才的重要内容。但是在利己主义的世界观、人生观、价值观的影响下,很多大学生以金钱、地位、荣誉、享乐为唯一取向,以现实和功利为主要目标,缺乏远大的理想和良好的意志品质,自我控制能力差,面对社会消极影响和周围的不良刺激,他们不能及时进行自我调节和纠正自己的不良心理意识与行为,有的学生甚至发展到唯利是图、私欲膨胀的地步。当强烈的物质占有欲、挥霍享受欲、畸变的性欲、权位欲、支配欲等不良的心理需求得不到满足时,他们就有可能抛开社会法治、道德修养和纪律的约束,寻求和尝试使用非法的手段牟取私利,走上违法犯罪的道路。

(2) 心理不成熟。虽然大学生大部分都已成年,但有些大学生心理发育不是很成熟,由于心理的不成熟,在复杂的社会竞争环境中,大学生很容易出现认识偏激、情绪不稳、缺乏理智、过分自信等心理方面的问题。

有的学生存在很重的虚荣心理。如有些学生在生活消费上相互攀比,追求虚荣,当经济条件满足不了自我消费欲望时,就有可能诱发盗窃、诈骗等侵财行为,轻则违法违纪,重则走上犯罪道路。

有的学生存在冷漠心理,对周围的人与事漠不关心,漠然处之,回避人际交往,自负而偏执,易与他人发生争执和冲突,因一点小事不满,就可能造成纠纷,产生激化,发生严重的违法犯罪行为,完全忽视他人的感受和生命。

有的学生自尊心过强,非常重视别人对自己的评价,但是脆弱的意志控制不了狂暴的激情,在愤怒、震惊、欲望极为强烈的情况下,因心理承受能力差,一时失去理智,产生盲动,实施损人害己行为。

有的学生存有追求刺激、放纵的心理,他们感到生活乏味,空虚无聊,于是便沉溺于网吧,个别学生甚至利用实施犯罪行为来满足自己追求刺激的需要。赌博、酗酒等不良行为对大学生的身心危害是显而易见的,其后果也是不言而喻的。有些学生明知如此,仍放纵自己,沾染上一些恶习并任其发展下去,最后发展到欲罢不能的地步。

有的学生存有自卑心理,平时有消极、抑郁、悲观、失望的情绪;不善交际,缺乏自信,缺乏自我调节能力,解脱不了的时候,便会疑神疑鬼,把情绪发泄到他人身上。这种消极心理,容易出现心理问题,也可诱发犯罪。

有的学生从众心理太强。一些大学生明知自己的行为是违规、违纪的,但看到周围有同学这样做,为达到自己的目的,也就跟着效仿。

有的学生存在着侥幸心理。有些大学生完全明白自己的违规、违纪行为的危害性和严重后果,但心存侥幸,认为学校和其他人不会发现,或者危害性和严重后果不会发生。

有的学生性心理不健康。大学生的生理迅速走向成熟,对性问题充满了好奇和渴望,从青春期开始的逐渐的性成熟以及性意识的增强必然使这些刚刚成年的大学生关注异性,这本是正常的生理反应。但是,一旦他们未形成良好正常的性道德观念和性责任感,再加上受到各种暴力、色情文化的不良影响,就有可能在神秘感和好奇心的驱使下产生性犯罪行为。

(3) 纪律观念薄弱、道德意识欠缺、责任意识淡漠。随着社会的发展和进步,我国各项法律制度不断健全,各种规范逐步完善,全民法律意识得到增强,依据法律法规制定的高校校规也在不断完善。在这种情况下,大学生更应培养较强的法律和纪律意识,树立牢固的法治观念,成为全社会遵纪守法的楷模。但是,少数大学生不注意自身综合素质的培养,放松或漠视法律、法规的学习,表现为法律意识淡薄,纪律观念薄弱,因此,一些学生出现不同程度的违法、违规、违纪行为。

在少数大学生中出现不同程度的道德偏失、行为失准,是与时代要求相悖逆的。在学生违纪行为中,50%以上是考试作弊,这凸显了大学生存在着"诚信危机"。大学生道德意识的缺乏,甚至出现道德水平的下降,是大学生犯罪的重要原因。

对社会,对国家,大学生应具备强烈的责任感和崇高的使命感,将来走上工作岗位才能更好地担负起时代所赋予的历史重任。大学生在校期间应有意识地培养和锻炼自己的责任意识,只有建立坚定的责任意识,才能成就未来国家的大事业。而在现实中,少数大学生对社会、学校、家庭和他人缺乏应有的责任意识,也是学生违规、违纪的行为产生的一个原因。

【案例12-6】

复旦投毒案①

2010年,林森浩因成绩优异免试进入复旦大学医学院攻读研究生,并在中山医院见习,林森浩与黄洋均为复旦大学上海医学院2010级硕士研究生,分属不同的医学专业。同住一个寝室,林因琐事对黄不满,逐渐怀恨在心。

2013年3月31日中午,林森浩将其做实验后剩余并存放在实验室内的剧毒化合物带至寝室,注入饮水机槽。4月1日早上,与林森浩同寝室的黄洋起床后接水喝,饮用后便出现干呕现象,最后因身体不适入院。

2013年4月11日,上海警方组织专案组经现场勘查和调查走访,锁定黄洋同寝室同学林某有重大作案嫌疑,当晚依法对林某实施刑事传唤。第二天,林某被警方依法刑事拘留。4月16日,黄洋经抢救无效去世。4月19日,上海警方正式以涉嫌故意杀人罪,向检察机关提请逮捕犯罪嫌疑人林某。

2014年2月18日,上海市第二中级人民法院一审宣判,被告人林森浩犯故意杀人罪被判死刑,剥夺政治权利终身。

2015年6月26日,已进入最高人民法院进行死刑复核阶段的复旦投毒案,又现新进展。2015年6月25日上午,林森浩重新委托的辩护律师谢通祥向最高法提交了7份申请。

2015年8月上旬,备受媒体关注的"复旦投毒案"再度引起热议——被告人林森浩父亲林父请求不核准并撤销林森浩死刑,并与最高法法官为此见面了数个小时的消息引爆了舆论。12月9日,最高法已核准林森浩死刑。12月11日,林森浩因故意杀人罪被依法执行死刑。

---

① 360百科,http://baike.haosou.com/doc/5375827-5611919.html.

法院判决书认定,嫌疑人是因琐事而采用投毒方法故意杀人。嫌疑人投毒,心理是有愤怒和不满的。这与嫌疑人嫉妒、自卑、敏感、脆弱的性格缺陷和处理人际关系及情绪调节能力低有关。具有这些不良因素的人在生活中容易遭遇挫折,而挫折往往使他产生愤怒、怨恨、敌视等消极情绪体验,并长时间难以排除,当积累到一定程度时,如果受到一点哪怕很小的事情的刺激,就会情绪发作,导致行为失控而作案,伤害被害人。

第三节 大学生犯罪的预防

大学生犯罪行为的发生,不仅危害了社会,而且使大学生自毁前程。预防大学生犯罪是对人才的珍惜,是对国家和社会负责。大学生犯罪是个人、家庭、学校和社会等多方面原因综合作用的产物,是社会多方面消极因素的综合体现。因此,减少和预防大学生犯罪,需要个体、家庭、学校和社会等共同努力,才能取得明显效果。外因是条件,内因是根据,外因通过内因才能发挥作用。所以,预防大学生犯罪最关键的还是从大学生自身入手,加之本书的受众主要是大学生,因而,关于社会、学校和家庭等外因的预防在此不赘述了。

大学生接受国家高等教育,具有较高认识水平和思想素质,应当自觉做到遵纪守法。大学生在生活、工作和学习中,应做到以下几点。

一、坚定正确的理想信念,树立科学"三观"

理想信念是一个人的生存之本,是一个人的精神支柱,也是力量源泉。因此,首先,大学生要树立正确的理想信念。缺乏坚定正确的理想信念,人就会失去精神支柱和前进的动力。事实表明,许多大学生进入大学后,往往缺乏新的追求目标,有的是一时找不到新目标,有的则是想轻松一些,不进行目标规划,从而造成理想信念缺失,结果在大学里浑浑噩噩,产生迷茫感与失落感,甚至导致心理问题和疾病,走向犯罪。因此大学生进入大学适应新的环境后,应立即确立一个学习、生活、工作等方面新的奋斗目标。有了明确的目标,就像人生之舟有了灯塔,不会迷失方向;有了内在驱动力,也可促使人变得积极向上,从而更有利于克服各种心理问题和疾病。

其次,大学生要树立科学"三观",即世界观、人生观和价值观。江泽民同志曾经指出:"树立正确的世界观和人生观,无论过去、现在和将来,对于每一个大学生和党员来说,都是首要问题。这个问题不解决,或解决得不牢靠,不论搞革命,还是搞建设,是不可能兢兢业业的,也不可能做出成绩来。"大学生正处在人生成长的关键时期,大学期间对于一个人的世界观、人生观和价值观的形成至关重要。因此,大学生一方面要认真学习科学文化知识,另一方面要提高自己的思想觉悟和政治觉悟,从而相信和选择马克思主义的世界观,自觉地坚定对科学理论的信仰,坚定对中国共产党领导的信任,坚定对建设中国特色社会主义的信心。大学生还要明确和追求高尚的人生目的,端正人生态度,培养对自己、家庭乃至社会和国家的责任心,保持乐观、积极向上的精神状态,脚踏实地、一步一个脚印地实现自己的人生目标。大学生要正确理解人生价值的内涵,同时要抵制和消除拜金主义、享乐主义和极端个人主义的错误思想,从而深层次预防自我犯罪现象的发生。

二、丰富法律知识,增强法律意识

在当今中国社会,缺乏法律常识,不具备应有的法律意识,任何人都难以适应社会的发展。当代大学生应该自觉地较为系统地学习国家常用法律和法规,具有较丰富的法律知识和较强的法律意识,要掌握并运用这些法律知识去处理日常遇到的各种问题。高校为学生所开设的法律基础课以及安全教育课,大学生应认真对待,要结合自己的实际,学好法律,深入理解法律的内涵。此外,大学生还可以通过相关法律书籍、网络、电视等媒体节目,摄取和丰富法律知识。同时,大学生要增强法律意识,学会运用法律、依靠法律来保护自己,做到知法、懂法、守法,不仅自己不干任何违背法律的事,而且应该与一切违法行为做斗争,维护法律的尊严和良好的社会秩序。

三、提高道德品质修养

思想道德素质是当代大学生必须具备的基本素质之一,德才兼备应该是大学生追求的全面发展目标。大学生在学"做事"的同时,还要学"做人",这也是使大学生免于走上歧途、远离犯罪的重要保证。大学期间,大学生要自觉地提高自身道德修养,努力学习和掌握修身养性和陶冶气质的方法;要树立社会主义荣辱观,并努力践行,做到知荣辱、明是非、辨善恶;要树立社会主义道德观,坚持以为人民服务为核心,以集体主义为原则,继承和弘扬我国优良道德传统;要遵守社会公德,养成良好的文明行为习惯;要遵守职业道德,树立正确的择业观和创业观;要树立家庭美德,确立正确的恋爱婚姻家庭观。总之,大学生应该努力锤炼个人品质,把自己培养成为国家、社会需要的合格人才。

四、培养良好的心理素质

良好的心理素质是大学生综合素质不可分割的重要组成部分,也是避免学生违法乱纪的重要保证。大学生犯罪,很重要的原因就是存在着虚荣心理、冷漠心理、自尊心过强、追求刺激放纵的心理、自卑心理、从众心理和侥幸心理等心理不成熟因素,因此,大学生要学会控制情绪,消除人格障碍,学会宽容,还要提高承受和应对挫折的能力。

(一)大学生如何控制自己的情绪

(1)用理性去分析。美国心理学家艾里森在20世纪50年代创立的被称为"合理情绪疗法"的理论认为,情绪困扰并不一定是由诱发性事件直接引起的,常常是由经历者对事件的非理性的解释和评价引起的。冲动是魔鬼,也是导致大学生暴力型犯罪的诱因。如果改变了非理性观念,调整了对诱发事件的认识和评价,用理性重新去认识,情绪困扰就会消除。现实生活中的许多情绪困扰都是这样,如果从非理性的角度去认识某一事物或问题,会使人愤恨不已;如果换个角度去认识,理性一些去认识,就会使人豁然开朗。

(2)学会难得糊涂。对一些无关大局的非原则性的事情,在认识上要模糊一些,在心理感受上要淡漠一些,当别人在背后说自己说几句坏话时,或因一些小事与人发生口角时,或偶遇失意时,不妨有意识地控制一下自己的情绪,坦然处之,不斤斤计较,不耿耿于怀,做到大事清楚,小事糊涂。这种超然处世的态度,显示出一个人的态度、自信和修养,需要有意识地经常加以培养。

（3）合理进行宣泄。人的情绪处于压抑状态时，应该加以合理宣泄，这样才能调节机体的平衡，缓解不良情绪的困扰和压抑，恢复正常的情绪情感状态。内心苦闷难受时，进行一项体育运动，找人诉说一通，或者逛逛街，都是缓解情绪压抑的好办法。

（4）分散自己的注意力。当出现不良情绪反应时，头脑中有一个不良的"兴奋灶"，此时如果能够在头脑中建立起另外的"兴奋灶"，可以使原先的"兴奋灶"冲淡或抵消。这就是利用环境的调节和活动的转移来排扰解悉的又一方法。例如，苦闷烦恼时，出去散步或听听音乐，会使人心情舒畅一些；当怒不可遏时，可强迫自己做一些别的事情，分散注意力，从而稳定情绪；失恋中的男女，可以把学习或工作的日程排得满一些，紧凑一些，使自己沉浸于繁忙的学习和工作中。

（5）巧用幽默缓解。幽默感是消除不良情绪很有用的工具。当我们遇到某些无关大局的事情时，如别人的讪笑、挖苦等，要避免陷入激怒状态，最好的办法就是超然洒脱一些。一个得体的幽默，一句适宜的俏皮话，常常可以使已经紧张的局面轻松起来，使一个窘迫难堪的场景消逝。幽默，是智慧的表现，是成熟的表现。乐观地对待生活，不为任何挫折、失败和痛苦所压倒，这样的人才是真正的强者。幽默感，正是在这样的意志锤炼中培养起来的。

（二）大学生如何面对挫折

（1）热爱生活。从人生态度的层面上看，热爱生活反映了人生的一种基本信念，提示了人对自己、对社会及其生活的一种积极倾向，这种倾向内在地奠定了人们正视产生任何挫折可能性的心理基础。

（2）锻炼意志力。不论是从社会发展还是人生的进步方面看，人类社会和个体的每一次进步都是以物和人的牺牲为前提的。在今天这个多变转型的社会中，一个人要想成功必须要具备顽强的意志。只有一个好的智力而没有坚强意志力的人很难适应社会进步的。

（3）重建目标系统。当人陷入某种困境时，理性的迷失或降低都是常见的情形，因此要走出认识上、心理上的某些误区，重建自己的目标体系，这才是一个理智的、成熟的人的标志。

（4）要有成败两手准备。这是前人人生经验的总结，更是生活辩证法的揭示。有了"最坏"的准备，就等于增强了心理承受力。有了对挫折较强的心理承受力，再加上向"最好"处努力，就能够构成积极的人生态度，这有利于在人生实践中把握自学性，减少盲目性；增强主动性，减少被动性。

五、正确处理人际关系

和谐的人际关系能促进大学生良好人格的形成，人际关系紧张，容易产生矛盾和纠纷，一旦矛盾激化，当事者处在不冷静、不理智的情况下，就会引发违法违纪行为。

大学生要建立良好的人际关系，应遵循以下原则：

（1）平等原则。平等就意味着相互尊重。寻求尊重是人的一种需要。同学间交往的目的主要是在于共同完成大学的学习任务，这就规定了彼此应在人格上平等和学习上互助，并且主动了解、关心同学。苏霍姆林斯基曾经指出，不要去挫伤别人心中最敏感的东西——自尊心。

(2) 相容原则。相容表现在对交往同学的理解、关怀和喜爱上。人际交往中经常会发生矛盾，有的是因为认识水平不同，有的因性格脾气不同，也有的是因为习惯爱好不好等，相互之间会造成一定的误会。双方如果能以容忍的态度对待别人，就可以避免很多冲突。拥有宽容之心，对于预防暴力型犯罪，有重要的意义。

(3) 互利原则。古人云："投之以桃，报之以李。"互利原则要求我们在人际交往中，了解对方的价值观倾向，多关心、帮助别人，并保持对方的得大于失，从而维持和发展与他人的良好关系。

(4) 信用原则。信用是指一个人诚实、不相欺、守诺言，从而取得他人的信任。在人际交往中，与守信用的人交往有一种安全感，与言而无信的人交往内心充满焦虑和怀疑。对每一个立志成才的大人学生来说，守信用使人的形象更添光彩。

思考与讨论

(1) 大学生犯罪的特征和类型是什么？
(2) 大学生应该如何提升自身素质，避免犯罪发生？

第十三章 应急自救

第一节 公共突发事件

一、突发事件的含义

突发事件可被广义地理解为突然发生的事情:第一层的含义是事件发生、发展的速度很快,出乎意料;第二层的含义是事件难以应对,必须采取非常规方法来处理。

《中华人民共和国突发事件应对法》规定,突发事件,是指突然发生,造成或者可能造成严重社会危害,需要采取应急处置措施予以应对的自然灾害、事故灾害、公共卫生事件和社会安全事件。

二、突发事件的分类与分级

(一)突发事件分类

1. 自然灾害类

主要包括水旱灾害、气象灾害、地质灾害、海洋灾害、生物灾害和森林草原火灾等。

(1)气象灾害是较为极端的天气气候事件对人类的生命财产和国民经济建设及国防建设等造成的直接或间接的损害。主要包括台风、暴雨(雪)、寒潮、大风(沙尘暴)、低温、高温、干旱、雷电、冰雹、霜冻和大雾等所造成的灾害。

近年来,我国气象灾害呈现种类繁多、分布地域广、发生频率高的特点,严重影响经济社会发展和人民群众的生产生活,每年造成的经济损失平均在2000亿元以上。

(2)地质灾害是指在自然或者人为因素的作用下形成的,对人民生命财产、环境造成破坏和损失的地质作用(现象)。它的主要类型有:地震、崩塌、滑坡、泥石流、水土流失、地面塌陷和沉降、地裂缝、土地沙漠化、煤岩和瓦斯突出、火山活动等。

① 泥石流是指存在于山区沟谷中,由暴雨、水雪融水等水源激发的,含有大量的泥沙、石块的特殊洪流。

【案例 13-1】

深圳泥石流事故背后的启示①

2015年12月20日11时40分许,广东深圳市光明新区凤凰社区恒泰裕工业园发生山体滑坡,附近西气东输管道发生爆炸。根据现场指挥部21日上午9时发布的最新消息,目前失联91人,其中59名男性,32名女性。

② 地震是由地球内部的变动引起的地壳的急剧变化和地面的震动。

【案例 13-2】

云南江城县 4.3 级地震已致 2257 人受灾②

中新网昆明2016年3月7日电 (王艳龙 陈静)云南省江城县外宣办7日发布,截至13时,当日早间发生在该县的4.3级地震已造成505户2257人受灾,民房受损285间,无人员伤亡及房屋倒塌。

3月7日09时24分42秒,云南省普洱市江城县曲水镇坝伞村大地村民小组(东经102.1度,北纬22.5度)发生4.3级地震,震源深度10千米,全县有明显震感。

(3)生物灾害是指少数生物偶然抢占生态位,导致原有生物种群之间的共生、竞争、协同等平衡关系遭到破坏,超出了生态系统自身恢复能力,导致人员、财产、环境等产生损失。它的主要类型有两种:"暴露于微生物"造成的灾害属于新的"生物灾害"中的病害;"暴露于有毒物质"属于"环境污染"或其他灾害产生的有毒物质的侵害(如火山爆发、火灾、爆炸等)造成的次生灾害。

2. 事故灾害

主要包括煤矿、非煤矿山、危化品生产企业、建筑等安全生产事故,交通事故,公共设施和设备事故,核辐射事故,环境污染和生态破坏事故。

(1)安全生产事故,指生产经营活动中发生的意外的突发事件,通常会造成人员伤亡或财产损失,使正常的生产经营活动中断。

---

① 深圳泥石流事故背后的启示[EB/OL].搜狐·公众平台·财经.[2015-12-22]. http://mt.sohu.com//n432200284.shtml.

② 云南江城县4.3级地震已致2257人受灾[EB/OL].搜狐新闻.[2016-03-07]http://news.sohu.com/20160307/n439651896.shtml.

【案例 13-3】

南昌大学食堂天花板坠落致多名学生被砸伤①

2015年5月1日下午2点50分左右,南昌大学食堂天花板一块石膏吊顶忽然掉落,造成2位学生骨折、3位学生轻微皮外伤。经诊断,1名女学生为右锁骨骨折,1名男学生为L2椎体压缩性骨折,其余3名学生均为轻微皮肤擦伤。

(2) 交通事故,按《道路交通安全法》第119条第5项规定:交通事故是指车辆在道路上因过错或者意外造成的人身伤亡或者财产损失的事件。

【案例 13-4】

南昌大学校内发生一起车祸 3名女生被撞伤②

2013年5月12日南昌大学校内商业街口发生一起车祸,3名女大学生在穿越马路的时候被一辆白色小轿车撞倒,并送往医院。

据目击者称,下午2点多,南昌大学校内商业街口发生车祸。当时3名被撞女生中的2名躺在地上一动不动,另一名女生瘫坐在小轿车前方不停哭泣。撞人的小轿车前脸凹陷,挡风玻璃出现裂痕,肇事女司机当时吓得不知所措。

(3) 核辐射事故,根据《国家环境保护总局辐射事故应急预案》的规定:主要指除核设施事故以外,放射性物质丢失、被盗、失控,或者放射性物质造成人员受到意外的异常照射或环境放射性污染的事件。

主要包括:
① 放射源丢失、被盗、失控等核技术利用中发生的辐射事故;
② 铀(钍)矿冶及伴生矿开发利用中发生的放射性污染事故;
③ 放射性物质(除易裂变核材料外)运输中发生的事故;
④ 国外航天器在我国境内坠落造成环境放射性污染的事故。

3. 公共卫生事件

主要包括突然发生,造成或者可能造成社会公众身心健康严重损害的重大传染病、群体性不明原因疾病、重大食物和职业中毒以及因自然灾害、事故灾难或社会安全事件等引起的严重影响公众身心健康的事件。

(1) 重大传染病疫情,是指某种传染病在短时间内发生,波及范围广泛,出现大量的病人或死亡病例,其发病率远远超过常年的发病水平。

---

① 南昌大学食堂天花板坠落致多名学生被砸伤[EB/OL].佰佰安全网·资讯·要闻.[2015-08-12] http://www.bbaqw.com/wz/13175.htm.
② http://jiangxi.jxnews.com.cn/system/2013/05/12/012414489.shtml.

(2) 群体性不明原因疾病,是指一定时间内(通常是指 2 周内),在某个相对集中的区域(如同一个医疗机构、自然村、社区、建筑工地、学校等集体单位)内同时或者相继出现 3 例及以上相同临床表现,经县级及以上医院组织专家会诊,不能诊断或解释病因,有重症病例或死亡病例发生的疾病。

4. 社会安全事件

主要包括恐怖袭击事件、民族宗教事件、经济安全事件、涉外突发事件、群体性事件以及其他刑事案件等。

(1) 恐怖袭击事件,是指极端分子人为制造的针对但不仅限于平民及民用设施的不符合国际道义的攻击方式。从 20 世纪 90 年代以来,恐怖袭击有在全球范围内迅速蔓延的严峻趋势。极端分子使用的手段也由最初的纯粹军事打击演化到绑架、残杀平民、自杀爆炸等骇人的行动。

(2) 群体性事件,是指一定数量的人在缺乏法定程序和依据的情况下,产生的具有共同行为指向并对社会秩序造成一定影响的事件。

【案例 13-5】

甘肃一女生坠亡引发群体性事件 致当地市长受伤[①]

2015 年 12 月 28 日下午,甘肃省金昌市永昌县 13 岁初一女生赵某在当地城关镇御山城市广场高层坠亡,事件系其偷窃一超市巧克力等食物引发。由于受极少数人员的煽动,30 日上午 10 时 40 分,有人到华东超市门口搬放花圈引起群众围观,公安机关及时依法进行了处置,12 时左右群众陆续散去。下午 14 时左右,数千名群众再次聚集在华东超市东街店和西街店门口,冲击超市大门,损坏周边道路防护栏,围攻现场维持秩序的公安干警,损坏执勤车辆。为疏导群众情绪,防止事态进一步扩大,市委、市政府主要领导赶赴现场进行指挥处置,劝离围攻群众。

(二) 突发事件分级

根据《中华人民共和国突发事件应对法》的规定,按照社会危害程度、影响范围等因素,自然灾害、事故灾难、公共卫生事件分为特别重大、重大、较大和一般四级。法律、行政法规或者国务院另有规定的,从其规定。

突发事件的分级标准由国务院或者国务院确定的部门制定。

(三) 突发事件预警分级

根据《中华人民共和国突发事件应对法》的规定,可以预警的自然灾害、事故灾难和公共卫生事件的预警级别,按照突发事件发生的紧急程度、发展势态和可能造成的危害程度分为

---

① http://news.sohu.com/20151231/n433114737.shtml.

一级、二级、三级和四级,分别用红色、橙色、黄色和蓝色标示,一级为最高级别。

预警级别的划分标准由国务院或者国务院确定的部门制定。

第二节 常见突发事件的应对

一、自然灾害

(一) 台风

(1) 密切关注媒体有关台风的报道。

(2) 尽量不要外出,更不要在临时建筑、挡土墙、边坡、广告牌、铁塔等附近避风避雨,车辆尽量避免在强风影响区域内行驶,尽量避免在低洼积水区域行驶。

(3) 不宜靠近铁塔、变压器、吊机、金属棚、铁栅栏、金属晒衣架等,不要在大树底下以及铁路轨道附近停留。

(4) 及时搬移屋顶、窗口、阳台处的花盆、悬吊物及其他杂物等,室外易被吹动的东西要加固;检查门窗、室外空调、太阳能热水器等设施的安全。

(5) 准备好手电筒、收音机、食物、饮用水及常用药品等,以备急需;并检查电路、煤气,防范火灾。在台风去后,不要去电线吹落处玩耍。看到落地电线,无论电线是否扯断,都不要靠近,更不要用湿竹竿、湿木杆去拨动电线。若住宅区内架空电线落地,可先在周围竖起警示标志,再拨打电力热线报修。

(二) 暴风雨

(1) 尽量不要外出。同时立即关好门窗,避开有金属管道的地方,切断家用电器电源。低层居民家中的电器插座、开关等最好移装在离地1米以上的安全地方。不要在高楼阳台上逗留,提早将阳台上的盆栽搬到安全地方。一旦室外积水漫进屋内,应及时切断电源,然后将人员转移到安全地区;最后采取一切有效办法,将水挡于门外,并排除室内积水。

(2) 在外行走时尽可能绕过积水严重地段,在积水中行走特别要注意观察,防止跌入阴井及坑、洞。如在街上遇到雷雨大风,应立即到室内避雨,不要在孤立的大树、高塔、电线杆、大型广告牌下躲雨或停留;尽量走出地下商场选择其他避雨场所。

(3) 开车时应检查发动机是否进水,如果发现空滤潮湿或者进水,应该赶快停车;不要高速过水沟、水坑。见到积水处不要左闪右避,否则容易使后面司机误解,造成意外;保持足够的安全距离;并线时多看多观察。及时打开夜间行车灯;对于未知水深的路段,下车巡视或者等待。

(三) 沙尘暴

(1) 沙尘暴即将或已经发生时,应尽量减少外出。

(2) 沙尘天气发生时,应携带好口罩或纱巾等防尘用品,以避免风沙对呼吸道和眼睛造成的损伤。骑车要谨慎,减速慢行。若能见度差,视线不好,应靠路边推行。远离水渠、水沟、水库等,避免落水发生溺水事故。过马路时注意安全,不要贸然横穿马路。如果伴有大风,要远离高层建筑、工地、广告牌、老树、枯树等,以免被高空坠落物砸伤。在牢固、没有下落物的背风处躲避,或寻找安全地点就地躲避。

(3) 发生风沙天气时,不要将机动车辆停靠在高楼、大树下方,以免玻璃、树枝等坠落物损坏车辆,或防止车辆被倒伏的大树砸坏。

(4) 从风沙天气的户外进入室内,应及时清洗面部,用清水漱口,清理鼻腔,有条件的应该洗浴,并及时更换衣服,保持身体洁净舒适。

(5) 风沙天气发生时,呼吸道疾病患者、对风沙比较敏感的人员不要到室外活动。近视患者不宜佩戴隐形眼镜,以免引起眼部炎症。

(6) 一旦有沙尘吹入眼内,不要用脏手揉搓,应尽快用清水冲洗或滴眼药水,保持眼睛湿润,以易于尘沙流出。如仍有不适,应及时就医。

(四) 大雾"回南天"

(1) 出门时一定要穿鲜亮或深色的衣服。开车时关闭大灯,控制车速,保持相当的安全距离,一般要保持在100米以上。

(2) 要提前关闭门窗,防止室外暖湿气流进入。

(3) 要注意人体保健。回南天气温虽然突升,但这时地面还没有来得及升温,特别是室内地面仍然阴冷潮湿,不要急着换上轻薄的衣裤,特别要注意关节保暖。"回南天"非常有利于细菌生长,食品、衣物易发霉,要特别注意饮食卫生,衣服要及时烘干或熨干,不穿有异味和潮湿的衣物。"回南天"也容易让人疲惫心烦,应多开灯驱除烦闷,多参加社会活动和体育锻炼。

(五) 地震

(1) 小地震时躲在桌子底下确实可以避免被上面掉下的东西砸到,但是碰上大地震,那些躲在桌下、床下和柜子里的人往往是最先被压到的。建议平常就要心中有个谱:房间里什么东西最结实。

(2) 如果地震时身在高楼层,与其跑楼梯被摔死、撞伤,或乘电梯被困,不如留在原地找好躲避处。

(3) 在高层的人最好不要盲目逃命,因为首先下楼要花很多时间;其次在高层走楼梯的话很有可能有东西掉下来砸伤,会增加中途受伤的概率。而如果在较低楼层的人就可以选择先出楼层,然后找空旷地方等待救援。

(六) 泥石流

(1) 下雨时不在沟谷中停留或行走,刚下过大雨也不要到野外活动。如果身边发生泥石流、塌方、滑坡险情,不要惊慌,赶紧到坚硬的大岩石块下蹲着,因为大岩石块会挡住从山上滚下的碎石,人不至于被砸伤;或者躲避在树林密集的地方,因为碎石滚落遇到树就会减速,这样伤害会减小。也可以立刻往与泥石流呈垂直方向的两边山坡上跑,跑得越快、爬得越高越好。

(2) 一般发生泥石流的时候,外面的响声特别大,轰隆轰隆的,有时伴随着还有牛羊的乱喊乱叫。此时唯一的办法就是高处跑,跑得越快越好。

(3) 如果正在车里,应迅速观察周围,如果只是小型的泥石流或落石,那还是待在车里比较安全;不过一般还是跑出车外,向高处爬比较合适。也可以躲到车的背面。此时一定要仔细观察,如果规模变大,那就要迅速逃离。如果碰巧在隧道内,那就赶紧冲出去;如果在桥上,那也要尽快通过。然后把车开到靠近山脊的山腰处,迅速弃车向高处凸出的山腰处跑。注意要避开山脊和山谷。山谷容易有泥石流和滑坡,山脊则可能会有塌方。当然不是说山腰就没有以上这些危险,只是稍微安全些。

(4) 设法脱离险境。如果不幸受伤,找不到脱离险境的好办法,就要尽量保存体力,不要乱动,以免使骨头错位,影响下一步治疗。最实用的方法是用石块敲击能发出声响的物体,向外发出呼救信号,不要哭喊、急躁和盲目行动,这样会大量消耗精力和体力,尽可能控制自己的情绪或闭目休息,等待救援人员到来。

(5) 如果有遭受泥石流、塌方、滑坡导致受伤的人,首先要将其受伤的部位固定下来,不要发生晃动,其次就是要想办法包扎,避免流血过多,还要快速求援,发出呼救。

(七) 坍塌

(1) 出现踩踏事故,当拥挤的人群向着自己行走的方向拥来时,应避到一边,切记不要逆着人流前进,可以暂时躲进路边商店、咖啡馆等处。注意远离店铺的玻璃窗,以免因玻璃破碎而被扎伤。

(2) 如果已陷入人群之中,一定要先稳住双脚,不要弯腰,如有可能,抓住一样坚固牢靠的东西。若被推倒,要设法靠近并面向墙壁,身体蜷成球状。

(八) 溺水

(1) 不要独自一人外出游泳,更不要到不熟悉水情或比较危险的地方去游泳。选择安全的游泳场所,对游泳场所的环境卫生、水下情况要了解清楚。

(2) 须要有组织地在熟悉水性的人的带领下去游泳,并指定救生员做安全保护。

(3) 要了解自己的身体健康状况,平时四肢就容易抽筋者不宜参加游泳或不要到深水区游泳。要做好下水前的准备,先活动活动身体,如水温太低应先在浅水处用水淋洗身体,待适应水温后再下水游泳;有假牙的人应将假牙取下,以防呛水时假牙落入食管或气管。

(4) 对自己的水性要有自知之明,下水后不能逞能,不要贸然跳水和潜泳,更不要酒后游泳。

(5) 在游泳中如果突然觉得身体不舒服,如眩晕、恶心、心慌、气短等,要立即上岸休息或呼救。

(6) 在游泳中,若小腿或脚部抽筋,千万不要惊慌,可用力蹬腿或做跳跃动作,或用力按摩、拉扯抽筋部位,同时呼叫同伴救助。

二、公共卫生事件

(一) 流行性感冒

(1) 在流感流行期间,应尽量避免去公共场所或参加大型集会等集体活动,到公共场所应戴口罩,不到病人家串门。

(2) 居室要常开窗通风换气,使室内保持阳光充足、空气新鲜。

(3) 均衡饮食,适当运动,保持充足的睡眠,避免过度疲劳。

(4) 养成良好的个人卫生习惯,勤洗手,避免用手触摸眼睛、鼻子和嘴。打喷嚏或咳嗽时用手帕或纸巾掩住口鼻,避免飞沫污染他人。

(二) 病毒性肝炎

(1) 拒绝毒品,不共用针具静脉注射毒品。

(2) 大力倡导无偿献血,杜绝非法采、供血。

(3) 避免不必要的注射、输血和使用血液制品;到正规的医疗卫生机构进行注射、输血和使用血液制品,可大大减少感染丙肝病毒的风险。

(4) 不与他人共用针具或其他文身、穿刺工具;不与他人共用剃须刀、牙刷等可能引起出血的个人用品。

(三) 感染性腹泻

(1) 注意饮水饮食卫生,不喝生水,不吃变质食物,尤其注意不要生食或半生食海产品、水产品。

(2) 搞好环境卫生,讲究个人卫生,养成饭前便后洗手的习惯。常剪指甲、勤换衣服。

(3) 注意劳逸结合,起居有度,生活有规律。加强体育锻炼,增强对疾病的抵抗能力。

(4) 当发生腹痛、腹泻、恶心、呕吐等胃肠道症状时,要及时去就近医疗机构的肠道门诊治疗,以免延误病情。

三、事故灾害

(一) 登山迷路

任何情况下首先考虑原路返回,返回到上一个出发前的地点。

(1) 仔细衡量后发现来路已经不适合作为退路时,就要开始用手机、对讲机、头灯、镜子或哨子等向外界求救。

(2) 通过多种方式完全证实以上两种方法均无效时,可以尝试攀登上附近最高点,尽量找出清晰和安全的撤离路线。探路撤离时继续做好路标和发出求救信号,并在最初的迷路点留下准确、易理解的信息,告诉可能到来的人己方的人数和大概探路方向。

(二) 电梯意外

1. 高楼层封闭式电梯

如果遭遇电梯被困事故,首先不要惊慌。因为一般的电梯轿厢上面都有好多条安全钢缆,安全系数很高。所以,电梯一般不会自行下坠。电梯都装有安全保护装置,即使停电,电灯熄灭了,安全装置一般也不会失灵。电梯的安全钳会牢牢夹住电梯轨道,使电梯不至于掉下去。为了防止意外发生,被困人员应马上弯曲双腿,上身向前倾斜,以应对电梯急停可能受到的冲力。

一旦被困,应马上摁下应急铃,或通过电梯内的其他提醒方式求援,让外面的人知道有人被困于电梯中。如果电梯里面有信号,可以拨打电话求助警察;如果无电话或信号不通,可拍门叫喊,或用鞋子敲门。若没人回应,最安全的做法是保持镇定,保存体力,等待救援。切忌在轿厢里扒门或撬门,因为被困的时候,乘客并不清楚轿厢此时的位置,一旦门被打开,就有坠落的危险。

2. 商场扶手式电梯

每台扶梯的上部、下部和中部都各有一个紧停按钮,一旦发生扶梯意外,靠近按钮的乘客应第一时间按下按钮,扶梯就会自动停下,这能有效避免事态的进一步恶化。同时还需做到两手十指交叉相扣,护住后脑和颈部,两肘向前,护住双侧太阳穴。因为滑倒或从高处跌落时,如果颈部受到强烈的撞击,是很危险的。不慎倒地时,双膝尽量前屈,护住胸腔和腹腔的重要脏器,侧躺在地。当发现前面有人突然摔倒了,马上要停下脚步,同时大声呼救,告知后面的人不要向前靠近。

(三) 车船事故

1. 火车出轨

火车出事前通常没有什么迹象,不过旅客会察觉到一些异常现象(紧急刹车),这时,应充分利用出事前短短几分钟或几秒钟的时间,使自己身体处于较为安全的姿势,采取一些自防自救的措施:

① 离开门窗或趴下来,抓住牢固的物体,以防碰撞或被抛出车厢。
② 身体紧靠在牢固的物体上,低下头,下巴紧贴胸前,以防头部受伤。
③ 如座位不靠门窗,则应留在原位,保持不动;如接近门窗,就应尽快离开。
④ 火车出轨向前时,不要尝试跳车,否则身体会以全部冲力撞向路轨,还可能发生其他危险,如碰到通电流的路轨、飞脱的零件或掉到火车蓄电池破裂而出的残液上。
⑤ 火车停下来后,看清周围环境如何,如果环境允许,则在原地不动等待救援人员到来。此外,不论怎样,要呼救,想法尽快将遇险的信息传递出去。

2. 船舶遇险

船舶在江河湖海里航行时,也存在着意外事故的威胁,如碰撞、火灾、爆炸、触礁、搁浅,甚至船舶翻沉等。因此,要掌握一定的自救互救知识。

登船后,应了解船上备用的救生衣(具)的存放位置,以及救生艇、救生筏存放的位置,要熟悉和了解本船的各通道、出入口处以及通往甲板的最近逃生口,以便在紧急情况下能迅速地离开危险的地方。

跳水前尽量选择较低的位置;要查看水面,避开水面上的漂浮物;应从船的上风舷跳下,如船左右倾斜时应从船首或船尾跳下;跳水姿势要正确。左手紧握右侧救生衣,夹紧并往下拉,入水后也不要松开右手,待浮出水面后再放松,右手五指并拢,将鼻口捂紧,双脚并拢,身体保持垂直,头朝上,脚向下跳水;跳入水后尽快游离出事的船。

第三节　正当防卫与紧急避险

一、正当防卫

(一) 正当防卫的概念

正当防卫是指为了使公共利益、本人或者他人的人身或其他权利免受正在进行的不法侵害,对不法侵害人以损害某种利益的方式所实施的必要的防卫行为。

正当防卫是国家立法机关赋予公民的一项重要权利,这项权利是通过给正在实施法侵害的行为人造成某种损害来实现的。

《刑法》第 20 条规定:"为了使公共利益、本人或者他人的人身和其他权利免受正在进行的不法侵害,而采取的制止不法侵害的行为,对不法侵害人造成损害的,属于正当防卫,不负刑事责任。"

从主观方面看,实施这种行为的动机目的,是由于行为人面对不法侵害的情况,为了保护公共利益、本人或者他人的合法利益而采取的一种反击行为,以抵制或限制不法侵害的发生,行为人不存在危害社会的故意或过失。从客观方面看,正当防卫是同违法行为做斗争,保护国家、社会和人民利益的行为,是正当合法的,而非危害社会的行为。正基于此,我国《刑法》才明确规定正当防卫不负刑事责任。

(二) 正当防卫的成立条件

正当防卫的成立条件,一般来说,是指制约和决定防卫行为是否符合法律规定的要素,它决定着正当防卫是否正确合法,是区分正当防卫与危害社会行为的标准。

1. 起因条件——有现实存在的不法侵害行为

所谓不法侵害行为,是指客观上发生的社会危害行为。而社会危害行为是指行为人主观上具有故意或过失,在客观上有社会危害性的违法犯罪行为。但是,在一定条件下,某种侵害行为,在客观上具有社会危害性,而其行为人的主观方面可能并不具有故意或过失。例如意外事件就是这样。

正当防卫是法律为公民设定的一项权利,它只有遭到不法侵害时才能行使。如果不存在侵害,正当防卫就无从谈起,这是正当防卫的本质所在。首先,必须有不法侵害存在,这就排除了对任何合法行为进行正当防卫的可能性,这里的不法是"违法"、"非法"的意思。所以,对于下述行为,无论是被侵害的人或第三者,都无权进行防卫:对依法执行公务或合法命令的行为;公民依法扭送正在实施犯罪或犯罪后立即被发觉的,或通缉在案的,或越狱在逃的,或正在被追捕的人犯;正当防卫的行为;紧急避险的行为等。其次,不法侵害必须是现实存在的,不法侵害须客观真实地存在,而不是行为人所臆测或推测出来的。再次,不法侵害通常应是人的不法侵害。最后,不法侵害不应限于犯罪行为,还应包括属于一般违法的不法侵害。

2. 时间条件——不法侵害正在进行

正当防卫的时间条件,是指可以实施正当防卫的时间:不法侵害正在进行。

所谓正在进行,是指不法侵害已经开始而尚未结束。不法侵害已经开始,一般来说可以理解为侵害人已经着手直接实行侵害行为。例如,杀人犯持刀向受害人砍去,殴打他人者对受害人举拳打击等,不法侵害就已经开始。但在某些情况下,虽然不法侵害尚未着手实行,但合法权益已直接面临侵害的危险,不实行正当防卫就可能丧失防卫的时机。在这种情况下,进行正当防卫也是适宜的。不法侵害尚未结束,是指不法侵害行为或其导致的危害状态尚在继续中,防卫人可以用防卫手段予以制止或排除。

不法侵害的尚未结束,可以是不法侵害行为本身正在进行中,例如纵火犯正在向房屋泼汽油;也可以是行为已经结束而其导致的危险状态尚在继续中,例如抢劫罪犯已打昏物主抢得某种财物,但他尚未离开现场。在上述两种情况下,防卫人的防卫行为均可有效地制止不法侵害行为,或排除不法侵害行为所导致的危险状态。

3. 对象条件——针对不法侵害者本人实行

对于共同犯罪,因为参与犯罪的每个人都实施了犯罪行为,对每个共同犯罪人都可以实行正当防卫。对于未参与不法侵害的人不能实行防卫。不法侵害是人的积极的行为,是通过人的身体外部动作进行的。制止不法侵害就是要制止不法侵害人的行为能力。正当防卫必须也只能对不法侵害者本人实行,不能针对任何第三人进行。

4. 主观条件——为了使国家、公共利益、本人或者他人的人身和财产或其他权利免受正在进行的不法侵害

即防卫目的的正当性。保护合法权益,表明防卫目的的正当性,是成立正当防卫的重要条件,也是《刑法》规定正当防卫不负刑事责任的根据。

就防卫目的的正当性的具体内容来说,一般可以分为以下三类:一是保护国家、公共利益对正在进行的不法侵害实行正当防卫;二是保护本人的人身、财产或其他权利的自我防卫;三是保护他人的人身、财产或其他权利而对正在进行的不法侵害实行正当防卫。这种动机可能是路见不平、挺身而出、见义勇为的正义感,或者是对亲属朋友的道义责任感。

就正当防卫的主观条件来讲,我们要注意区分形似正当防卫实为违法犯罪的以下四种情况:

(1)防卫挑拨。正当防卫成立的实质在于防卫目的的正义性。如果行为人为达到某种目的,以挑拨、寻衅等手段,故意激怒、诱惑他人向自己实施侵害,尔后借口"防卫",造成他人伤亡的,则是防卫挑拨,不是正当防卫,这种挑拨行为的外在表现似乎符合正当防卫的客观条件,实则不然。因为对方的不法侵害是由挑拨者故意诱发的,挑拨者意在加害对方,不具有防卫目的的正义性,而是一种预谋性的违法犯罪行为,应按其行为的性质分别论处。

(2)相互斗殴。双方互相殴击或厮打的行为为相互斗殴,它可表现为聚众斗殴或多人厮打,也可以表现为双方均为单人殴击或厮打。只要形成相互斗殴,双方的行为就都是违法的,任何一方都不是正当防卫。任何一方给对方造成了损害的,都要负法律责任。但是,相互斗殴行为的双方,若一方已停止了自己的殴打行为,而另一方仍不罢休,继续殴打对方,这时,继续殴打的一方就成为不法侵害者,就应允许停止殴打的一方实行正当防卫。当然,停止殴打的一方应确实脱离现场,扔掉工具,确实不打也不打算再殴打。

(3) 为保护非法利益而实行的还击行为。由于其不具有防卫目的的正当性,因而也不是正当防卫行为。例如盗窃犯为了保护窃得的财物而将抢劫其赃物的人打伤或者打死;赌博犯为了保护赌资而将另一行抢的赌徒打伤或者打死等行为都是为了保护其非法利益,并不是为了保护合法权益,因而并不是排除社会危害性的行为,不能成立正当防卫。

(4) "大义灭亲"。亲属间将违法犯罪的人员私自处置的情况时有出现,但是对于违法犯罪分子,除国家执法机关外,任何机关及个人都不能处置,因此,这种"大义灭亲"不是正当防卫。发现亲属正在进行违法犯罪活动,而进行的斗争则另当别论。

(三) 防卫过当

1. 防卫过当的概念

防卫过当,是指防卫超过必要的限度,造成不应有的损害的行为。其基本特征是:首先,在客观上具有防卫过当的行为,并对不法侵害人造成重大的损害。其次,在主观上当事人对其过当结果有罪过。在防卫过当的场合,行为人对于其过当行为及其结果,主观上不可能出于直接故意,因为正当防卫的目的与犯罪的目的,在一个人的头脑中不可能同时并存,因此,罪过的形式在主观上表现为间接故意和过失。

对防卫过当的处理应具体情况具体对待。若防卫过当是在间接故意的心理状态支配下客观上造成了死亡结果的可定为故意杀人罪(防卫过当);若防卫过当是在过失的心理状态支配下客观上造成了死亡结果的可定为过失杀人罪(防卫过当);造成重伤也是如此。

2. 特殊防卫权

《刑法》第 20 条第三款规定:"对正在进行行凶、杀人、抢劫、强奸、绑架以及其他严重危及人身安全的暴力犯罪,采取防卫行为,造成不法侵害人伤亡的,不属于防卫过当,不负刑事责任。"实际上,这是对正当防卫的限度条件"防卫不能明显超过必要限度造成重大损害"的突破,与 1979 年《刑法》相比,这也是新刑法所增加的新内容。

法律之所以如此规定,是因为行凶、杀人等严重危及人身安全的暴力犯罪,其侵害的强度极大,对人身安全的危害极其严重,而且具有高度的紧迫性,使被侵害者的人身安全处于非常危险紧迫的状态,从而产生极大的危急恐惧感,在这种情况下往往必须采取可能导致侵害者伤亡的暴烈手段才有可能制止其不法侵害。也就是说,这种造成不法侵害者伤亡的暴烈的防卫手段是为制止不法侵害所必需的,因而是合理的、适当的。

二、紧急避险

(一) 紧急避险的概念

根据我国《刑法》第 21 条的规定,紧急避险是指为了使国家、公共利益、本人或者他人的人身、财产和其他权利免受正在发生的危险,不得已而采取的损害另一较小利益的行为。根据法律的规定,紧急避险行为,不负刑事责任。紧急避险的特点是:第一,从客观上看,它是在处于极其危险的状态下,不得已而采取的损害较小的合法权益来保全较大的合法权益的行为;第二,从主观上看,行为人实施紧急避险的目的是为了使国家、公共利益、本人或他人的人身、财产和其他权利免受正在发生的危险,没有犯罪的故意或过失;第三,从总体上看,紧急避险行为不仅不具有社会危害性,而且是一种有益于社会的合法行为,这也是《刑法》规定紧急避险行为不负刑事责任的根据所在。

(二)紧急避险的构成要件

由于紧急避险是采用损害一种合法权益的方法以保全另一种合法权益,所以,只有在一定条件下,它才是合法的,才能排除犯罪行为,才能真正成为对社会有利的行为。

1. 起因条件——一定危险的存在

只有当合法权益受到一定危险的威胁时,才会产生实行紧急避险的需要。危险的来源主要有:①自然的力量,如地震、水灾、台风等;②动物的侵袭;③来源于疾病、饥饿等生理机能造成的危险;④人的违法犯罪行为。无论哪种危险,都必须是真实存在的。如某民航班机,在飞行途中突然遇到恶劣的寒冷天气,飞机表面结冰,重量增加,被迫下降,情况紧急,飞行员为了保障旅客的生命安全,防止飞机超重坠毁,在没有其他有效措施可采取的情况下,只得命令将过重的行李、物品抛出舱外。从外表上看,飞行员的行为也似乎具有故意毁坏财产罪的犯罪构成,实际上却是紧急避险的合法行为。

如果事实上并不存在危险,但行为人误认为有危险发生,因而对第三者合法权益造成损害的,由于不存在避险的起因条件,不是紧急避险,而是假想的避险。对假想的避险,应按解决事实认识错误的原则来处理。例如,一货船夜间航行在海上,船长见有月晕,便推测必有风暴来临,是时正有海风吹过,掀起阵阵大浪,船长误认为风暴来临,已威胁船只安全,于是下令将部分货物抛入海中。一场虚惊之后,风平浪静,并没有风暴危险,这就是假想避险。

2. 时间条件——危险正在发生

正在发生的危险必须是迫在眉睫,对国家、公共利益和其他合法权利已直接构成了威胁。对于尚未到来或已经过去的危险,都不能实行紧急避险。否则就是避险不适时。例如,海上大风已过,已经不存在对航行的威胁,船长这时还命令把货物扔下海去,这就是避险不适时,不属于紧急避险。

3. 主观条件——避险意图的存在

行为人实施紧急避险的目的,是为了保护合法权益免遭正在发生的危险的损害,这也是紧急避险成立的主观条件。合法权益,根据法律的规定,包括国家利益、公共利益、本人或者他人的利益。行为人如果出于保护非法利益的目的,不允许实行紧急避险。如一艘走私的货船为避免触礁的危险,为了保护自己的走私货物而将附近一艘渔船撞沉,就不能认为是紧急避险。

4. 可行性条件——不得已性

由于紧急避险是通过损害一个合法权益而保全另一个合法权益,所以只有在不得已,没有其他方法可以避险时,才允许实行紧急避险。如果并非出于迫不得已,还有其他方法可以避险时,就不能实行紧急避险。

如王某乘坐市公共交通公司的公共汽车回家,当时正值下班乘车高峰期,车上很拥挤,王某只得站在公共汽车门口的踏板上,身体倚靠着车门。当车行至距某站台尚有20米处时,售票员张某见有人招手要上车,在未提醒站在车门附近的乘客注意的情况下,打开了车门。王某为避免摔出车外,情急之下抓住了站在她前面的乘客何某的衣服,造成何某西服上衣的袖子被撕破,肩背的一个笔记本式电脑滑下摔在地上。在这一例中,王某为避免摔出车外抓住何某的衣服,是迫不得已,当时根本没有其他方法可以避险,故王某的行为属于紧急避险。

5. 对象条件——第三者的合法权益

它只能针对第三者的合法权益来实施。所谓第三者,是指与损害危险的发生毫无关系的人,这是紧急避险的对象。损害第三者的合法权益(上例中的何某的衣服和电脑受损),主要是指财产权益、住宅不可侵犯权等,一般情况下,不允许用损害他人生命或健康的方法来保护另一合法权益。

6. 限度条件——不能超过必要限度造成是不应有的损害

紧急避险的必要限度就是要求避险行为所引起的损害应小于所避免的损害,二者不能相同,更不能允许大于所要避免的损害。因为,紧急避险所要保护的权益与所损害的权益都是合法的权益,在两个合法权益发生冲突的情况下,只能是"两利相权取其重,两害相权取其轻",只有牺牲较小的权益来保护较大的权益,才符合紧急避险的目的。"两利相权取其重,两害相权取其轻"应掌握以下标准:①一般情况下,人身权利大于财产权益;②在人身权利中,生命是最高权利;③在财产权益中,应以财产价值过去时行比较,从而确定财产权利的大小;④当公共利益与个人利益不能两全时,应根据权益的性质及内容确定权利的大小,并非公共利益永远高于个人利益。

三、正当防卫与紧急避险的异同

(一)正当防卫与紧急避险的相同点

(1)目的相同。两者都是为了保护国家、公共利益、本人或他人的合法权益。
(2)前提相同。两者都必须是合法权益正在受到侵害时才能实施。
(3)责任相同。两者超过法定的限度造成相应损害后果的,都应当负刑事责任,但应减轻或者免除处罚。

(二)正当防卫与紧急避险的区别

(1)危害的来源不同。正当防卫的危害来源只能是人的违法犯罪行为;紧急避险的危害来源既可能是人的不法侵害,也可能是来于自然灾害,还可能是动物的侵袭或者人的生理、病理疾患等。

(2) 行为的对象不同。正当防卫行为的对象只能是不法侵害者本人,不能针对第三者,是正义与邪恶的较量;而紧急避险行为的对象则必须是第三者,是合法行为对他人合法权利的损害。

(3) 行为的限制不同。正当防卫行为的实施是出于必要,即使能够用其他方法避免不法侵害,也允许进行正当防卫;而紧急避险行为的实施则出于迫不得已,除了避险以外别无其他选择。

(4) 行为的限度不同。正当防卫所造成的损害既可以小于也可以大于不法侵害行为可能造成的损害,而紧急避险对第三者合法权益所造成的损害,则只能小于危险可能造成的损害。

(5) 主体的限定不同。正当防卫是每个公民的法定权利,是人民警察执行职务时的法定义务;紧急避险则不适用于职务上、业务上负有特定责任的人。

(6) 根据我国《刑法》第20条第三款的规定:"对正在行凶、杀人、抢劫、强奸、绑架以及其他严重危及人身安全的暴力犯罪,采取防卫行为,造成不法侵害人伤亡的,不属于防卫过当,不负刑事责任。"这是法律赋予公民的一种特殊防卫权,也有人称为"无过当防卫权"或者"绝对防卫权";而紧急避险却没有类似的规定。

第四节 艾滋病的预防

一、艾滋病的概述

(一) 艾滋病的含义

艾滋病是一种危害性极大的传染病,由感染艾滋病病毒(HIV病毒)引起。HIV是一种能攻击人体免疫系统的病毒。它把人体免疫系统中最重要的T淋巴细胞作为主要攻击目标,大量破坏该细胞,使人体丧失免疫功能。因此,人体易于感染各种疾病,并可发生恶性肿瘤,病死率较高。HIV在人体内的潜伏期平均为8~9年,患艾滋病以前,可以没有任何症状地生活和工作多年。

HIV感染者要经过数年甚至长达10年或更长的潜伏期后才会发展成艾滋病病人,因机体抵抗力极度下降会出现多种感染,如带状疱疹、口腔霉菌感染、肺结核,特殊病原微生物引起的肠炎、肺炎、脑炎,念珠菌、肺孢子虫等多种病原体引起的严重感染等,后期常常发生恶性肿瘤,并发生长期消耗,以至全身衰竭而死亡。

虽然全世界众多医学研究人员付出了巨大的努力,但至今尚未研制出根治艾滋病的特效药物,也还没有可用于预防的有效疫苗。艾滋病已被我国列入乙类法定传染病,并被列为国境卫生监测传染病之一。

发病以青壮年较多,发病年龄80%在18~45岁,即性生活较活跃的年龄段。在感染艾滋病后往往患有一些罕见的疾病如肺孢子虫肺炎、弓形体病、非典型性分枝杆菌与真菌感染等。

(二) 艾滋病的传播途径

艾滋病病毒感染者虽然外表和正常人一样,但他们的血液、精液、阴道分泌物、皮肤黏膜破损或炎症溃疡的渗出液里都含有大量艾滋病病毒,具有很强的传染性;乳汁也含病毒,有传染性。唾液、泪水、汗液和尿液中也能发现病毒,但含病毒很少,传染性不大。

本病主要通过性接触,尤其是同性恋和静脉注射毒品而传染,其次为治疗性输出和注射血液制品,分娩和哺乳也可造成传染。高危人群有:同性恋者、性乱者和有多个性伙伴者、静脉药瘾者、接受输血以及血液制品者、血友病患者、父母是艾滋病病人的儿童。最近认为,性病患者特别是有生殖器溃疡者(如梅毒、软下疳、生殖器疱疹)也应列为艾滋病的高危人群。

无论是同性、异性还是两性之间的性接触都会导致艾滋病的传播。艾滋病感染者的精液或阴道分泌物中有大量的病毒,在性活动时,由于性交部位的摩擦,很容易造成生殖器黏膜的细微破损,这时,病毒就会乘虚而入,进入未感染者的血液中。值得一提的是,由于直肠的肠壁较阴道壁更容易破损,所以肛门性交的危险性比阴道性交的危险性更大。

血液传播是最直接的感染途径。输入被病毒污染的血液,使用了被血液污染而又未经严格消毒的注射器、针灸针、拔牙工具,都是十分危险的。另外,如果与艾滋病病毒感染者共用一只未消毒的注射器,也会被留在针头中的病毒所感染。

如果母亲是艾滋病感染者,那么她很有可能会在怀孕、分娩过程或是通过母乳喂养使她的孩子受到感染。

二、艾滋病的症状

许多受艾滋病病毒感染的人在潜伏期没有任何自觉症状,但也有一部分人在感染早期可以出现发烧、头晕、无力、咽痛、关节疼痛、皮疹、全身浅表淋巴结肿大等类似"感冒"的症状,有些人还可发生腹泻。这种症状通常持续1～2周后就会消失,此后病人便转入无症状的潜伏期。潜伏期病人的血液中有艾滋病病毒,血清艾滋病病毒抗体检查呈阳性反应,这样的人称为艾滋病病毒感染者,或称为艾滋病病毒携带者,简称带毒者。艾滋病病人的症状因为发生条件性感染的内脏和发生肿瘤的部位不同,表现为多种多样。常见的症状有以下几个方面:

1. 一般症状

持续发烧、虚弱、盗汗,持续广泛性全身淋巴结肿大,特别是颈部、腋窝和腹股沟淋巴结肿大更明显。淋巴结直径在1厘米以上,质地坚实,可活动,无疼痛。体重下降在3个月之内可达10%以上,最多可降低40%,病人消瘦特别明显。

2. 呼吸道症状

长期咳嗽、胸痛、呼吸困难、严重时痰中带血。

3. 消化道症状

食欲下降、厌食、恶心、呕吐、腹泻,严重时可便血。通常用于治疗消化道感染的药物对这种腹泻无效。

4. 神经系统症状

头晕、头痛、反应迟钝、智力减退、精神异常、抽搐、偏瘫、痴呆等。

5. 皮肤和黏膜损害

单纯疱疹、带状疱疹、口腔和咽部黏膜炎症及溃烂。

6. 肿瘤

可出现多种恶性肿瘤,位于体表的卡波济肉瘤可见红色或紫红色的斑疹、丘疹和浸润性肿块。

三、艾滋病的危害与预防

(一) 艾滋病的危害

每年12月1日是一年一度的世界艾滋病日。在地球上,平均每分钟都有一个孩子死于艾滋病,有超过1500万的儿童因为艾滋病而失去父母。中国艾滋病病毒感染人数在全球居第十四位,更以每年40%的速度递增。12月1日是世界艾滋病日,这天旨在提高公众对HIV病毒引起的艾滋病在全球传播的意识。定为12月1日是因为第一个艾滋病病例是在1981年12月1日诊断出来的。从此,艾滋病已造成超过2500万人死亡。

(二) 艾滋病的预防

目前尚无预防艾滋病的有效疫苗,因此最重要的是采取预防措施。其方法是:

(1) 艾滋病是一种病死率极高的严重传染病,目前还没有治愈的药物和方法,但可预防。

(2) 艾滋病病毒主要存在于感染者的血液、精液、阴道分泌物、乳汁等体液中,所以通过性接触、血液和母婴三种途径传播。绝大多数感染者要经过5～10年时间才发展成病人,一般在发病后的2～3年内死亡。

(3) 与艾滋病人及艾滋病病毒感染者的日常生活和工作接触(如握手、拥抱、共同进餐、共用工具、办公用具等)不会感染艾滋病,艾滋病不会经马桶圈、电话机、餐饮局、卧具、游泳池或公共浴室等公共设施传播,也不会经咳嗽、打喷嚏、蚊虫叮咬等途径传播。洁身自爱、遵守性道德是预防经性途径传染艾滋病的根本措施。

(4) 正确使用避孕套不仅能避孕,还能减少感染艾滋病、性病的危险。

(5) 及早治疗并治愈性病可减少感染艾滋病的危险。正规医院能提供正规、保密的检查、诊断、治疗和咨询服务,必要时可借助当地性病、艾滋病热线进行咨询。

(6) 共用注射器吸毒是传播艾滋病的重要途径，因此要拒绝毒品，珍爱生命。

(7) 避免不必要的输血、注射、使用没有严格消毒器具的不安全拔牙和美容等，使用经艾滋病病毒抗体检测的血液和血液制品。

思考与讨论

(1) 地震时如何减少伤亡？

(2) 对动物侵袭的反击属于正当防卫还是紧急避险？

参 考 文 献

[1] 周发强.大学生安全教育[M].北京:北京交通大学出版社,2013.
[2] 陈武,张卫平.大学生安全教育探新[M].北京:北京理工大学出版社,2013.
[3] 刘东.大学生安全教育[M].上海:上海交通大学出版社,2013.
[4] 张国清,张旭.大学生安全教育[M].上海:同济大学出版社,2014.
[5] 李昌武,付生,刘金同.大学生安全教育[M].北京:科学出版社,2014.
[6] 姜金璞.大学生安全教育[M].武汉:武汉大学出版社,2014.
[7] 贾明远.大学生安全教育[M].北京:人民邮电出版社,2014.
[8] 邵锟,罗凤姿.大学生安全教育[M].长沙:国防科技大学出版社,2014.
[9] 成平.大学生安全教育[M].大连:大连理工大学出版社,2015.
[10] 理阳阳,张力.大学生安全教育[M].西安:西安电子科技大学出版社,2015.
[11] 张国庆,金辉.大学生安全教育[M].成都:电子科技大学出版社,2015.
[12] 黄凯,陈为化.大学生安全教育[M].哈尔滨:哈尔滨工程大学出版社,2015.
[13] 鲁先长.大学生安全教育[M].合肥:合肥工业大学出版社,2015.
[14] 佟会文.大学生安全教育指南[M].沈阳:东北大学出版社,2015.